Tove Jansson
Das große Muminbuch

Geschichten aus dem Mumintal
und
Mumins Inselabenteuer

Das große Muminbuch

Erzählt und illustriert von
Tove Jansson

Benziger

Aus dem Schwedischen übertragen von
Dorothea Bjelfvenstam
Die Titel der Originalausgaben lauten
Geschichten aus dem Mumintal: Det Osynliga Barnet
Holger Schildts Förlag, Helsinki 1963
Mumins Inselabenteuer: Pappan Och Havet
Holger Schildts Förlag, Helsinki 1965

Alle Rechte der deutschen Ausgabe vorbehalten
© 1978 Benziger Verlag Zürich, Köln
ISBN 3 545 31098 1

Geschichten aus dem Mumintal

Vorwort

Hej, wir sind aus Finnland, und dort sagt man «hej», wenn man sich begrüßt. Auch wenn man sich verabschiedet.
Wir sind Trolle – genauer gesagt: ich bin ein Mumintroll. Dies ist meine Mutter. Ich glaube, sie ist eine sehr glückliche Muminmutter. Dort steht mein abenteuerlicher Vater...

Und neue Wege, neue Lieder und sehr alte und liebe Hosen... Vergeßt nicht, etwas zu wünschen, das nächste Mal, wenn Neumond ist. Irgend etwas, ein bißchen Verrücktes...

Ich bin My, seht mich an! Hej! – Ihr sprecht deutsch, und ich bin wild und wütend, fröhlich und gefährlich. Respekt? Den habe ich nicht, vor niemandem und vor nichts. Wagt Ihr es, mich kennenzulernen?

Hej, hej! Ich bin der Mumrik. Manchmal hatte ich auch andere Namen, aber sie sind verlorengegangen. Nichts ist beständig und sicher, nichts ist jemals wirklich fertig oder etwa unwiderruflich. Das ist doch beruhigend, nicht wahr?

Ich bin Frau Filifjonk. Möchte wissen, ob Ihr zu klein seid, um mich zu verstehen... aber vielleicht trotzdem... vielleicht wißt Ihr, wie es ist, wenn man wartet und wartet... auf die Große Katastrophe, auf den

Sturm, den Taifun... Es kommt mit einem Flüstern. Dort hinten am Horizont fangen sie an... Und vielleicht ist von Euch auch jemand hoffnungslos einsam?

Hej. Ich bin nur ein Hemul. Verzeiht – aber habt Ihr auch nur ein einziges Mal die große wunderbare Stille erlebt? Habt Ihr Euch schon einmal unter grünen duftenden Blättern versteckt und dem Schweigen gelauscht?
Ich hoffe wirklich, daß niemand von Euch Leierkasten spielt...

Hej, hej, ich bin ein Homsa. Habt Ihr schon mal eine Hotomombe gesehen? Nicht? Habt Ihr eine Hotomombe *gedacht*? Tut das bloß nicht! Denn dann fängt sie an zu wachsen. Und kommt, gekrochen, immer schneller... schneller... Und noch eins: paßt auf, daß Ihr Eure kleinen Geschwister auf dem Teppich haltet! Die wachsen nämlich auch...

Ich bin der letzte Drache der Welt. Und der schönste! Und aus Euch mache ich mir gar nichts.

Hej. Ab heute nenne ich mich Sniff. Ich finde, das klingt schick, ein bißchen ausländisch.
Wie liebe ich meine eigenen Sachen! Die von anderen übrigens auch. Stellt Euch nur vor: Jedes Körnchen Sand wär' ein Edelstein, und ich besäße den ganzen Sandstrand...

Titiuuh – sagt nichts, er ist zu schüchtern...

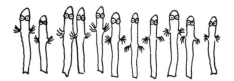

Die Hatifnatten, die schweigenden, die nie schlafen, nichts hören, nur immer suchen, den Horizont suchen und das große elektrische Gewitter, das ihnen hilft, wirklich lebendig zu werden...

Das unsichtbare Kind, bevor es böse sein konnte und lachen lernte.
Und alle die anderen...

Wir wissen nicht, ob Du sehr klein bist oder gar ein ziemlich alter Troll. Aber wir möchten Dich mit diesen Erzählungen schrecklich gern fangen. Sie sind anders und doch genau wie jeder Tag, den man selbst erlebt – heute, morgen und immer wieder...

Die Frühlingsmelodie

An einem wolkenlosen, friedlichen Abend gegen Ende April war der Mumrik so weit nordwärts gekommen, daß er auf der Nordseite noch Schneeflecken sehen konnte.

Den ganzen Tag war er durch unberührte Gegenden gewandert, und die ganze Zeit hatte er den Schrei der Zugvögel vernommen. Sie kamen aus dem Süden und flogen auch nach Hause.

Unbeschwert war er gewandert; der Rucksack war beinahe leer, und Sorgen hatte er keine. Er war glücklich mit Wald und Wetter und mit sich selbst. Der Tag gestern und der Tag morgen lagen beide gleich weit weg, jetzt aber war die Sonne gerade in klarem Rot zwischen den Birken zu sehen, die Luft war mild und erfrischend.

Was für ein Abend! Wie geschaffen für eine Melodie! dachte der Mumrik. Eine neue Melodie, und sie soll aus zwei Teilen Frühlingsmelancholie und einem Teil Erwartung bestehen – der Rest ist nur unbändige Freude! Daß man wandern kann, daß man allein sein darf, daß man auch allein glücklich ist.

Solch eine Melodie trug er seit vielen Tagen unter dem Hut, hatte nur nicht recht gewagt, sie hervorzuholen. Solch eine Melodie muß langsam wachsen und so stark werden, daß gleich alle Töne an ihren rechten Platz hüpfen, wenn er nur die Mundharmonika berührte. Wenn er sie zu früh hervorholen würde, könnte es geschehen, daß die Töne bockten und nur ein halbgutes Lied herauskam, oder er könnte auch die Lust verlieren und sie nie mehr richtig zu fassen bekommen.

Mit Melodien muß man behutsam umgehen, besonders wenn sie fröhlich *und* wehmütig sein sollen.

Doch heute abend fühlte sich Mumrik seiner Melodie sicher. Sie war da, sie war so gut wie fertig – und sie sollte besser werden als alle anderen, die er je gemacht hatte. Wenn er ins Mumintal käme, wollte er sie über dem Fluß spielen, am Brückengeländer, und Mumintroll würde sofort sagen: Die ist aber fein! Wirklich sehr fein!

Der Mumrik blieb im Moos stehen, eine kleine Unlust überkam ihn. Mumintroll, der so schrecklich *wartete* und sich *so sehnte!* Der zu Hause saß und wartete und bewunderte und sagte: Natürlich mußt du frei sein! Aber gewiß mußt du loswandern! Und ob ich verstehe, daß du manchmal allein sein mußt!

Und gleichzeitig waren die Augen des Mumintroll schwarz vor Enttäuschung und hilfloser Sehnsucht.

O je, sagte Mumrik und ging weiter. O je, o je! Er hat so viel Gefühl, dieser Mumintroll! Ich will nicht an ihn denken. Er ist ein guter Troll, aber ich brauche nicht gerade jetzt an ihn zu denken. Heute abend bin ich allein mit mir und meiner Melodie, und heute abend ist nicht morgen.

Nach einer kleinen Weile war es dem Mumrik gelungen, Mumintroll ganz und gar zu vergessen. Er hielt Ausschau nach einem schönen Lagerplatz, und als er im Wald einen Quell plätschern hörte, machte er sich sofort dahin auf.

Zwischen den Stämmen war das letzte rote Sonnenlicht erloschen. Langsam und blau kam nun die Dämmerung. Der ganze Wald war blau, und die Birken wanderten wie weiße Säulen tiefer und tiefer hinein in das Dämmerlicht.

Der Quell war gut.

Klar und braun tanzte er über alte Laubreste aus dem vergangenen Jahr oder durch vergessene Eistunnel, er machte einen kleinen Abstecher ins Moos und stürzte dann kopfüber in einem kleinen Wasserfall auf weißen Sandboden. Manchmal summte er wie eine Mücke, und manchmal versuchte er groß und drohend zu klingen. Schließlich aber gurgelte er mit ein wenig Schneewasser und lachte über alles. Der Mumrik stand da und horchte ins feuchte Moos hinein. Der Quell muß mit hinein in mein Lied, dachte er. Als Refrain vielleicht. Im gleichen Augenblick löste sich am Rand ein Stein und veränderte die Melodie des Wassers um eine Oktave.

Gar nicht schlecht, dachte der Mumrik bewundernd. So soll es klingen! Mitten drin ganz einfach eine neue Tonart. – Ob ich für den Bach nicht lieber ein eigenes Lied machen sollte?

Er kramte seinen alten Kochtopf hervor und füllte ihn an dem kleinen Wasserfall. Dann ging er unter die Tannen, um Brennholz zu sammeln. Der Wald war naß von der Schneeschmelze und dem Frühlingsregen, und der Mumrik mußte in einen dichten Windbruch kriechen, um trockenes Holz zu finden.

Gerade streckte er die Pfote aus, da schrie jemand auf, flitzte unter den Tannen hindurch und wimmerte noch lange in den Wald hinein.

Mh, mhm, murmelte Mumrik vor sich hin, überall Geziefer und Getier, unter jedem Busch! Immer dasselbe! Merkwürdig, daß alle immer so aufgeregt sein müssen. Je kleiner, desto wuseliger!

Er grub eine trockene Baumwurzel aus, sammelte etwas Kleinholz und baute dort, wo der Bach einen Bogen machte, in aller Ruhe ein Lagerfeuer. Das Feuer brannte sofort, denn der Mumrik war daran gewöhnt, sein Essen selbst zu kochen. Er tat es nie für andere, außer wenn er dazu gezwungen war. Aus dem Essen der anderen machte er sich auch nichts. Die anderen wollten beim Essen immer reden. Außerdem hatten sie eine Schwäche für Tische und Stühle und benutzten womöglich Servietten. Von einem Hemul hatte man ihm sogar erzählt, daß er sich zum Essen umziehe! Aber das war wohl eine Verleumdung.

Der Mumrik verzehrte seine dünne Suppe, und dabei ruhten seine Augen auf dem grünen Moos unter den Birken aus. Nun war die Melodie ganz nah, man brauchte sie nur am Schwanz zu haschen. Aber er hatte Zeit, er konnte warten, denn sie war eingekreist und konnte nicht mehr entschlüpfen. Erst abwaschen und dann die Pfeife, und dann, wenn das Feuer nur noch glühte und die Nachttiere im Walde einander riefen – dann war es Zeit, ein Lied zu machen.

Der Mumrik war beim Abwaschen, er spülte den Kochtopf im Bach aus. Da erblickte er das Tierchen. Es saß auf der anderen Seite des Baches unter einer Wurzel und äugte unter den zerzausten Stirnfransen hervor. Die Augen waren furchtsam, folgten aber aufmerksam jeder Bewegung des Mumrik. Zwei schüchterne Augen unter einem Haarwuschel! Ungefähr so, wie die Leute aussehen, wenn man mit ihnen nicht rechnen kann.

Der Mumrik tat, als habe er das Tierchen nicht gesehen. Er scharrte die Glut zusammen und schnitt etwas Reisig für einen Sitz zurecht. Er holte die Pfeife vor und zündete sie gemächlich an. Er ließ die schönsten Rauchwolken in den Nachthimmel steigen und wartete auf seine Frühlingsmelodie.

Sie kam nicht. Statt dessen fühlte er die Augen des Tierchens, die alles verfolgten und bewunderten, was er tat, und allmählich kribbelte es in

ihm vor Unbehagen. Schließlich klatschte er in die Pfoten und rief: «Schschsch, weg!»

Da schlüpfte das Tierchen unter seiner Wurzel hervor und sagte schüchtern: «Ich hoffe, ich habe dich nicht erschreckt? Ich weiß, wer du bist. Du bist der Mumrik.»

Und dann stieg das kleine Tier in den kleinen Bach und kam herübergewatet. Der Bach war zu groß für so ein kleines Wesen, und das Wasser war kalt. Ein paarmal verlor es den Halt und fiel rücklings ins Wasser. Doch der Mumrik fühlte sich so unangenehm berührt dadurch, daß er gar nicht auf den Gedanken kam, dem Tierchen zu helfen.

Endlich kroch etwas Elendiges und Spindeldürres aus dem Wasser, klapperte mit den Zähnen und sagte: «Hej! Ich bin so glücklich, daß ich dich kennenlernen darf.»

«Hej», sagte der Mumrik kalt.

«Darf ich mich an deinem Feuer wärmen?» fuhr das Tierchen fort, und sein nasses Frätzchen strahlte. Nein, so etwas, daß ich an Mumriks Feuer sitzen darf! Das werde ich nie in meinem Leben vergessen.

Das Tierchen rutschte näher heran, legte die Pfote auf den Rucksack und flüsterte feierlich: «Hast du da die Mundharmonika drin?»

«Ja», sagte der Mumrik ziemlich kurz angebunden.

Seine Melodie von der Einsamkeit war verschwunden – die Stimmung war zerstört. Er biß auf die Pfeife und starrte in die Birken.

«Laß dich durch mich nicht stören», sagte das Tierchen harmlos. «Wenn du spielen willst, meine ich. Du glaubst gar nicht, wie ich mich nach Musik sehne! Ich habe noch nie Musik gehört. Aber von dir habe ich gehört. Der Igel und der Knottel und meine Mami haben von dir erzählt. Der Knottel hat dich sogar gesehen. Ja, du kannst dir das sicher gar nicht vorstellen! Hier geschieht so wenig... und wir träumen so viel...»

«Mh. Und wie heißt du?» fragte der Mumrik. Der Abend war sowieso zerstört, und da fand er, daß es einfacher sei, etwas zu sagen.

«Ich bin so klein, und deswegen habe ich keinen Namen», antwortete das Tierchen eifrig. «Nein, so etwas! Nach meinem Namen hat mich noch niemand gefragt. Und du, über den ich so viel gehört habe und den ich immer schon sehen wollte, du kommst einfach und fragst, wie ich heiße! Meinst du, daß du... wenn du könntest... ich meine, wäre es sehr mühsam, wenn du für mich einen Namen erfändest, einen Namen, der mir gehört und niemandem anders? Heute abend? Jetzt?»

Der Mumrik murmelte etwas und zog den Hut über die Augen. Über den Quell flog jemand mit langen spitzen Flügeln und rief tief im Wald noch langanhaltend und traurig: Ju-juu, ju-juu, ti-uu...

«Man kann niemals wirklich frei werden, wenn man jemanden zu sehr bewundert», sagte der Mumrik plötzlich. «Ich weiß es.»

«Ich weiß, daß du alles weißt», plapperte das kleine Tier und rückte noch näher heran. «Ich weiß, daß du alles gesehen hast, daß alles, was du sagst, richtig ist. Ich will mich immer bemühen, genauso frei zu werden wie du. Und nun willst du nach Hause ins Mumintal und dich dort ausruhen und Bekannte treffen... Der Igel hat erzählt, daß Mumintroll, als er aus dem Winterschlaf aufgewacht war, sofort anfing, sich nach dir zu sehnen...

Ist es nicht schön, wenn man jemanden hat, der sich nach einem sehnt und der wartet und wartet?»

«Ich komme, wann es mir paßt», sagte der Mumrik heftig. «Vielleicht komme ich überhaupt nicht. Vielleicht gehe ich ganz woanders hin.»

«Oh...! Dann wird er sicher traurig», sagte das Tierchen.

Inzwischen hatte es sich am Feuer ein wenig getrocknet, und der Pelz war vorne weich und hellbraun. Es stocherte wieder am Rucksack herum und fragte vorsichtig: «Könntest du nicht vielleicht... du bist so weit herumgekommen...»

«Nein», sagte der Mumrik. «Jetzt nicht!» Und er dachte: Das sind doch meine Wanderungen! Und wenn ich darüber reden muß, sind sie weg, und ich erinnere mich nachher nur an meine eigene Erzählung!

Eine lange Weile war es still. Der Nachtvogel schrie wieder.

Das Tierchen stand auf und sagte mit leiser Stimme: «Ja, dann gehe ich wohl besser nach Haus... hej.»

«Hej!» sagte der Mumrik und drehte und wendete sich. «Hör mal, wegen des Namens, den du haben wolltest. Du könntest Ti-ti-uu heißen. Ti-ti-uu, nicht wahr, mit einem fröhlichen Anfang und vielen traurigen u's am Ende.»

Das kleine Tierchen starrte den Mumrik an, seine Augen glänzten gelb im Feuerschein. Es überdachte den Namen, schmeckte ihn, lauschte ihm, kroch in ihn hinein, und schließlich erhob es sein Gesicht zum Himmel und wehklagend rief es seinen neuen eigenen Namen, so traurig und so voller Hingebung, daß dem Mumrik ein Schauer über den Rücken rieselte.

Darauf verschwand ein brauner Schwanz im Heidekraut, und alles war wieder still.

Ach was, murmelte der Mumrik und trat unmutig ins Feuer. Er klopfte die Pfeife aus. Dann stand er auf und rief: «Hej! Komm doch zurück!»

Doch der Wald schwieg. Na ja, dachte der Mumrik. Man kann schließlich nicht ständig freundlich und gesellig sein. Dazu hat man einfach keine Zeit. Und einen Namen hat es ja bekommen. Also!

Er setzte sich wieder hin und lauschte dem Bach und dem Schweigen und wartete auf seine Melodie. Aber sie kam nicht. Er begriff, daß sie sich nun so weit entfernt hatte, daß er sie nicht mehr erreichen konnte. Vielleicht nie mehr?! Das einzige, was er in seinen Kopf bekommen konnte, war die eifrige, ängstliche Stimme des Tierchens, die redete und redete und redete.

«So was sollte zu Hause bei Mutters Milchtopf bleiben», sagte Mumrik aufgebracht und warf sich rücklings auf das Tannenreisig. Nach einer Weile richtete er sich auf und rief wieder in den Wald hinein. Er lauschte lange. Dann zog er den Hut über das Gesicht, um zu schlafen.

Am nächsten Morgen zog der Mumrik weiter. Er war müde und schlecht gelaunt, wanderte nordwärts, ohne sich nach rechts oder links umzuschauen oder gar mit irgendeinem Anfang zu einer Melodie unter dem Hut.

Er konnte an nichts anderes denken als an das kleine Tier. Er besann sich auf jedes Wort, das es gesagt hatte, und an alles, was er selbst gesagt hatte, und er ging immer wieder alles durch, bis ihm schließlich ganz schlecht wurde. Ganz ermattet mußte er sich niedersetzen.

Was ist denn los mit mir, dachte der Mumrik zornig und verwirrt. So ist es mir noch nie ergangen! Ich muß krank sein.

Er stand auf und ging langsam weiter und fing wieder von vorn an mit allem, was das Tierchen gesagt, und allem, was er geantwortet hatte. Schließlich ging es nicht mehr. Gegen Mittag machte der Mumrik kehrt und fing an zurückzugehen.

Nach einem Weilchen fühlte er sich wohler. Er ging immer rascher, er stolperte und lief. Kleine Lieder tanzten um seine Ohren, aber er hatte keine Zeit, sie zu fangen. Gegen Abend war er wieder in dem Birkenwäldchen, und nun begann er zu rufen.

«Titiuuh», rief er. «Titiuuh!» Und die Nachtvögel wachten auf und antworteten «Ti-uuh, ti-uuh.»

Aber das kleine Tierchen antwortete nicht.

Der Mumrik wanderte kreuz und quer, er suchte und rief, bis die Dämmerung kam. Der Neumond ging in einer Lichtung auf, und betroffen stand der Mumrik da und schaute ihn an.

Ich sollte mir was wünschen, dachte er. Es ist ja Neumond. Er war gerade im Begriff, wie immer zu wünschen: ein neues Lied, oder wie manchmal: neue Wege! Doch schnell änderte er seine Meinung und sagte: «Titiuuh finden!»

Dann drehte er sich dreimal um sich selbst und ging über die Lichtung in den Wald hinein und über den kleinen Bergrücken. Im Gebüsch raschelte es: etwas Hellbraunes und Buschiges!

«Titiuuh»! rief der Mumrik vorsichtig. «Ich bin zurückgekommen, weil ich mit dir reden will.»

«Oh, hej...» sagte Titiuuh und lugte aus dem Gebüsch hervor. «Fein, dann kann ich dir zeigen, was ich gemacht habe: ein Namensschild. Guck mal! Mein eigener neuer Name, der an der Tür hängen soll, wenn ich ein neues Haus bekomme.»

Das kleine Tier hielt ein Borkenstückchen mit einem geschnitzten Namenszeichen in die Höhe und fuhr wichtigtuerisch fort: «Hübsch, nicht wahr? Alle haben es bewundert.»

«Fein!» sagte der Mumrik. «Und du wirst ein eigenes Haus haben?»

«Ja. Ganz bestimmt!» sagte das Tierchen strahlend. «Ich bin von zu Hause weggezogen und habe jetzt erst angefangen richtig zu leben. Das ist furchtbar aufregend! Weißt du, ehe ich einen Namen hatte, bin ich

nur herumgelaufen und betrachtete die Dinge so ganz im allgemeinen. Alles, was geschah, flatterte zwar um mich herum, manchmal war es gefährlich, manchmal war es ungefährlich, aber nie war es *richtig*. Verstehst du, was ich meine?»

Der Mumrik versuchte etwas zu sagen, aber das kleine Tierchen sprach sofort weiter: «Jetzt bin ich eine eigene Person, denn was jetzt geschieht, geschieht nicht nur ganz allgemein, sondern es geschieht mir! Mir – Titiuuh! Und Titiuuh sieht die Dinge so oder so und nicht anders. Wenn du verstehst, was ich meine.»

«Natürlich, gewiß verstehe ich», sagte Mumrik. «Schön!»

Titiuuh nickte und fing wieder an, im Gebüsch zu wühlen.

«Weißt du was», sagte Mumrik, «ich werde Mumintroll doch besuchen. Ich glaube fast, ich sehne mich ein bißchen nach ihm.»

«So?» sagte Titiuuh. «Mumintroll? Ach so, ja!»

«Und wenn du magst», fuhr der Mumrik fort, «kann ich dir auch etwas vorspielen oder Geschichten erzählen.»

Das Tierchen guckte hinter dem Gebüsch hervor und sagte: «Ge-

schichten? Ja, ja. Vielleicht heute abend. Im Augenblick bin ich etwas eilig; du entschuldigst sicher...»

Der hellbraune Schwanz verschwand im Heidekraut, verschwand einige Augenblicke lang, und dann sah man Titiuuhs Ohren ein wenig weiter weg hervorgucken. Fröhlich rief es: «Hej, und grüß den Mumintroll, ich muß mich beeilen und leben, ich habe schon so viel Zeit verloren!»

Im Handumdrehen war es verschwunden.

Der Mumrik schüttelte nachdenklich den Kopf. «Mumm», sagte er. «So. Also!»

Er legte sich der Länge nach ins Moos und schaute in den Frühlingshimmel, der oben hellblau und über den Baumkronen meergrün war. Irgendwo unter seinem Hut begann sich seine Melodie zu bewegen. Sie trug einen Teil Erwartung in sich und zwei Teile Frühlingsmelancholie, und der Rest war nur unbändige Freude darüber, daß er allein war.

Eine schreckliche Geschichte

Der zweitkleinste Homsa kroch an dem Zaun entlang. Manchmal lag er unbeweglich da und schaute sich durch die Latten den Feind an, dann kroch er wieder weiter. Sein Brüderchen kroch hinterher.

Homsa kam ins Gemüseland, legte sich flach auf den Bauch und schlängelte sich zwischen die Salatblätter. Das war die einzige Möglichkeit. Der Feind hatte überall seine Späher, ein Teil von ihnen flog sogar in der Luft.

«Ich werde schwarz», sagte das Brüderchen.

«Still, wenn dir dein Leben lieb ist!» flüsterte Homsa. «Was hast du dir vorgestellt mitten im Mangroveschlamm? Daß man blau wird?»

«Das ist Salat», sagte das Brüderchen.

«Du bist bestimmt bald erwachsen, wenn du so weitermachst», sagte der Homsa. «Dann bist du wie Mutter und Vater, und das geschieht dir recht. Siehst und hörst wie alle anderen! Ich meine, du wirst weder sehen noch hören, und damit bist du erledigt.»

«Oho», meinte der kleine Bruder und fing an, Erde zu essen.

«Die ist vergiftet», sagte der Homsa kurz. «Alle Früchte, die auf diesen Beeten wachsen, sind vergiftet. Und jetzt haben sie uns entdeckt. Bloß deinetwegen.»

Zwei Späher kamen quer über das Erbsenbeet auf sie hinabgesaust, aber der Homsa tötete sie rasch. Atemlos vor Anstrengung und Spannung rutschte er in den Graben und saß still wie ein Frosch. Er lauschte so angestrengt, daß die Ohren zitterten und der Kopf beinah platzte. Andere Späher waren nicht zu hören, aber sie kamen, krochen langsam durch das Gras. Präriegras! Sie waren nicht zu zählen.

«Hör mal», sagte das Brüderchen vom Grabenrand her, «ich will nach Hause.»

«Du kommst bestimmt nie mehr nach Hause», sagte sein Bruder finster. Auf der Prärie werden deine Knochen bleichen, und Vater und Mutter werden weinen, bis sie ertrinken, und aus allem wird nicht mehr als gar nichts, und über allem heulen nur Hyänen.»

Das Homsa-Brüderchen öffnete den Mund, holte Luft und begann zu schreien. Der Homsa hörte, daß es ein Schreien war, das lange anhalten würde. Er kroch daher in dem Graben weiter und ließ sein Brüder-

chen in Ruhe. Seinen Feind hatte er völlig aus den Augen verloren, er wußte nicht einmal mehr, wie er aussah.

Er fühlte sich im Stich gelassen und dachte inbrünstig: Ich wünschte, es gäbe keine kleinen Brüder! Sie sollten entweder groß geboren werden oder gar nicht! Sie verstehen nichts vom Krieg, und man sollte sie so lange in einem Kasten halten, bis sie das tun!

Der Graben war naß, und Homsa stand auf und begann zu waten. Es war ein großer und sehr langer Graben. Er beschloß, den Südpol zu entdecken, und ging weiter, lange, wurde immer müder, denn das Essen und das Wasser waren zu Ende, und leider hatte ihn ein Eisbär gebissen.

Schließlich kroch der Graben in die Erde hinein, und Homsa besaß den Südpol ganz allein. Er war im Moor.

Es war grau und dunkelgrün, hier und da glänzte schwarzes Wasser. Wie Schnee wuchs überall weißes Wollgras, und es roch angenehm und modrig.

Das Moor ist verboten, dachte der Homsa laut. Es ist verboten für kleine Homsas, und die großen gehen niemals hin. Aber außer mir weiß niemand, warum es gefährlich ist. Mit großen, schweren Rädern rollt hier spät in der Nacht der Gespensterwagen. Weit in der Ferne hört man ihn rollen, doch niemand weiß, wer ihn fährt...

«O nein», sagte der Homsa schaudernd. Plötzlich bekam er Angst. Sie fing im Bauch an und kroch in ihm empor. Eben noch hatte es keinen Wagen gegeben und niemand hatte jemals von ihm gehört. Aber jetzt dachte er ihn – und augenblicklich gab es ihn. Dort, irgendwo, weit weg, nur auf die Dunkelheit wartend, um anzurollen!

«Ich glaube», sagte Homsa, «ich glaube, jetzt bin ich ein Homsa, der zehn Jahre lang sein Zuhause gesucht hat, und nun fühlt dieser Homsa, daß er irgendwo hier ganz in der Nähe wohnt.»

Er schnupperte nach einer Himmelsrichtung und fing an loszugehen.

Dabei dachte er: Moorschlangen und lebendige Pilze, die einem nachkriechen... Bis es sie gab und bis sie anfingen, aus dem Moor hervorzuwachsen!

Die könnten einen kleinen Bruder im Handumdrehen verschlucken, dachte er betrübt. Vielleicht haben sie es schon getan. Überall sind sie. Ich befürchte das Schlimmste. Aber noch kann man hoffen: es gibt Rettungsexpeditionen!

Er fing an zu laufen.

Armes Brüderchen, dachte Homsa. So klein und so dumm! Haben die Moorschlangen ihn geschnappt, habe ich kein kleines Brüderchen mehr, dann bin ich der kleinste...

Er schluchzte und lief, sein Haar wurde feucht vor Entsetzen, er stürzte den Abhang hinab, am Holzschuppen vorbei, die Treppen hinauf und schrie immer wieder: «Vater! Mutter! Das Brüderchen ist aufgegessen!»

Homsas Mutter war groß und voller Sorgen. Sie hatte immer Sorgen. Jetzt sprang sie auf, die Erbsen rollten aus ihrer Schürze über den ganzen Boden, und sie rief: «Na, na, was du nicht sagst! Wo ist der Kleine? Hast du nicht auf ihn aufgepaßt?»

«Ach», sagte Homsa und beruhigte sich ein wenig, «er ist im Moor in ein Schlammloch gefallen. Und fast sofort kam aus einem anderen Loch eine Moorschlange heraus, wand sich um seinen kleinen dicken Bauch herum und biß ihm die Nase ab. Ja, so war es. Ich bin ganz verzweifelt, aber was soll man tun? Es gibt so furchtbar viel mehr Moorschlangen als kleine Brüder!»

«Eine Schlange»! schrie die Mutter.

Doch der Vater sagte: «Beruhige dich. Homsa schwindelt wieder. Du wirst schon sehen, er schwindelt nur.»

Und Homsas Vater blickte rasch hinaus auf den Hang, um gar nicht erst unruhig zu werden. Und dort saß das Brüderchen und aß Sand.

«Wie oft habe ich dir schon gesagt, daß man nicht schwindelt», sagte der Vater, und die Mutter weinte ein bißchen und sagte: «Ob man ihm eins hinter die Löffel gibt?»

«Das sollte man wahrscheinlich tun», meinte der Vater, «aber ich bin im Augenblick einfach zu müde dazu. Aber er soll wenigstens zugeben, daß es abscheulich ist, zu schwindeln.»

«Ich habe nicht geschwindelt», sagte Homsa.

«Du hast doch gesagt, daß dein kleiner Bruder aufgefressen wurde; aber er ist ja gar nicht aufgefressen», erklärte der Vater.

«Na dann ist doch alles gut», sagte Homsa. «Freut ihr euch denn nicht darüber? *Ich* freue mich furchtbar darüber und bin ganz erleichtert. Solche Moorschlangen können im Handumdrehen jeden auffressen, wißt ihr! Nichts bleibt übrig, nur noch Wüste, wo nachts die Hyänen lachen.»

«Du, ach bitte!» sagte die Mutter.

«Also ist alles gut gegangen», meinte fröhlich der Homsa. «Gibt es heute abend Nachtisch?»

Da wurde Homsas Vater plötzlich zornig und sagte:

«Heute abend bekommst du keinen Nachtisch. Du bekommst über-

haupt kein Abendbrot, bevor du nicht begriffen hast, daß man nicht schwindeln darf.»

«Aber das ist ja klar, daß man das nicht darf», sagte Homsa erstaunt, «es wäre abscheulich!»

«Siehst du», sagte die Mutter. «Laß den Kleinen jetzt essen, er begreift doch nichts.»

«Nein», sagte der Vater. «Wenn ich sage, er bekommt heute kein Abendbrot, dann bekommt er keins.»

Denn der arme Vater befürchtete plötzlich, daß Homsa ihm nie wieder glauben würde, wenn er sein Wort zurücknähme.

Also mußte der Homsa bei Sonnenuntergang schlafengehen, und er grollte seinem Vater und seiner Mutter. Natürlich hatten sie sich schon oft schlecht benommen, aber noch nie so dumm wie heute abend. Homsa beschloß, Reißaus zu nehmen.

Nicht weil er sie strafen wollte. Er hatte sie plötzlich nur so satt, sie und ihre Unfähigkeit einzusehen, was wichtig oder gefährlich war. Sie zogen bloß quer über alles einen Strich mit Worten wie «hier sei alles so, daß man es glauben und benutzen könne, und da, auf der anderen Seite, gebe es nur unnütze und erfundene Dinge».

Die möchte ich Aug in Auge mit einer Hotomombe sehen, murmelte Homsa, während er die Treppe hinabschlich und auf den Hinterhof hinauswischte. Da würden die aber staunen! Oder mit einer Moorschlange meinetwegen. Ich kann ihnen ja eine in einer Schachtel schikken. Mit Glasdeckel, denn daß sie aufgegessen werden, will ich ja trotzdem nicht.

Homsa ging zurück in das verbotene Moor, um sich selbst zu beweisen, daß er selbständig war. Jetzt war das Moor blau, beinah schwarz, und der Himmel war grün. Weit unten in der Ferne lief ein hellgelbes Band entlang, es war von dem Sonnenuntergang, und es machte das Moor unheimlich groß und traurig.

«Ich schwindle nicht», sagte der Homsa und platschte weiter. «Alles ist richtig. Der Feind und die Hotomomben und die Moorschlangen und der Gespensterwagen. Sie sind alle genauso da wie die Tannen und der Gärtner und die Hühner und der Roller.»

Homsa blieb im Riedgras stehen, steinstill. Er lauschte.

Irgendwo weit weg begann der Gespensterwagen zu rollen. Er schleuderte rotes Licht über die Heide, er knisterte und knarrte und fuhr immer schneller.

«Du hättest lieber nicht so tun sollen, als ob es ihn gibt», sagte der Homsa zu sich. «Nun ist er da. Lauf!»

Die Grasbuckel bebten und gaben nach unter seinen Füßchen, schwarze Wasserlöcher starrten wie Augen aus dem Riedgras, und der Schlamm kroch ihm zwischen die Zehen.

«Du darfst nicht an die Moorschlangen denken», sagte Homsa. Und schon dachte er an sie, heftig und deutlich, so daß sie alle aus ihren Löchern hervorkrochen und sich die Schnurrbärte leckten.

«Ich wünschte, ich wäre wie mein dickes Brüderchen», rief Homsa verzweifelt. «Es denkt mit dem Bauch, ißt Sägespäne und Sand und Erde, bis es erstickt. Einmal hatte es versucht, einen Ballon aufzuessen. Wenn es ihm gelungen wäre, hätten wir es nie wiedergesehen.»

Dieser Gedanke reizte den Homsa plötzlich, und er blieb stehen. Ein kleiner fetter Bruder, der geradeweges hinauf in die Luft fährt, die Beine hilflos herunterhängend, die Schnur hängt aus dem Mund heraus...

Oh! Nein!

Weit draußen im Moor leuchtete ein Fenster. Es war nicht der Gespensterwagen, merkwürdigerweise nicht, es war nur ein kleines viereckiges Fenster, das sein Licht ganz ruhig leuchten ließ.

«Jetzt gehst du hin», sagte Homsa. «Du gehst, nicht laufen. Denn sonst fürchtest du dich! Und nicht denken, nur gehen.»

Das Haus war rund. Also wohnte dort vermutlich irgendeine Art Mymla. Homsa pochte an. Er pochte mehrere Male, und als niemand öffnete, ging er hinein.

Drinnen war es warm und gemütlich. Die Lampe stand auf dem Fensterbrett und machte die Nacht pechschwarz. Irgendwo tickte eine Uhr, und oben auf dem Schrank lag eine winzig kleine Mymla auf dem Bauch und guckte herunter.

«Hej!» sagte Homsa. Ich habe mich in letzter Minute gerettet. Moorschlangen und lebendige Pilze! Du ahnst es nicht!»

Die Mymla betrachtete ihn kritisch und schweigend. Dann sagte sie: «Ich bin My. Ich habe dich schon mal gesehen. Du bist mit einem kleinen dicken Homsa spazierengegangen und hast die ganze Zeit vor dich hin gemurmelt und mit den Pfoten in der Luft herumgefuchtelt. Haha!»

«Na und?» sagte Homsa. «Warum sitzt du denn auf dem Schrank? Lächerlich!»

«Findest du?» sagte die kleine My gedehnt. «Manche finden das viel-

leicht lächerlich, für mich ist es die einzige Rettung vor einem entsetzlichen Schicksal.»

Sie beugte sich über die Schrankkante und flüsterte: «Die Pilze sind schon bis ins Vorzimmer gedrungen!» «Was?» sagte Homsa.

«Von hier oben sehe ich, daß sie auch schon vor dieser Tür sitzen», fuhr die kleine My fort. «Sie warten. Du tätest gut daran, wenn du den Teppich zusammenrolltest und vor die Türritze legtest. Sonst machen sie sich dünn und kriechen unter der Tür hinein.»

«Ist das wirklich wahr?» fragte Homsa mit einem Kloß im Halse. «Diese Pilze, die gab es heute morgen noch nicht. Die habe ich erfunden.»

«Sooo»? sagte My hochmütig. «Die klebrige Sorte? Die wie eine dicke Decke wachsen, an einem emporklettern und dann festsitzen?»

«Ich weiß nicht», flüsterte Homsa zitternd, «ich weiß nicht...»

«Meine Großmutter ist völlig überwuchert», sagte die kleine My so ganz nebenbei. Sie ist dort im Empfangszimmer. Ich meine, das, was von ihr noch übrig ist. Sie sieht aus wie ein großer grüner Haufen, nur die Morrhaare gucken noch an einer Stelle heraus. Vor die Tür dort hinten kannst du auch einen Teppich legen. Falls das was helfen sollte!»

Homsas Herz klopfte laut, und seine Pfoten waren so steif, daß er die Teppiche kaum zusammenrollen konnte. Irgendwo im Hause tickte die Uhr weiter.

«Das Geräusch kommt von den wachsenden Pilzen», erklärte die kleine My. «Sie wachsen und wachsen, bis die Türen auseinanderbrechen, und dann kommen sie angekrochen...»

«Nimm mich auf den Schrank, hinauf zu dir!» schrie Homsa.

«Hier ist kein Platz», sagte die kleine My.

An der Haustür klopfte es.

«Komisch», sagte My und seufzte, «komisch, daß sie noch klopfen, wo sie doch, wenn sie Lust haben, hineinkommen können...»

Homsa stürzte an den Schrank und versuchte hinaufzuklettern. Es klopfte noch einmal.

«My! Es klopft!» rief jemand aus dem Inneren des Hauses.

«Ja, ja, ja», schrie die kleine My. «Die Tür ist offen.»

«Das ist die Großmutter, weißt du», erklärte sie. «Daß sie noch immer sprechen kann!»

Homsa starrte die Tür an. Sie öffnete sich langsam – ein kleiner schwarzer Spalt! Homsa schrie auf und rollte sich unter das Sofa.

«My», sagte die Großmutter, «wie oft habe ich dir gesagt, daß du aufmachen sollst, wenn es klopft. Und warum hast du denn den Teppich vor die Tür gelegt? Warum kann ich nie in Ruhe schlafen?»

Es war eine uralte und sehr erzürnte Großmutter in einem großen weißen Nachthemd. Sie ging quer durchs Zimmer, öffnete die Haustür und sagte: «Guten Abend.»

«Guten Abend», sagte Homsas Vater. «Ich bitte um Entschuldigung, daß ich störe! Aber habt ihr vielleicht meinen Sohn gesehen, den zweitkleinsten?»

«Er ist unter dem Sofa!» schrie die kleine My.

«Du kannst vorkommen», sagte Homsas Vater. «Ich bin nicht böse auf dich.»

«So, so, unter dem Sofa. Naja», sagte die Großmutter müde, «gewiß hat man seine Enkel gern zu Besuch, und die kleine My darf gern ihre Spielkameraden mit nach Hause bringen. Aber ich wünschte, sie spielten am Tage und nicht in der Nacht.»

«Tut mir außerordentlich leid», sagte der Vater eilig. «Nächstes Mal kommt er bestimmt am Vormittag.»

Homsa kroch unter dem Sofa hervor. Er sah weder die kleine My noch die Großmutter an. Er ging schnurstracks zur Tür, dann hinaus auf die Treppe und ins Dunkle.

Der Vater ging neben ihm, ohne etwas zu sagen. Homsa war so gekränkt, daß er fast weinte.

«Vater», sagte er, «dieses Mädchen, du ahnst es nicht... Ich gehe nie mehr hin», fügte er wild hinzu. «Sie hat mich angeflunkert. Sie hat geschwindelt! Sie schwindelt so furchtbar, daß einem ganz übel wird.»

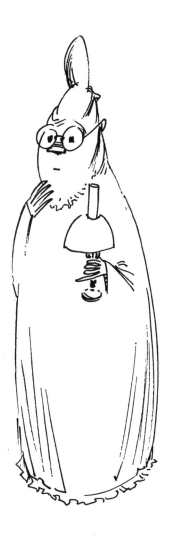

«Ich weiß», tröstete ihn der Vater. «So etwas kann wirklich sehr unangenehm sein.»

Und dann gingen sie nach Hause und aßen den ganzen Nachtisch auf, der noch übriggeblieben war.

Von der Filifjonka, die an Katastrophen glaubte

Es war einmal eine Filifjonka, die im Meer ihren großen Flickenteppich wusch. Sie rieb den Teppich mit Seife und Bürste bis an den blauen Streifen, dann wartete sie auf die siebente Welle, denn diese kam gerade zur rechten Zeit, um den Seifenschaum wegzuspülen. Dann wusch sie wieder bis an den nächsten blauen Streifen, und die Sonne wärmte ihr den Rücken, und sie stand mit ihren dünnen Beinen in dem durchsichtigen Wasser und wusch und bürstete in einem fort.

Es war ein lauer Sommertag, ein Sommertag, der stillstand, gerade richtig zum Teppichwaschen. Langsam und schläfrig kam die Brandung, um der Filifjonka zu helfen, und um ihre rote Mütze herum summten die Hummeln und glaubten, sie sei eine Blume.

Habt euch bloß nicht so, dachte die Filifjonka grimmig. Ich weiß doch, wie die Sache steht. So friedlich wie jetzt sieht es immer vor einer Katastrophe aus!

Sie war an den nächsten blauen Rand gekommen, ließ die siebente Welle hinüber und zog dann den ganzen Teppich ins Meer, um ihn auszuspülen.

Der Berg war unter dem Wasser glatt und rot. Dort unten tanzten die Sonnenlichter, hin und her, tanzten auch über Filifjonkas Zehen und vergoldeten sie alle zehn.

Filifjonka versank in Gedanken. Man könnte sich eine neue, orangefarbene Mütze zulegen. Oder den Rand der alten Mütze mit Sonnenlichtern besticken. In Gold. Aber es ist natürlich niemals dieselbe Sache, wenn sie sich nicht bewegen... Na und überhaupt! Was soll man schon mit einer neuen Mütze, wenn das Gefährliche kommt. Man kann schließlich genausogut in der alten untergehen... Die Filifjonka schleppte

ihren Teppich an Land und schlug ihn gegen den Berg und fing an, mürrisch auf dem Teppich herumzukriechen, damit das Wasser ablaufen konnte.

Es war zu schönes Wetter. Unnatürlich schön. Irgend etwas würde geschehen! Sie wußte es. Irgendwo hinter dem Horizont zog sich etwas Schwarzes und Gefährliches zusammen – es arbeitete sich heran, es kam, immer schneller...

«Man weiß nicht einmal, was es ist», flüsterte die Filifjonka vor sich hin. «Das ganze Meer wird schwarz, es murmelt... der Sonnenschein erlischt...»

Ihr Herz begann zu pochen, der Rücken wurde ihr kalt, sie drehte sich hastig um, als sei etwas hinter ihr. Aber dort glitzerte das Meer wie vorher, die Sonnenlichter spielten auf dem Grund und tanzten in Kreisen, der Sommerwind streichelte ihr tröstend die Nase.

Aber es ist nicht leicht, eine Filifjonka zu trösten, die das Entsetzen gepackt hat und die nicht weiß warum.

Mit zitternden Pfoten breitete sie den Teppich zum Trocknen aus, raffte Seife und Bürste an sich und eilte nach Hause, um Teewasser aufzusetzen. Die Gafsa hatte versprochen, gegen fünf vorbeizukommen.

Filifjonkas Haus war groß und nicht besonders hübsch. Irgend jemand, der seine alten Farben loswerden wollte, hatte es außen dunkelgrün angestrichen und innen braun. Die Filifjonka hatte es von einem Hemul gemietet, ohne Möbel, der ihr versichert hatte, daß dort im Sommer immer ihre Großmutter gewohnt habe.

Und da die Filifjonka stark verwandtschaftliche Gefühle hatte, meinte sie sofort, daß sie zur Erinnerung an die Großmutter da wohnen müsse.

Am ersten Abend hatte sie verwundert auf der Treppe gesessen: Großmutter mußte in ihrer Jugend ganz anders gewesen sein – eine echte Filifjonka mit Sinn für die Schönheit der Natur sollte sich hier, an diesem dürftigen, schrecklichen Strand niedergelassen haben? Das konnte man sich nicht vorstellen! Kein Stückchen Garten für Marmeladen-Sträucher! Nicht ein bißchen was von Baum, den man in eine Laube verwandeln konnte! Nicht mal eine schöne Aussicht!

Die Filifjonka seufzte und betrachtete verloren das grüne Dämmermeer, dessen Brandung den Strand einsäumte, soweit man schauen

konnte. Grünes Meer, weißer Sand, roter Tang... Eine Landschaft, wie geschaffen für Katastrophen! Kein sicheres Fleckchen!

Und dann, ja eben, dann hatte Filifjonka zu wissen bekommen, daß es sich um einen Irrtum handelte. Sie war ganz unnötig in dieses entsetzliche Haus an diesem entsetzlichen Strand gezogen. Ihre Großmutter hatte in einem ganz anderen Haus gewohnt. So ist das Leben!

Filifjonka hatte aber schon ihrer ganzen Verwandtschaft von dem Umzug geschrieben gehabt, nun konnte sie das Haus doch nicht wieder verlassen, fand sie. Die Verwandten könnten sonst glauben, sie sei gewissermaßen sprunghaft.

Filifjonka machte also die Tür hinter sich zu und versuchte, es sich im Inneren des Hauses so gemütlich wie möglich zu machen. Es war nicht leicht. Die Zimmer waren so hoch, daß die Decke immer im Schatten lag. Die Fenster waren groß und ernst, und keine Spitzengardinen der Welt vermochten sie freundlicher zu machen. Es waren nicht Fenster, durch die man hinausschauen konnte, sondern Fenster, in die jemand hineinschauen konnte – und das gefiel der Filifjonka nicht.

Sie bemühte sich, gemütliche Ecken einzurichten, aber sie wurden nicht gemütlich. Ihre Möbel verloren sich. Die Stühle suchten Schutz beim Tisch, das Sofa kroch erschrocken an die Wand, und die Lichtkreise der Lampen waren ebenso verloren wie das ängstliche Licht einer Taschenlampe in einem dunklen Wald.

Wie alle Filifjonken besaß sie eine Menge Nippsachen. Kleine Spiegel und Familienphotographien in Samtrahmen, Muscheln, kleine Kätzchen und Hemule aus Porzellan, die auf Spitzendeckchen standen, schöne Sprichwörter, gestickt in Silber und Seide, winzige Väschen und hübsche Teewärmer in Form von Mymlas – eben alles solche Dinge, die das Leben leichter, es weniger groß und gefährlich machen.

Doch alle diese schönen und geliebten Dinge verloren in dem düsteren Hause am Meer ihren Sinn und ihre Sicherheit. Die Filifjonka trug sie umher, vom Tisch auf die Anrichte und von da aufs Fensterbrett, aber nirgends gehörten sie hin.

Da standen sie also wieder. Genauso verloren.

Filifjonka blieb in der Tür stehen, schaute und suchte bei ihren Habseligkeiten Trost. Aber diese waren ebenso hilflos wie sie selbst. Sie ging in die Küche und legte die Seife und die Teppichbürste auf den Spülstein. Dann setzte sie Teewasser auf, deckte den Tisch mit den feinsten Tassen mit Goldrand, holte den Kuchenteller vor, pustete geschickt die Krümel vom Rand und legte zuoberst Kekse mit Zuckerguß, um bei der Gafsa Eindruck zu machen.

Gafsa trank Tee immer ohne Sahne, aber Filifjonka nahm trotzdem Großmutters silbernes Muschelschälchen (in Bootsform) hervor. Den Zucker legte sie in ein Samtkörbchen, das einen mit Perlen besetzten Griff hatte.

Während sie den Teetisch deckte, war sie ganz ruhig. Alle Katastrophen-Gedanken waren ausgesperrt.

Wie schade, daß in dieser verhängnisvollen Gegend nicht einmal hübsche Blumen aufzutreiben waren! Diese sahen aus wie ein boshaftes kleines Gestrüpp, und die Blüten paßten in der Farbe nicht zum Wohnzimmer. Filifjonka gab der Vase unzufrieden einen Schubs und ging ans Fenster, um nach der Gafsa Ausschau zu halten.

Aber rasch dachte sie: Nein, nein! Ich werde nicht nach ihr Ausschau halten. Ich werde warten, bis sie klopft. Dann laufe ich hin und öffne, und wir werden uns beide schrecklich freuen, werden ganz auf du und du sein, werden viel miteinander reden...

Wenn ich nach ihr Ausschau halte, ist der Strand vielleicht nur leer, bis dort hinten zum Leuchtturm. Oder aber ich sehe ein Pünktchen, das immer näher kommt, und Dinge, die immer näher kommen, unerbittlich näher kommen, habe ich nicht gern... Noch schlimmer aber, wenn dieses Pünktchen immer kleiner wird, langsam verschwindet...

Die Filifjonka begann zu zittern. Was ist los mit mir, dachte sie. Ich muß mit der Gafsa reden. Sie ist vielleicht nicht gerade die, mit der ich das am liebsten tue, aber ich kenne ja niemanden anders.

Es klopfte an der Tür. Filifjonka stürzte in den Korridor und begann schon zu reden, noch ehe sie die Tür aufgemacht hatte.

«... und was für ein schönes Wetter», rief sie, «das Meer, nicht wahr, das Meer... so blau und freundlich, nicht ein Wellchen! – Wie geht es Ihnen, Sie sehen ja blendend aus, konnte ich's mir doch denken... Aber hier, wenn man hier wohnt, die Natur und alles – das macht ja so viel aus, nicht wahr? – Oder nicht?»

Sie ist konfuser als sonst, dachte Gafsa und legte die Handschuhe ab (denn sie war wirklich eine Dame), und laut sagte sie: «Eben! Wie recht Sie haben, Frau Filifjonk!»

Sie setzten sich an den Teetisch, und Filifjonka freute sich so sehr darüber, daß sie Gesellschaft hatte, daß sie das Blaue vom Himmel herunterschwatzte und Tee auf das Tischtuch goß.

Gafsa lobte die Kekse und pries die Zuckerschale und alles, was ihr einfiel. Aber über die Blumen sagte sie nichts. Natürlich nicht! Die Gafsa war gut erzogen. Im übrigen hätte jeder sehen können, daß dieses wilde, boshafte Gestrüpp nicht zu dem Teeservice paßte.

Nach einer Weile hörte Filifjonka auf, ins Blaue zu schwätzen, und da Gafsa nichts sagte, wurde es allmählich immer stiller.

Plötzlich erlosch auf dem Tischtuch das Sonnenlicht. In die großen strengen Fenster traten Wolken, die beiden Damen hörten den Wind kommen. Vom Meer, von weit her, wie ein Flüstern.

«Ich habe gesehen, daß Sie den Teppich in der Wäsche haben, Frau Filifjonk», sagte Gafsa höflich.

«Ja, Seewasser soll doch so gut für Teppiche sein», antwortete Filifjonka. «Die Farben verlaufen nicht, und der Duft nachher ist so frisch und...»

Ich muß die Gafsa dahin bringen, daß sie begreift, dachte sie. Jemand muß mir antworten, muß sagen: Du fürchtest dich, natürlich, ich verstehe das so gut! Oder auch: Aber meine Liebe, wovor fürchtest du dich denn nur? An so einem schönen ruhigen Sommertag! – Das eine oder das andere, nur eben etwas.

«Diese Kekse sind nach dem Rezept meiner Großmutter gebacken», sagte die Filifjonka. Nun beugte sie sich über den Teppich und flüsterte:

«Diese Ruhe ist unnatürlich. Sie bedeutet, daß sich etwas Entsetzliches ereignen wird! Liebe Gafsa, glauben Sie mir, wir sind sehr klein, wir mit unserem Gebäck und unseren Teppichen und allem, was so wichtig ist. Sie verstehen, so furchtbar wichtig, und dennoch sind wir ständig bedroht, das Erbarmungslose...»

«Oh», meinte die Gafsa. Es wurde ihr peinlich.

«Doch, doch, das Erbarmungslose», fuhr Filifjonka hastig fort. «Man kann es nicht anflehen, nicht vernünftig reden mit ihm, man kann es nicht begreifen und niemals fragen, das, was hinter einem schwarzen Viereck kommt, hinter der Scheibe, weit weg, auf dem Weg, draußen auf dem Meer, und es wächst und wächst und ist nicht zu sehen, bis es zu spät ist! Haben Sie das nicht gespürt, Gafsa? Bitte, sagen Sie, daß Sie es getan haben, einmal, meine Liebe, bitte, sagen Sie es doch!»

Gafsa war im Gesicht ganz rot geworden, sie drehte und spielte ratlos mit dem Zuckerschälchen und wünschte, daß sie nie gekommen wäre.

«Jetzt, im Spätsommer, kann es zuweilen heftig heraufziehen», sagte sie schließlich vorsichtig.

Filifjonka hüllte sich in enttäuschtes Schweigen. Die Gafsa wartete ein paar Augenblicke, dann sagte sie, leicht gereizt:

«Ich hatte am Freitag meine große Wäsche zum Trocknen aufgehängt, und ob sie's mir glauben oder nicht, nach meinem besten Kissenbezug mußte ich bis zur Gartenpforte laufen, so sehr stürmte es. Welches Waschmittel benutzen Sie, Frau Filifjonk?»

«Darauf kann ich mich nicht besinnen», antwortete Filifjonka, die plötzlich furchtbar müde wurde, weil die Gafsa sich nicht die Mühe geben konnte, sie zu verstehen. – «Möchten Sie mehr Tee?»

«Nein, danke», sagte die Gafsa. «Ein netter kleiner Fünfuhrtee, aber ich glaube, nun muß ich allmählich aufbrechen.»

«Ja, ja», sagte die Filifjonka, «ich verstehe.»

Draußen über dem Meer war es dunkel geworden, die See murmelte an den Ufern. Es war zu früh, um die Lampe anzustecken – man möchte ja nicht furchtsam wirken – anderseits machte das Zwielicht es etwas ungemütlich...

Die dünne Nase der Gafsa war faltiger als gewöhnlich, und man hätte glauben können, daß sie sich nicht wohl fühlte. Doch Filifjonka half ihr nicht aufzubrechen, sie saß still und zerbröckelte ihr Zuckergebäck.

Die Sache ist wirklich peinlich, dachte Gafsa und schob unmerklich ihre Handtasche von der Anrichte unter den Arm. Der Südwestwind draußen nahm zu.

«Sie reden von ‹stürmen›», sagte die Filifjonka plötzlich, «Sturm, der mit der Wäsche lossaust. Ich, meine liebe Gafsa, ich aber rede von Zyklonen, Typhonen, Trombonen, Wirbelwinden, Taifunen und Sandstürmen... Flutwellen, die das Haus wegspülen... Aber vor allen Dingen spreche ich von mir selbst, auch wenn ich weiß, daß das nicht besonders fein ist. Ich weiß, daß die Sache schiefgeht. Ich denke immerzu daran. Sogar wenn ich meinen Flickenteppich wasche. Können Sie das verstehen? Spüren Sie das nicht auch?»

«Essig! Das pflegt zu helfen», sagte die Gafsa in ihre Teetasse starrend. «Flickenteppiche verlaufen selten, wenn man nur ein wenig Essig ins Spülwasser gießt.»

Jetzt wurde die Filifjonka böse. Das war sehr ungewöhnlich für sie. Plötzlich wußte sie: jetzt mußte sie die Gafsa irgendwie herausfordern. Sie nahm das erste beste, was ihr einfiel zum Anlaß und rief, indem sie auf das abscheuliche kleine Gestrüpp in der Blumenvase zeigte: «Gucken Sie sich's an! Es ist nämlich hübsch! Es paßt genau zum Service!»

Und die Gafsa wurde ebenfalls böse, hatte die ganze Sache satt, sprang auf und sagte: «Keinesfalls! Es ist zu groß, zu dornig, viel zu grell und aufreizend! So etwas gehört sich einfach nicht, wenn man Besuch hat!»

Daraufhin verabschiedeten sich die beiden Damen voneinander, und die Filifjonka schloß ihre Tür und ging zurück ins Wohnzimmer. Sie war traurig und enttäuscht, und sie hatte das Gefühl, daß der Nachmittag mißlungen war. Der kleine Strauch stand in der Mitte des Teetischchens, grau und dornig, übersät mit dunkelroten Blüten. Plötzlich kam die Filifjonka auf den Gedanken, nicht der Blumenbusch sei es, der so schlecht zu dem Service paßte, sondern es war das Service, das einfach mit gar keiner Sache zusammenpaßte.

Sie stellte die Vase hinüber auf das Fensterbrett.

Das ganze Meer war verändert. Es war grau, die Wellen hatten weiße Zähne bekommen und schnappten wütend nach dem Ufer. Der Himmel war rötlich und schwer.

Filifjonka blieb am Fenster stehen, lange, und sie hörte, wie der Wind zunahm.

Schließlich läutete das Telefon.

«Ist dort Frau Filifjonk?» fragte Gafsas Stimme vorsichtig.

«Natürlich bin ich es», antwortete die Filifjonka. «Hier wohnt kein anderer. Sind Sie ordentlich nach Hause gekommen?»

«Aber gewiß, selbstverständlich», sagte die Gafsa. «Jetzt scheint es wieder zu stürmen.»

Sie schwieg ein Weilchen, sagte daraufhin freundlich: «Frau Filifjonk? Diese entsetzlichen Dinge, von denen Sie sprachen. Sind sie oft passiert?»

«Nein», antwortete Filifjonka.

«Also nur manchmal, ja?»

«Eigentlich noch nie», sagte Filifjonka. «Ich fühle sie gewissermaßen nur.»

«Oh», sagte die Gafsa. «Ja, ich wollte mich nur für den Nachmittag bedanken. Also es ist Ihnen noch nie etwas passiert?»

«Nein», antwortete die Filifjonka. «Nett, von Ihnen, daß Sie angerufen haben. Hoffentlich sehen wir uns mal wieder.»

«Ja, das hoffe ich auch», sagte die Gafsa und hängte ab.

Filifjonka saß und fror und betrachtete das Telefon.

Bald werden meine Fenster schwarz, dachte sie. Man könnte sie mit Decken verhängen. Man könnte die Spiegel gegen die Wand drehen.

Doch sie tat nichts, saß nur da und lauschte dem Winde, der im Schornstein heulte. Genau wie ein verlassenes kleines Tier.

Auf der Südseite des Hauses begann der Fischkescher des Hemuls gegen die Wand zu hauen, aber Filifjonka wagte nicht, hinauszugehen und ihn wegzunehmen.

Das Haus bebte, ganz leicht, und der Wind kam jetzt in Stößen. Man hörte, wie der Sturm Anlauf nahm und in großen Sätzen übers Meer gelaufen kam.

Eine Ziegelplatte rutschte draußen hinunter und zersplitterte. Filifjonka zuckte zusammen und erhob sich. Eilends ging sie ins Schlafzimmer. Aber das war zu groß, dort fühlte man sich nicht sicher. Die Speisekammer! Die war klein genug, um sich darin geborgen zu fühlen.

Die Filifjonka nahm die Bettdecke über den Arm und raste durch den Küchenflur, stieß die Speisekammertür mit dem Fuß auf und schloß sie atemlos hinter sich. Hier war der Sturm nicht so zu hören. Und hier gab es kein Fenster, nur eine kleine Klappe. Sie tastete sich im Dunkeln an den Kartoffelsäcken vorbei, und dicht an der Wand unter dem Regal mit den Marmeladengläsern wickelte sie sich in die Decke ein.

Allmählich fing ihre Phantasie an, ein eigenes Unwetter auszumalen, ein viel größeres, schwärzeres, wilderes als das, was ihr Haus erbeben ließ.

Die Wogen wurden riesige weiße Drachen, eine brüllende Trombe schraubte das Wasser empor zu einer schwarzen Säule am Horizont, zu einer glänzenden Säule, die auf sie zustürzte, näher, immer näher...

Ihr eigener Sturm war immer der schrecklichste, so war es ja immer gewesen. Und im Innersten ihres Herzens war die Filifjonka ein bißchen stolz auf ihre Katastrophen, die sie ganz allein für sich besaß.

Die Gafsa ist ein Esel, dachte sie. Eine alberne Frau, die nichts anderes im Kopf hat als Teegebäck und Kissenbezüge. Von Blumen versteht sie auch nichts. Und am allerwenigsten versteht sie mich. Jetzt hockt sie dort und glaubt, ich hätte nie etwas mitgemacht. Ich, die jeden Tag den Weltuntergang erlebt, und ich ziehe mich trotzdem immer wieder aus und an, esse und wasche ab, empfange Besuche, als sei nichts geschehen!

Die Filifjonka steckte die Nase hinaus, starrte mit strenger Miene in die Dunkelheit und sagte: «Ich werd's euch schon zeigen!»

Wer weiß schon, was sie damit meinte.

Dann kroch sie unter die Decke und hielt sich die Pfoten vor die Ohren.

Indessen blies draußen der Sturm immer heftiger bis gegen Mitternacht. Um ein Uhr hatte er 46 Sekundenmeter erreicht. Ungefähr um zwei Uhr wurde der Schornstein vom Dach geweht. Die eine Hälfte von ihm sauste an der Außenwand des Hauses hinab, der Rest kam durch den Kamin gefahren. Durch das Loch in der Decke sah man den finsteren Nachthimmel mit großen fliegenden Wolken. Und nun kam der Sturm ins Haus gestürzt, und man konnte nichts mehr sehen vor lauter Kaminasche, flatternden Gardinen und Tischtüchern, Familienphotos, die einem um die Ohren flogen. Alle erschrockenen Habseligkeiten der Filifjonka wurden lebendig, es polterte, klingelte und klapperte, Türen schlugen zu und Bilder fielen zu Boden.

Mitten im Wohnzimmer stand die Filifjonka, schlaftrunken und wie eine Wilde in ihrem flatternden Rock, und sie dachte verwirrt: Jetzt geschieht es, jetzt geht alles schief! Endlich! Jetzt brauche ich nicht mehr zu warten.

Sie ergriff das Telefon, um Gafsa anzuläuten, ihr zu sagen, daß... na, beispielsweise, irgend etwas, das die Gafsa für alle Zeit mundtot machen konnte. Etwas Selbstsicheres und Triumphierendes.

Doch die Telefonleitung war hinabgeweht worden.

Filifjonka hörte nichts anderes als den Sturm und die Ziegelplatten, die über das Dach polterten. Wenn ich auf den Boden gehe, weht das Dach davon, dachte sie, und wenn ich in den Keller gehe, stürzt das ganze Haus über mir zusammen. Das tut es unter allen Umständen!

Sie griff sich ein Porzellankätzchen und drückte es fest an sich. In dem

Augenblick stieß der Wind das Fenster auf, das Glas zersplitterte auf dem Boden. Ein Regenschauer peitschte über die Mahagonimöbel, und der schöne Hemul aus Gips stürzte von seinem Sockel und brach in Stücke. Mit fürchterlichem Getöse schlug der gläserne Kronleuchter des Onkels zu Boden. Filifjonka hörte, wie alle ihre Habseligkeiten schrien, jammerten. Sie sah flüchtig ihre eigene bleiche Nase in einer Spiegelscherbe, und ohne weiter nachzudenken, raste sie ans Fenster und sprang hinaus.

Und dort blieb sie sitzen, im Sande. Sie spürte den warmen Regen im Gesicht, und das Kleid flatterte und klatschte wie ein Segel. Angestrengt hielt sie die Augen geschlossen und wußte: Jetzt war sie mitten drin – in dem Gefährlichen, und völlig sich selbst überlassen.

Der Sturm donnerte weiter, unbeirrt und gleichmäßig. Aber die ängstlichen Stimmen, alles was jammerte, kratzte, klapperte, zersplitterte, zerbrochen war, alles das war verschwunden. Das Gefährliche war im Haus, nicht draußen.

Die Filifjonka atmete vorsichtig den herben Tanggeruch ein und öffnete die Augen: Das Dunkel war nicht mehr so schwarz wie im Wohnzimmer.

Sie sah die Brandung und den langsam durch die Nacht wandernden Schein des Leuchtturms. Er zog an ihr vorbei, ging weiter über die Dünen, verlor sich draußen am Horizont und kehrte wieder, immer wieder aufs neue; rundherum wanderte das ruhige Licht und bewachte den Sturm, hielt ihn am Zügel.

Nachts bin ich noch nie allein draußen gewesen, dachte die Filifjonka. Wenn das meine Mutter wüßte...

Sie fing an, gegen den Wind zu kriechen, hinab ans Ufer. Sie wollte so weit wie möglich von dem Haus des Hemuls wegkommen. Das Porzellankätzchen hatte sie immer noch in der Pfote, es beruhigte sie, daß sie jemanden beschützen konnte! Nun bemerkte sie, daß das ganze Meer mit blauweißem Schaum bedeckt war. Der Sturm schnitt die Wellenkämme schräg ab und trieb sie als Rauch an den Strand. Es schmeckte nach Salz.

Hinter ihr barst etwas, irgend etwas im Hause. Die Filifjonka drehte sich aber nicht um. Sie kauerte sich hinter einem großen Stein zusammen und schaute mit weitoffenen Augen in die Nacht hinaus. Sie fror nicht mehr. Und das Merkwürdige war, daß sie sich plötzlich geborgen fühlte. Ein sehr ungewöhnliches, neues Gefühl! Die Filifjonka erlebte dieses neue Gefühl sehr intensiv und fand es bezaubernd. Aber warum sollte sie eigentlich unruhig sein? Die Katastrophe war ja endlich eingetroffen.

Gegen Morgen flaute der Wind ab. Die Filifjonka merkte es kaum. Sie saß da und dachte nach. Dachte nach über sich selbst, über ihre Katastrophen und ihre Möbel, und sie fragte sich, wie sie sich alles zusammenreimen sollte, damit es auch paßte!

Eigentlich war nichts anderes geschehen, als daß der Sturm den Schornstein heruntergerissen hatte. Dennoch spürte sie es ganz genau: Es hatte sie aufgerüttelt, alles durcheinandergeschüttelt, und sie wußte nicht, wie sie es anstellen sollte, um wieder ins richtige Gleis zu kommen. Sie hatte das Gefühl, die alte Filifjonka sei verschwunden, und sie war nicht einmal sicher, ob sie sie zurückwünschen sollte – und alles, was die alte Filifjonka besessen hatte?... Alles was entzweigegangen, rußig und feucht geworden war, in Scherben lag? Sich vorzustellen, daß man eine Woche nach der anderen kleistern und kleben müßte, die Stückchen und Fetzen zusammenzusuchen hatte, die überallhin verstreut waren... Waschen, plätten, neu anmalen und traurig sein über alles, was nicht mehr zusammenzufügen war, und immer wissen, daß vorher alles viel, viel schöner und ohne Risse gewesen war... Nein, bloß nicht! Und dann den ganzen Schmus wieder aufstellen, in einem ebenso dunklen Zimmer, und weiter versuchen, es gemütlich zu finden...

«Nein, das tue ich nicht!» rief die Filifjonka und erhob sich mit steifen Beinen. «Wenn ich versuche, alles wieder genauso herzurichten wie vorher, werde ich selbst auch wieder wie vorher. Ich werde mich wieder fürchten... ich fühle es jetzt schon. Dann kommen mir wieder die Zyklone nachgeschlichen, die Typhone und Taifune...»

Sie schaute sich nun zum ersten Mal das Haus des Hemuls an. Es stand noch. Alles, was zerbrochen war, lag dort und wartete, daß Filifjonka es wieder in Ordnung brachte.

Keine echte Filifjonka hatte jemals ihre schönen, geerbten Möbel im Stich gelassen... Mutter hätte etwas gesagt wie «es gibt etwas, das heißt Pflicht», murmelte die Filifjonka.

Es war inzwischen Morgen geworden. Der östliche Horizont wartete auf den Sonnenaufgang. Über das Meer flogen furchtsame Windstöße, und der Himmel war voll von Wolkenfetzen, die der Sturm vergessen hatte. Ein paar schwache Donnerschläge rollten vorüber. Das Wetter war unruhig, und die Wellen wußten nicht, wohin sie wollten.

Die Filifjonka war unschlüssig.

Und nun erblickte sie die Trombe.

Und sie war ihrer eigenen überhaupt nicht ähnlich. Ihre eigene war

eine schwarze, glänzende Wassersäule. Diese aber war echt. Sie war hell. Wirbelnde weiße Wolken, die sich in einer riesigen Spirale nach unten schraubten, die kreideweiß wurden, dort wo sich das Wasser aus dem Meer hob, um ihnen entgegenzukommen. Sie brüllte nicht, sie brauste nicht. Sie war stumm und kam langsam auf die Küste zu, schaukelschwebend, und jetzt, im Sonnenaufgang, wurde sie rosenrot.

Die Trombe war unendlich hoch, lautlos und mächtig drehte sie sich um sich selbst, kam immer näher...

Die Filifjonka vermochte sich nicht zu bewegen. Sie stand still, steinstill, und sie drückte das Porzellankätzchen an sich und dachte: Oh, meine herrliche, strahlende Katastrophe!

Die Trombe schritt über den Strand, nicht weit entfernt von der Filifjonka. Der weiße Wirbel glitt majestätisch an ihr vorbei, jetzt als eine Säule aus Sand, und mit großer Ruhe nahm sie das Dach von Filifjonkas Haus ab. Filifjonka sah, wie es abgehoben wurde, wie es verschwand. Sie sah, wie ihre ganze Einrichtung emporgewirbelt wurde – und verschwand.

Alle ihre Nippsachen sah sie geradewegs in den Himmel fliegen, Untersetzer und Deckchen, Familienphotos und Kaffeemützen, Großmutters Sahnenmuschelschälchen und die Sprüche in Silber und Seide, alles, alles, alles! Und voller Hingebung dachte sie: Welch ein großes Glück! Was vermag ich kleine, elende Filifjonka gegen die großen Mächte der Natur! Was läßt sich danach noch zusammenkleben? Nichts! Alles ist weggefegt und sauber.

Feierlich wanderte die Trombe ins Land hinein. Sie wurde schmäler, sie barst, sie löste sich auf. Sie wurde nicht mehr gebraucht!

Die Filifjonka holte tief Atem. Nun habe ich nie mehr Angst, sagte sie sich. Jetzt bin ich wirklich frei. Nun bin ich gern und zu allem bereit.

Sie setzte das Kätzchen auf einen Stein. Das eine Ohr war in der Nacht abgebrochen, das Näschen war mit Teeröl beschmiert. So sah es ganz anders aus, ein wenig naseweis und durchtrieben.

Die Sonne stieg. Filifjonka spazierte in dem feuchten Sand entlang. Dort lag ihr Flickenteppich. Das Meer hatte ihn mit Tang und Muscheln geschmückt, und noch nie war ein Flickenteppich so saubergewaschen worden wie dieser. Die Filifjonka kicherte. Sie zog den Teppich mit den Pfoten hinaus in die Dünung.

Sie tauchte in eine große grüne Welle hinein, sie setzte sich auf ihren Teppich und segelte auf dem zischenden, weißen Schaum dahin, wieder tauchte sie, tauchte hinab bis auf den Grund.

Die eine Dünung nach der anderen rollte über sie hinweg, durchsichtig grün, und dann stieg Filifjonka nach oben, empor ans Sonnenlicht und prustete, lachte und rief und tanzte mit ihrem Teppich in den hohen Wellen.

Noch nie in ihrem Leben war sie so ausgelassen gewesen.

Gafsa hatte schon lange gerufen, ehe die Filifjonka sie endlich erblickte.

«Wie entsetzlich», schrie die Gafsa, «liebe gute arme Frau Filifjonk!»

«Guten Morgen», sagte Filifjonka und zog ihren Teppich an den Strand. «Wie geht es?»

«Ich bin ganz außer mir», stieß die Gafsa aus. «Welch eine Nacht!» Ich habe die ganze Nacht nur an Sie gedacht! Und ich habe es gesehen, sie gesehen, als sie kam. Die reinste Katastrophe!»

«Wieso?» fragte die Filifjonka unschuldig.

«Sie hatten recht, Sie hatten so recht!» jammerte die Gafsa. «Sie hatten ja gesagt, daß es eine Katastrophe geben würde. Nein, so etwas! Und alle ihre schönen Sachen! Ihr ganzes schönes Heim! Ich habe die ganze Nacht versucht, Sie anzurufen, ich war so entsetzlich aufgeregt, aber die Telefonleitungen waren kaputt...»

«Nett von Ihnen», sagte Filifjonka und wrang das Wasser aus ihrer Mütze. «Aber es war wirklich ganz unnötig. Sie wissen ja selbst, man braucht nur ein wenig Essig ins Spülwasser zu gießen, dann verlaufen die Farben nicht. Man braucht sich tatsächlich darüber keine Sorgen zu machen!»

Und die Filifjonka setzte sich in den Sand und lachte, daß ihr die Tränen über die Wangen liefen.

Die Geschichte von dem letzten Drachen der Welt

Gegen Ende der Hundstage, an einem Donnerstag, fing Mumintroll einen kleinen Drachen, und zwar dort in dem großen braunen Wasserloch, rechts neben dem Hängemattenbaum des Muminvaters.

Natürlich hatte Mumintroll nicht die Absicht, einen Drachen zu fangen. Er hatte nur versucht, eins von den kleinen Kribbeltieren aufzustöbern, die da im Bodenschlamm herumkrochen. Er wollte untersuchen, ob sie eigentlich ihre Beinchen beim Schwimmen bewegten und ob sie tatsächlich rückwärts schwammen.

Aber als er rasch das Marmeladenglas herauszog, sah er, daß etwas ganz anderes darinnen saß. «Bei meinem Schwänzchen!» flüsterte Mumintroll andächtig. Er hielt das Glas mit beiden Pfoten ganz fest und staunte.

Der Drache war nicht größer als eine Streichholzschachtel. Er schwamm im Wasser und bewegte anmutig die durchsichtigen Flügel, die genauso schön waren wie die Flossen eines Goldfisches.

Aber so prachtvoll vergoldet wie dieser winzige Drache war kein Goldfisch der Welt! Er funkelte vor Gold, hatte eine richtige Goldkörnchenhaut im Sonnenschein! Der kleine Kopf war hellgrün und die Augen gelb wie Zitronen. Die sechs vergoldeten Beinchen hatten jedes seine kleine grüne Tatze, und der Schwanz wurde an der Spitze grünlich. Er war einfach wunderbar!

Mumintroll schraubte den Deckel zu (mit Luftlöchern natürlich) und stellte das Glas vorsichtig ins Moos, legte sich dicht heran auf den Bauch und betrachtete den Drachen. Dieser schwamm an die Glaswand und öffnete seinen kleinen Rachen, der ganz mit kleinen Zähnen besetzt war.

Er ist böse, dachte Mumintroll. Er ist böse, obwohl er so winzig klein ist. Was soll ich tun, damit er mich ein bißchen lieb hat... Und was frißt er? Was frißt ein Drache?

Besorgt und erregt hob er das Glas wieder hoch und machte sich auf den Heimweg. Ganz vorsichtig ging er, damit der Drache nicht gegen die Glaswände stieß. Er war doch so furchtbar klein und empfindlich!

«Ich werde dich hegen und pflegen und sehr liebhaben», flüsterte Mumintroll. «Du darfst auf meinem Kissen schlafen. Und wenn du größer geworden bist und mich ein bißchen liebgewonnen hast, dann darfst du mit mir zusammen im Meer schwimmen...»

Der Muminvater war mit den Tabakbeeten beschäftigt. Natürlich könnte man ihm den Drachen zeigen. Aber vielleicht auch lieber nicht.

Noch nicht. Man könnte ihn erst ein paar Tage für sich allein haben, damit er sich gewöhnte. Als Geheimnis! Während man auf das Schönste von allem wartete: nämlich dem Mumrik den Drachen zu zeigen!

Mumintroll drückte das Glas an sich und ging so gleichgültig, wie er es vermochte, zum hinteren Aufgang. Die anderen waren irgendwo auf der Veranda.

Gerade als der Troll ins Haus schlüpfen wollte, steckte die kleine My ihren Kopf hinter der Wassertonne hervor und rief neugierig:

«Was hast du da?»

«Nichts», sagte der Mumintroll.

«Ein Glas hast du», sagte My und reckte den Hals. «Was ist denn da drin? Warum versteckst du es?»

Mumintroll lief rasch die Treppen hinauf und in sein Zimmer hinein. Er stellte das Glas auf den Tisch, das Wasser schwappte heftig. Der Drache hatte die Flügel über den Kopf gelegt und sich zu einem Bällchen zusammengerollt.

Nun richtete er sich langsam auf und zeigte die Zähne.

«Das soll nie wieder vorkommen», versprach Mumintroll. «Entschuldige bitte!»

Er schraubte den Deckel ab, damit sich der Drache ein wenig umsehen könne, und dann verriegelte er die Tür. Man konnte nie so genau wissen, mit My und so...

Als er zu dem Drachen zurückkam, war dieser aus dem Wasser herausgekrochen und saß auf dem Glasrand. Mumintroll streckte behutsam die Pfote aus und wollte ihn streicheln.

Doch da öffnete der Drache seinen Rachen und spie eine kleine Rauchwolke aus. Eine rote Zunge fuhr wie eine Flamme heraus und genauso schnell wieder zurück. «Au», sagte Mumintroll, denn er hatte sich verbrannt. Nicht sehr, aber immerhin!

Er bewunderte den Drachen mehr als zuvor.

«Bist wohl böse, was?» fragte er vorsichtig. «Bist schrecklich, fürchterlich und ungeheuerlich, was? Ei, ei, ei, du kleines süßes Vieh!»

Der Drache schnaubte.

Mumintroll kroch unter das Bett und holte seine Nachtkiste hervor, in der noch ein hartgewordener Eierkuchen, ein halbes Butterbrot und ein Apfel lagen. Mumintroll schnitt alles in kleine Stückchen und legte sie rund um den Drachen auf den Tisch. Der schnupperte ein wenig, gab Mumintroll einen verächtlichen Blick und sauste plötzlich mit unglaublicher Geschwindigkeit aufs Fensterbrett, wo er auf eine große und fette Augustfliege losging.

Die Fliege hörte auf zu summen und fing an zu schwirren. Der Drache hatte ihr mit seinen kleinen grünen Tatzen einen Hieb in den Nacken versetzt und spie ihr Rauch in die Augen.

Und dann gab es nur noch einen Schnicks und einen Schnacks, der Rachen öffnete sich, und die Augustfliege fuhr hinein. Der Drache schluckte und schluckte, leckte sich die Nase, kratzte sich hinter den Ohren und blinzelte Mumintroll verächtlich an.

«Nein, was du nicht kannst!» sagte Mumintroll. «Mein kleiner Bubulabu-dubu!»

In diesem Augenblick schlug unten die Muminmutter den Gong zum Frühstück.

«Jetzt mußt du ganz lieb auf mich warten», sagte Mumintroll. «Ich komme gleich wieder zurück.»

Er zögerte einen Augenblick und schaute den Drachen sehnsüchtig an, der ihn nicht besonders liebenswürdig anblickte.

Mumintroll sprang die Treppe hinunter und hinaus auf die Veranda.

My hatte noch nicht einmal den Löffel in den Brei getaucht, als sie auch schon anfing: «Es gibt solche, die sogenannte Geheimnisse in sogenannten Marmeladengläsern umhertragen.»

«Halt den Schnabel», sagte Mumintroll.

«Es sieht fast so aus», fuhr My fort, «daß gewisse Personen Blutegel sammeln oder Kellerasseln, oder riesengroße Tausendfüßler, die sich hundertmal in der Minute vermehren.»

«Mutter», sagte Mumintroll, «du weißt doch, daß, wenn ich irgendwann irgendein kleines Tier haben sollte, das mich liebhat, dann würde ich, wäre es, wenn...»

«Würde-wenn und wäre-es», sagte My und gurgelte mit der Milch.

«Wie?» fragte der Vater und schaute von der Zeitung auf.

«Mumintroll hat ein neues Tier gefunden», erklärte die Mutter. «Beißt es?» «Es ist zu klein dazu, man merkt es nicht, wenn es beißt», murmelte Mumintroll.

«Und wie schnell wird es größer?» fragte die Mymla. «Wann darf man es sehen? Kann es sprechen?»

Mumintroll antwortete nicht. Nun war wieder alles zerstört. Es sollte doch so sein: Erst hat man ein Geheimnis, und dann kommt man mit einer Überraschung! Wenn man aber in einer Familie wohnt, dann gibt es weder das eine noch das andere. Alle wissen immer schon alles, und dann macht es keinen Spaß mehr.

«Ich möchte nach dem Essen hinunter an den Fluß gehen», sagte Mumintroll langsam und verächtlich. Verächtlich wie ein Drache. «Mutter, sag ihnen, daß sie nicht in mein Zimmer gehen; ich übernehme keine Verantwortung.»

«Gut», sagte die Mutter und schaute My an. «Keine lebendige Seele darf in sein Zimmer gehen.»

Mumintroll löffelte gelassen seine Suppe aus. Dann ging er durch den Garten hinab zur Brücke.

Der Mumrik saß vor dem Zelt und malte einen Angelkorken an. Im Augenblick, da Mumintroll ihn erblickte, freute er sich auch wieder über seinen Drachen.

«Oh», sagte Mumintroll, «Familien sind schon manchmal eine Plage!»

Der Mumrik brummte zustimmend und ohne die Pfeife aus dem Mund zu nehmen. Sie saßen eine Weile lang da und schwiegen, in freundschaftlichem und männlichem Einverständnis.

«Also wegen dem nichts!» begann Mumintroll plötzlich. «Bist du auf deinen Reisen mal auf einen Drachen gestoßen?»

«Du meinst weder einen Salamander, Eidechsen, noch Krokodile», sagte Mumrik nach einer langen Pause. «Du meinst natürlich einen Drachen. Nein. Die gibt es nicht mehr.»

«Vielleicht ist einer übriggeblieben», meinte Mumintroll vorsichtig. «Einer, den jemand in einem Marmeladenglas gefangen hat...»

Der Mumrik schaute auf, musterte ihn scharf und merkte, daß Mumintroll vor lauter Entzücken und Spannung beinah platzte. Daher sagte er nur abweisend: «Das glaube ich nicht.»

«Möglicherweise ist er nicht größer als eine Streichholzschachtel und kann Feuer speien», fuhr Mumintroll fort und gähnte.

«Unmöglich», meinte Mumrik, der wußte, wie man eine Überraschung vorzubereiten hat.

Sein Freund schaute in die Luft und sagte: «Ein Drache aus echtem Gold mit winzig kleinen Tatzen... anhänglich und treu könnte er werden, überallhin mitkommen...»

Und dann sprang er auf und schrie: «Ich habe ihn gefunden! Ich habe einen kleinen Drachen gefunden, der nur mir gehört!»

Während sie zum Haus hinaufwanderten, probierte Mumrik alles durch: Mißtrauen, Überraschung und Bewunderung. Er verstand wirklich etwas davon, überrascht zu sein. Sie gingen die Treppe hinauf, öffneten behutsam die Tür und traten in die Bodenkammer.

Das Gefäß mit dem Wasser stand noch auf dem Tisch, doch der Drache war verschwunden. Mumintroll suchte unter dem Bett, hinter der Anrichte, er kroch überall herum und suchte und lockte.

«Hör mal», sagte der Mumrik, «er sitzt auf der Gardine.»

Der Drache saß tatsächlich auf der Gardinenstange unter der Decke.

«Wie ist er da bloß hingekommen», stieß Mumintroll angstvoll aus. «Wenn er 'runterfällt... Beweg dich nicht, warte mal... nichts sagen...»

Er riß das Laken aus dem Bett und breitete es unter dem Fenster auf

dem Fußboden aus. Dann nahm er das alte Schmetterlingsnetz des Hemuls und hielt es dem Drachen vor die Nase.

«Spring!» flüsterte er. «Komm, komm schön, sei vorsichtig, sei ja vorsichtig!» «Du verjagst ihn», sagte der Mumrik.

Der Drache sperrte den Rachen auf und zischte. Er biß in das Schmetterlingsnetz und fing an zu surren wie ein kleiner Motor. Und mit einem Mal flatterte er ins Zimmer und begann an der Decke herumzufliegen.

«Er fliegt! Er fliegt!» schrie Mumintroll. «Mein Drache fliegt!»

«Natürlich», sagte der Mumrik. «Hopse nicht so herum. Bleib ruhig.»

Jetzt blieb der Drache mitten unter der Decke stehen, die Flügel vibrierten wie bei einem Nachtschmetterling. Und dann machte er einen Sturzflug, biß Mumintroll ins Ohr, so daß er aufschrie, flog fort und setzte sich auf Mumriks Schulter.

Er rückte dicht an sein Ohr heran und begann mit geschlossenen Augen zu spinnen.

«So ein kleiner Schlingel», sagte der Mumrik verblüfft. «Ganz heiß ist er. Was tut er?»

«Er hat dich gern», sagte Mumintroll.

Am Nachmittag kam das Snorkfräulein von einem Besuch bei der

Großmutter der kleinen My nach Hause und erfuhr natürlich umgehend, daß Mumintroll einen Drachen gefunden hatte.

Der Drache saß auf dem Kaffeetisch neben Mumriks Tasse und leckte sich die Pfoten. Alle hatte er gebissen außer den Mumrik, und jedesmal, wenn er böse wurde, sengte er irgendwo ein Loch hinein.

«Wie süß», sagte das Snorkfräulein. «Wie heißt er?»

«Er heißt nicht», murmelte Mumintroll, «es ist nur ein Drache», und vorsichtig ließ er eine Pfote über die Tischdecke spazieren, bis er an einem der vergoldeten Beinchen anstieß.

Schwupp! fuhr der Drache herum, zischte und spie eine kleine Rauchwolke aus. «Oh, wie entzückend!» jubelte das Snorkfräulein.

Der Drache rückte näher an den Mumrik heran und beschnüffelte die Pfeife. Auf der Tischdecke, wo er gesessen hatte, war ein rundes braunes Loch.

«Möchte nur wissen, ob er auch in Wachstuch Löcher brennen kann», sagte die Muminmutter.

«Ohne weiteres», erklärte die kleine My: «Ist er erst noch mehr gewachsen, zündet er das ganze Haus an. Paßt nur auf!»

Sie schnappte sich ein Stück Kuchen, doch im Nu schoß der Drache auf sie zu wie eine kleine goldne Furie und biß sie in die Pfote. «Teufelsbiest!» schrie My und haute dem Drachen eins mit der Serviette runter.

«Wenn du so etwas sagst, kommst du nicht in den Himmel», begann sofort die Mymla. Doch Mumintroll unterbrach sie und rief heftig:

«Das war nicht seine Schuld, der Drache dachte, du willst die Fliege aufessen, die auf dem Kuchen saß.»

«Du und dein Drache!» schrie My, die sich ordentlich wehgetan hatte. «Im übrigen ist er nicht deiner, sondern er gehört dem Mumrik, denn nur den hat er gern.»

Einen Augenblick lang war es still.

«Was schnattert die Kleine», fragte der Mumrik und stand auf. «In ein paar Stunden wird er wissen, wer sein Herrchen ist. Also. Mach, daß du fortkommst. Flieg zu deinem Herrchen.»

Doch der Drache, der jetzt auf Mumriks Schulter saß, klammerte sich mit allen sechs Tatzen fest und spann wie eine Nähmaschine.

Der Mumrik nahm das Tierchen in die Faust und steckte es unter die Kaffeemütze. Dann öffnete er die Glastüre und ging hinunter in den Garten.

«Er erstickt ja», sagte Mumintroll und hob die Kaffeemütze hoch.

Der Drache schoß wie der Blitz heraus, flog ans Fenster, saß dort, die Pfoten an der Scheibe, und starrte hinter dem Mumrik her. Nach einem Weilchen fing er an zu jaulen, und die Goldfarbe wurde grau bis ans Schwanzende.

«Drachen», sagte der Muminvater plötzlich, «die verschwanden vor etwa siebzig Jahren aus jedermanns Gedächtnis. Ich habe im Konversationslexikon nachgeschlagen. Die Art, die sich am längsten gehalten hat, ist die gefühlvolle Sorte mit starker Verbrennung. Die sind ganz besonders eigensinnig und ändern ihre Meinung nie...»

«Mahlzeit!» sagte Mumintroll und stand auf. «Ich gehe auf mein Zimmer.»

«Liebling, und dein Drache, bleibt er auf der Veranda?» fragte die Mutter. «Oder nimmst du ihn mit?» Mumintroll sagte nichts.

Er ging an die Tür und öffnete sie. Die Funken sprühten, als der Drache hinausflog, und das Snorkfräulein rief: «Aber nein, den bekommst du nimmermehr! Warum hast du auch die Tür aufgemacht? Ich habe ihn mir noch nicht mal ordentlich angeschaut.»

«Du kannst ihn dir beim Mumrik anschauen», sagte Mumintroll mit zusammengebissenen Zähnen, «er sitzt auf seiner Schulter.»

«Mein Liebling», sagte die Mutter bekümmert, «mein kleiner Troll!»

Der Mumrik hatte kaum seine Angel herausgeholt, als auch schon der Drache angefahren kam und sich auf seinen Schoß setzte. Er krümmte sich vor Entzücken darüber, den Mumrik wiederzusehen.

«Nun wird's aber Tag», sagte Mumrik und fegte den Drachen fort. «Weg da! Mach, daß du fortkommst! Flieg nach Haus!»

Aber er wußte natürlich, daß es nichts nützte. Der Drache würde nie weggehen. Und wenn er sich richtig erinnerte, konnte so ein Drachen über hundert Jahre alt werden.

Der Mumrik betrachtete besorgt das kleine, glitzernde Geschöpf, das sich vor ihm spreizte, sosehr es nur vermochte.

«Natürlich, du bist hübsch», sagte er. «Natürlich, es wäre schön, dich zu besitzen, aber sieh mal, Mumintroll...»

Der Drache gähnte. Er flog auf Mumriks Hut hinauf und rollte sich in der ausgefransten Krempe zusammen, um zu schlafen. Der Mumrik seufzte und warf die Angel aus. Der rote Schwimmer schwankte auf

dem blanken Wasser. Er wußte, daß Mumintroll heute keine Lust zum Fischen hatte.

Stunden vergingen.

Der kleine Drache jagte ein paar Fliegen, kehrte immer wieder auf den Hut zurück, um zu schlafen. Der Mumrik fing fünf Plötzen und einen Aal, den er wieder losließ, weil er fürchterlich zappelte.

Gegen Abend kam ein Boot angefahren. Ein jüngerer Hemul saß darin und steuerte. «Beißen sie an?» fragte er.

«Einigermaßen», antwortete Mumrik. «Fährst du weit?»

«Einigermaßen», sagte der Hemul.

«Komm ein bißchen näher, du kannst ein paar Fische haben», sagte Mumrik. «Wickle sie in feuchtes Zeitungspapier ein und brate sie über dem Feuer. Dann schmecken sie gut.»

«Und was willst du dafür haben», fragte der Hemul, der nicht daran gewöhnt war, daß man ihm Geschenke machte.

Der Mumrik lachte und nahm den Hut mit dem schlafenden Drachen ab. «Hör mal», sagte er. «Den hier, den bring so weit wie möglich von hier weg und setz ihn dann an irgendeiner schönen Stelle ab, wo es viele Fliegen gibt. Den Hut biegst du so zurecht, daß er aussieht wie ein Haus; leg ihn unter irgendeinen Busch, damit der Drache seine Ruhe hat.»

«Ist das ein Drache», fragte der Hemul mißtrauisch. «Beißt der? Wie oft muß er zu fressen bekommen?»

Der Mumrik ging ins Zelt und kam mit seiner Kaffeekanne zurück. Er legte auf den Boden der Kaffeekanne ein bißchen Gras und ließ dann den schlafenden Drachen hinab. Er setzte den Deckel drauf und sagte:

«Die Fliegen schiebst du durch den Schnabel der Kanne hinein, auch ein paar Tropfen Wasser. Und kümmere dich nicht darum, wenn die Kanne heiß wird. Hier hast du die ganze Geschichte. Und in ein paar Tagen machst du, was ich gesagt habe.»

«Nicht wenig für fünf Plötzen», sagte der Hemul mürrisch und stieß vom Ufer ab.

Das Boot begann stromabwärts zu gleiten.

«Vergiß das mit dem Hut nicht», rief der Mumrik über den Fluß. «Er hat eine große Schwäche für meinen Hut!»

«Ja, ja», sagte der Hemul und war in der Flußbiegung verschwunden.

Den beißt er sicher ganz ordentlich, dachte Mumrik. Und eigentlich geschieht es ihm recht!

Mumintroll kam erst nach Sonnenuntergang vorbei.

«Hej», sagte der Mumrik.

«Hej», antwortete Mumintroll. «Hast du was gefangen?»

«Naja, willst du dich nicht hinsetzen?»

«Mh, ich kam eigentlich nur so vorbei», murmelte Mumintroll.

Nun schwiegen sie. Aber es war eine neue Art Schweigen, es war ungemütlich und irgendwie verkehrt. Schließlich fragte Mumintroll: «Na, leuchtet er im Dunkeln?»

«Wer?»

«Der Drache natürlich! Ich dachte, es sei vielleicht nicht uninteressant, sich zu erkundigen, ob so ein Geschöpf im Dunkeln leuchtet.»

«Das weiß ich wirklich nicht», sagte der Mumrik. «Geh nach Haus und guck nach.»

«Aber ich habe ihn doch hinausgelassen», stieß Mumintroll aus. «Ist er nicht zu dir gekommen?»

«Nei-ein, der nicht», sagte Mumrik und zündete sich die Pfeife an. «Solch kleine Drachen tun, was ihnen gerade einfällt. Einmal so und ein anderes Mal so, und sehen sie eine fette Fliege, vergessen sie alles, was sie früher dachten oder fühlten... So ist das mit den Drachen, weißt du. Auf die ist kein Verlaß!»

Mumintroll schwieg lange. Bis er sich ins Gras setzte und sagte: «Du magst recht haben. Gut, daß er weggeflogen ist! Doch, sicherlich. Vielleicht war es so am besten. Übrigens: Dein neuer Schwimmer. Der ist hübsch im Wasser, nicht? Rot.»

«Ziemlich», brummte der Mumrik. «Ich werde dir auch einen machen. Denn morgen kommst du wohl her und angelst?»

«Natürlich», sagte Mumintroll, «versteht sich doch!»

Von dem Hemul, der die Stille liebte

Es war einmal ein Hemul, der auf einem Jahrmarkt arbeitete, was ja nicht zu bedeuten braucht, daß das besonders viel Spaß macht. Er lochte die Eintrittskarten der Besucher, damit sie sich nicht mehr als einmal amüsieren konnten, und schon das allein kann einem ja das Herz schwer machen, wenn man es sein Leben lang tut.

Der Hemul knipste und knipste die Karten, und während er es tat, träumte er davon, was er tun würde, wenn er endlich pensioniert sein würde.

Für den Fall, daß jemand nicht weiß, was pensioniert-sein bedeutet: es ist nichts anderes, als daß man, wenn man alt genug geworden ist, in aller Ruhe und Gemütlichkeit tun darf, was man will.

Jedenfalls hatten es die Verwandten des Hemuls so erklärt.

Der Hemul hatte eine furchtbar große Verwandtschaft, eine ganze Reihe von ungeschlachten, polternden, äußerst gesprächigen Hemulen, die einander auf den Rücken klopften und fürchterlich laut lachen konnten.

Sie besaßen gemeinsam alles, was es auf dem Jahrmarkt gab. Ansonsten bliesen sie Posaune, oder sie machten Hammerwerfen, erzählten komische Geschichten oder jagten sonst irgendwie den Leuten Furcht ein. Sie meinten aber nichts Böses damit.

Der Hemul besaß nichts. Denn er gehörte in die Seitenlinie, d. h. er war nur halb und halb mit den andern verwandt. Und da er nie zu einer Sache nein sagen konnte oder aber auf sich aufmerksam zu machen wußte, mußte er die Kinder hüten und den großen Balg des Karussells bedienen und im übrigen die Eintrittskarten lochen.

«Du bist alleinstehend und hast nichts zu tun», sagten die anderen Hemule freundlich. «Es tut dir bestimmt nur gut und heitert dich auf, wenn du ein bißchen mithilfst und unter die Leute kommst.»

«Aber ich bin ja nie allein», versuchte der Hemul zu erklären. «Ich komme ja nie dazu. Es sind so viele, die mich aufheitern wollen. Entschuldigt, aber ich würde ja so gern...»

«Gut, gut», sagten die Verwandten und klopften ihm auf die Schulter. «So soll es sein! Nie allein und immer in Fahrt!»

Der Hemul lochte weiter Eintrittskarten und träumte von der großen und wunderbaren, stillen Einsamkeit und hoffte, daß er so schnell wie möglich alt werden möchte.

Die Karusselle drehten sich, und die Trompeten ertönten, und jeden Abend kreischten Gafsas, Homsas und Mymlas auf der Berg-und-Tal-Bahn. Der Dronte Edward gewann beim Porzellanzerschlagen den ersten Preis, und rund um den träumenden, traurigen Hemul tanzte und schrie man, lachte und zankte man sich, aß und trank, und allmählich begann der Hemul geradezu Angst zu haben vor Leuten, die sich amüsierten und Lärm machten.

Er schlief im Kinderzimmer der Hemule, das tagsüber hell und freundlich war. Wenn nachts die Kinder aufwachten und schrien, spielte er Leierkasten für sie, um sie zu unterhalten.

Außerdem half er mit bei allem, was nötig ist in einem Haus voller

Hemule, und den ganzen Tag über hatte er Gesellschaft, und alle um ihn herum hatten gute Laune und erzählten alles, was sie dachten und meinten, taten oder tun wollten. Aber zum Antworten gaben sie ihm nie Zeit.

«Werde ich nicht bald alt?» fragte der Hemul eines Tages beim Mittagessen.

«Alt? Du?» rief sein Onkel vergnügt. «Noch lange nicht! Rappele dich auf, man ist nicht älter, als wie man sich fühlt.»

«Aber ich fühle mich furchtbar alt», sagte der Hemul hoffnungsfreudig.

«Husch-pusch», sagte der Onkel. «Heute abend machen wir ein Feuerwerk, das wird herrlich werden, und das Blasorchester wird bis Sonnenaufgang spielen.»

Allein das Feuerwerk kam nicht zustande. Ein großer Regen kam, die ganze Nacht fiel er und den ganzen nächsten Tag und den Tag darauf und die ganze Woche.

Um die Wahrheit zu sagen, es regnete ununterbrochen acht Wochen lang. Niemand hatte so etwas je erlebt.

Der Rummelplatz verfiel und verlor die Farbe wie eine Blume. Er sank in sich zusammen, verblaßte, rostete, schrumpfte...

Und da er auf Sand gebaut war, geriet er allmählich ins Rutschen. Die Berg-und Tal-Bahn setzte sich mit einem Seufzer hin, und die Karussells zogen schwankend Kreise durch die großen grauen Pfützen, fuhren leise klingend hinein in die neuen Bäche, die der Regen gegraben hatte. Die ganze kleine Gesellschaft, Homsas und Mymlas, Knottel und Mocks, drückten die Nase gegen die Fensterscheiben und sahen, wie der Juli verregnete und Farben und Musik davonsegelten.

Das Spiegelkabinett zersplitterte zu Millionen nassen Scherben, und die hellroten nassen Papierrosen aus dem Haus der tausend Wunder schwammen über die Äcker. Überall erhob sich das Wehgeschrei der Kinder, die ihre Eltern allmählich zur Verzweiflung brachten. Nun hatten sie nichts zu tun und trauerten nur dem Jahrmarkt nach.

In den Bäumen baumelten traurige Fähnchen und leere Ballons, das Lustige Haus war voller Schlamm, und das Krokodil mit den drei Köpfen flüchtete zum Meer hin. Zwei Köpfe ließ es zurück, denn sie waren angeklebt gewesen.

Die Hemule hatten riesigen Spaß an allem. Sie standen an den Fenstern, lachten und zeigten und klopften einander auf den Rücken und schrien:

«Seht nur! Dort fährt der Vorhang der ‹Arabischen Geheimnisse›! Dort segelt der Tanzboden! Dort auf Filifjonkas Dach sitzen fünf Fledermäuse aus dem Geisterhaus. Ist das nicht großartig?!»

Gutgelaunt beschlossen sie, eine Schlittschuhbahn einzurichten. Wenn das Wasser zu Eis würde, natürlich!

Und sie trösteten den Hemul, daß er dann wieder die Eintrittskarten knipsen dürfe.

«Nein!» sagte der Hemul plötzlich. «Nein, nein, nein. Ich will nicht.

Ich will pensioniert werden. Ich will das tun, wozu ich Lust habe, und ich will ganz allein sein, irgendwo, wo es still ist.»

«Aber mein Lieber», sagte sein Neffe und war außerordentlich erstaunt. «Meinst du das wirklich?»

«Ja», sagte der Hemul, «jedes Wort meine ich wirklich.»

«Aber warum hast du das denn nicht eher gesagt?» fragten die Verwandten verblüfft. «Wir dachten, es würde dir Spaß machen?»

«Ich habe mich nicht getraut», bekannte der Hemul.

Da lachten alle und fanden es komisch, daß der Hemul sein ganzes Leben lang etwas getan hatte, wozu er keine Lust hatte, bloß weil er sich nicht getraut hatte, nein zu sagen. «Na und wozu hast du denn Lust?» fragte seine Tante. Sie wollte ihm Mut machen.

«Ich will eine Puppenstube bauen», flüsterte der Hemul. «Die schönste Puppenstube der Welt und mit vielen verschiedenen Stockwerken. Ein Haus mit vielen Zimmern, und jedes einzelne ernst, leer und still.»

Da lachten die Hemule so sehr, daß sie sich hinsetzen mußten. Sie stießen einander in die Seite und schrien: «Puppenstube! Habt ihr gehört! Puppenstube hat er gesagt!»

Tränen lachten sie. Und sie sagten: «Aber mein Lieber, du kannst doch

machen, was und wozu du Lust hast! Wir schenken dir Großmutters alten Park, der ist steinstill. Da kannst du in aller Ruhe herumwühlen und spielen, soviel du willst. Viel Glück und viel Spaß!»

«Danke schön», sagte der Hemul und sank in sich zusammen. «Ich weiß, daß ihr es immer gut mit mir gemeint habt.»

Der Traum von der Puppenstube mit den ruhigen, schönen Zimmern verschwand, die Hemule hatten ihn zerlacht. Gleichwohl war es nicht ihre Schuld. Nicht eigentlich. Sie wären ehrlich traurig gewesen, wenn ihnen jemand gesagt hätte, daß sie dem Hemul etwas zerstört hatten. Es ist eben furchtbar gefährlich, auch nur ein kleines bißchen zu früh die geheimsten Träume zu erzählen!

Der Hemul ging in Großmutters alten Park, der nun ihm gehörte. Den Schlüssel hatte er mitgenommen.

Der Park war verschlossen und leer, seit die Großmutter das Haus mit einem Feuerwerk in Brand gesteckt hatte und dann mit der ganzen Familie fortgezogen war. Das war lange her, und für den Hemul war es nicht leicht, den Weg zu finden.

Der Wald war gewachsen, und die Wege standen unter Wasser. Während er so dahin ging, hörte der Regen auf, genauso plötzlich wie er vor acht Wochen begonnen hatte.

Doch der Hemul merkte es nicht. Er war nur damit beschäftigt, über seinen verlorenen Traum zu trauern: daß er keine Lust mehr hatte, eine Puppenstube zu bauen.

Nun erblickte er zwischen den Bäumen die Mauer. Hier und da war sie zwar eingestürzt, sie war aber immer noch sehr hoch. Die Gittertür war rostig, das Schloß ließ sich nur schwer öffnen.

Der Hemul ging hinein und schloß die Tür hinter sich ab. Plötzlich hatte er die Puppenstube vergessen. Es war das erste Mal in seinem Leben, daß er eine Tür, die ihm gehörte, aufgemacht und wieder hinter sich geschlossen hatte. Er war zu Hause. Er wohnte nicht bei einem anderen.

Langsam zogen die Regenwolken ab; die Sonne kam hervor. Um ihn herum dampfte und glitzerte der nasse Garten. Er war grün und sorglos. Seit langer Zeit hatte ihn niemand beschnitten oder gerodet.

Die Bäume bogen ihre Äste bis auf die Erde hinab, und die Büsche kletterten verwegen und übermütig an den Bäumen hinauf. Kreuz und quer durch das Grün schlängelten sich die kleinen Bäche, die die Großmutter angelegt hatte. Sie kümmerten sich nicht mehr um die Bewässerung, sie kümmerten sich um sich selbst. Aber viele von den kleinen Brücken waren noch da, doch die Wege waren längst verschwunden.

Der Hemul stürzte sich in die grüne freundliche Stille, er sprang hinein, er rollte sich in sie hinein und fühlte sich jünger, als er es je gewesen war.

«Oh, ist das schön, endlich pensioniert zu sein und alt! Oh, wie liebe ich meine Verwandten! Und nun brauche ich nicht einmal mehr an sie zu denken», seufzte er.

Er watete durch das hohe glitzernde Gras, er umarmte die Bäume, und zuletzt schlief er mitten in dem Park auf einer Lichtung in der Sonne ein. Hier hatte Großmutters Haus gestanden. Aber jetzt war die Zeit der großen festlichen Feuerwerke zu Ende. Hier wuchsen jetzt junge Bäume, und genau in Großmutters Schlafzimmer stand ein riesiger Rosenbusch mit tausend roten Hagebutten.

Die Nacht kam mit vielen großen Sternen, und der Hemul liebte noch immer seinen Park. Er war groß und geheimnisvoll, man konnte sich darin verirren, aber das machte nichts. Er war ja überall zu Hause.

Er wanderte weiter und weiter. Er fand den alten Obstgarten, in dem

Äpfel und Birnen auf der Erde lagen, und einen Augenblick lang dachte er: Wie schade. Nicht einmal die Hälfte kann man aufessen! Man sollte...

Und schon hatte er vergessen, was er gedacht hatte. So verzaubert war er durch das Schweigen und die Einsamkeit.

Er besaß den Mondschein zwischen den Stämmen, er verliebte sich in die schönsten Bäume, er flocht Kränze aus Blättern und legte sie sich um den Hals, und in der ersten Nacht brachte er es kaum übers Herz zu schlafen.

Am Morgen läutete die alte Glocke, die noch an der Gitterpforte hing. Der Hemul wurde unruhig. Da draußen war jemand, der herein wollte, etwas von ihm wollte!

Er kroch vorsichtig unter den Büschen an der Mauer entlang und verhielt sich mäuschenstill. Die Glocke läutete wieder. Der Hemul reckte den Hals und erblickte einen winzig kleinen Homsa, der vor der Tür stand und wartete.

«Verschwinde», schrie der Hemul ängstlich. «Dies ist Privatbesitz! Hier wohne ich!»

«Ich weiß», antwortete der kleine Homsa. «Die Hemule haben mich hergeschickt mit dem Mittagessen für dich.»

«Oh, ach so, das ist ja nett von ihnen», sagte der Hemul nun friedlicher. Er schloß die Pforte auf und nahm den Korb durch den Türspalt entgegen. Dann schloß er sie wieder. Der Homsa blieb stehen und schaute. Ein Weilchen blieb es still.

«Und wie geht es sonst», fragte der Hemul ungeduldig. Er stand da, stampfte von einem Bein aufs andere und sehnte sich wieder hinein in den Park.

«Schlecht», antwortete der Homsa. «Uns geht es allen schlecht. Uns Kleinen. Wir haben doch keinen Jahrmarkt mehr. Wir sind nur traurig!»

«Oh», sagte der Hemul und starrte die Erde an. Er wollte sich nicht zwingen lassen, an etwas Trauriges zu denken, aber er war so daran gewöhnt zuzuhören, daß er nicht weggehen konnte.

«Du bist gewiß auch traurig darüber», sagte der Homsa mitleidig. «Du hast ja immer die Eintrittskarten geknipst. Und wenn man sehr klein, zerlumpt und schmutzig war, dann hast du in die Luft geknipst. Dann hast du uns zwei- oder dreimal mit derselben Karte hineingelassen!»

«Das habe ich nur getan, weil ich schlecht sehe», erklärte der Hemul. «Willst du jetzt nicht nach Hause gehen?»

Der Homsa nickte, blieb aber stehen. Er trat dicht an die Pforte heran und steckte die Nase durch das Gitter, flüsterte: «Onkel – wir haben ein Geheimnis!»

Der Hemul zuckte entsetzt zusammen. Er hatte die Geheimnisse der anderen nicht gerne. Doch der Homsa fuhr aufgeregt fort:

«Wir haben beinah alles gerettet! Alles steht auf dem Speicher der Filifjonka. Du ahnst nicht, wie wir geschuftet haben! Gerettet und gerettet, nachts sind wir ausgerissen, haben alles aus dem Wasser gezogen und von den Bäumen geholt, haben es getrocknet und zusammengeklebt. Wir haben es wieder so schön wie möglich gemacht.»

«Was meinst du», fragte der Hemul.

«Den Jahrmarkt natürlich», rief der Homsa. «Soviel wir davon finden konnten, jedes Stückchen, das übriggeblieben war. Ist das nicht herrlich? Vielleicht setzen die Hemule die einzelnen Stücke wieder zusammen, und dann kannst du wieder Eintrittskarten knipsen.»

«Oh», murmelte der Hemul und stellte den Korb ab.

«Schön, nicht? Jetzt staunst du aber», sagte der Homsa, lachte, winkte und verschwand. Am nächsten Morgen wartete der Hemul ängstlich an der Pforte. Als der Homsa auftauchte mit dem Korb, fragte er sofort:

«Na, wie ist es gegangen?»

«Sie wollen nicht», sagte der Homsa niedergeschmettert. «Sie wollen lieber eine Eislaufbahn machen. Aber die meisten von uns halten ja Winterschlaf, und wer würde uns schon Schlittschuhe schenken...»

«Wie traurig», platzte der Hemul erleichtert heraus.

Der Homsa antwortete nicht, er war so enttäuscht, und er stellte den Korb ab und ging davon.

Arme Kinder, dachte der Hemul. Und dann ging er dazu über, an die Blatthütte zu denken, die er sich auf Großmutters Ruinen bauen wollte.

Der Hemul baute den ganzen Tag, und es machte ihm furchtbaren Spaß. Er arbeitete daran, bis es dunkel wurde, schlief glücklich und erschöpft ein, und am nächsten Morgen schlief er sehr lange.

Als er an die Gartenpforte hinab kam, um sein Essen zu holen, war der Homsa schon dagewesen. Auf dem Korbdeckel lag ein Brief mit einer Menge Unterschriften. Von den Kindern.

«Lieber Rummelonkel,
Du bekommst alles, weil Du lieb und gut bist, und wir dürfen vielleicht hineinkommen und mit Dir spielen, nicht wahr, denn wir lieben Dich sehr!»

Der Hemul begriff überhaupt nichts, aber in seinem Bauch begann sich eine entsetzliche Ahnung bemerkbar zu machen.

Und nun sah er: Vor der Pforte hatten die Kinder alles, was sie auf dem Rummelplatz hatten finden können, in Reih und Glied aufgestellt. Und das war nicht wenig. Das meiste war zerbrochen oder falsch zusammengesetzt, und alles sah sehr eigentümlich aus – als ob es seine Idee verloren hätte. Eine verlassene, aber bunte Welt aus Holz, Seide, Draht, Papier und rostigem Eisen – betrübt und erwartungsvoll zugleich starrte alles den Hemul an, und er starrte entsetzt zurück.

Dann floh er in den Park und baute weiter seine Einsiedlerhütte.

Er baute und baute, doch nichts gelang. Der Hemul arbeitete ungeduldig, war mit den Gedanken woanders, und plötzlich fiel das Dach herunter, und die ganze Hütte legte sich platt hin.

«Nein, so was!» sagte der Hemul. «Ich will nicht. Ich habe gerade gelernt, nein zu sagen. Ich bin pensioniert. Ich mache das, wozu ich Lust habe. Nichts anderes!»

Er sagte das mehrere Male, jedes Mal drohender. Zuletzt stand er auf, ging durch den Park, schloß die Pforte auf und fing an, das ganze Jahrmarktsgerümpel hineinzuzerren.

Die Kinder saßen auf der hohen, baufälligen Mauer rundherum um den Park des Hemuls. Genau wie graue Spatzen, aber ganz still.

Zuweilen flüsterte jemand: «Was tut er jetzt?» «Sch», sagte ein anderes. «Er will nicht reden.»

Der Hemul hatte die Laternen und Papierrosen in die Bäume gehängt, mit der beschädigten Seite zum Baumstamm hin. Jetzt bastelte er an einem Ding herum, das mal ein Karussell gewesen war. Nichts paßte zusammen, und die Hälfte fehlte.

«Daraus wird nichts», schrie er zornig. «Schaut nur her! Kram und Krempel alles miteinander! Nein! Ihr dürft nicht herkommen und mithelfen.»

Ein Raunen, das Beifall und Sympathie ausdrückte, ging über die Mauer, aber keines der Kinder sagte etwas. Jetzt versuchte der Hemul aus dem Karussell ein Haus zu machen. Er stellte die Pferde ins Gras und den Schwan in den Bach, kehrte das Unterste zuoberst und arbeitete, daß ihm die Haare zu Berge standen. Puppenstube! dachte er bitter. Einsiedlerhütte! Alles nur ein Tingeltangel, alles nur Müllhaufen, Geschrei, Lärmen wie zuvor.

Er schaute auf und schrie:

«Sitzt nicht da und haltet Maulaffen feil! Lauft zu den Hemulen und sagt, daß ich morgen kein Mittagessen haben will. Sie sollen lieber Nägel und Hammer und Licht und Seile schicken und ein paar Zweizollbretter, und zwar wie der Blitz.»

Die Kinder lachten begeistert und liefen los.

«Haben wir's nicht gesagt!» riefen die Hemule und klopften einander auf den Rücken. Ihm ist langweilig! Der Arme, er sehnt sich nach seinem Jahrmarkt.

Sie schickten doppelt soviel, wie er sich auserbeten hatte, und außerdem Essen für eine ganze Woche, und zehn Meter roten Samt und Gold- und Silberpapier in langen Streifen und sicherheitshalber auch einen Leierkasten.

«Nei-hein!» sagte der Hemul, «die Musikkiste kommt nicht herein. Nichts, was Lärm macht!»

«Natürlich nicht», sagten die Kinder und blieben mit dem Leierkasten vor der Pforte stehen.

Der Hemul baute und baute. Und während er mit der Arbeit beschäftigt war, machte es ihm, ohne daß er es wollte, immer mehr Spaß. In den Bäumen glitzerten Hunderte von Spiegelscherben, schaukelten im Winde. Oben in den Baumkronen baute der Hemul kleine Bänke und weiche Nestchen, wo man Saft trinken konnte, ohne daß man zu sehen war. Man konnte dort auch schlafen. An den Ästen hingen Schaukeln. Die Achterbahn war schwierig aufzubauen. Sie mußte dreimal kleiner werden als früher, denn es war nicht mehr so viel von ihr da. Doch der Hemul tröstete sich damit, daß nun niemand vor Angst zu schreien brauchte. Wenn man abwärts sauste, landete man in einem Bach, und das macht den meisten ja Spaß.

Er keuchte und stöhnte. Wenn er die eine Seite aufgestellt hatte, fiel die andere wieder um, und schließlich schrie er zornig: «Jetzt soll doch endlich jemand kommen und mir helfen! Man kann ja nicht zehn Sachen auf einmal machen!»

Die Kinder sprangen von der Mauer, und alle stürzten in den Park.

Von diesem Augenblick an bauten sie alle zusammen, und die Hemule schickten so viel Essen, daß die Kinder den ganzen Tag über im Park bleiben konnten. Abends gingen sie nach Hause, aber schon bei Sonnenaufgang standen sie alle vor der Pforte und warteten.

Eines Morgens brachten sie an einer Leine das Krokodil mit. «Kann man sich darauf verlassen, daß es ruhig ist?» fragte der Hemul mißtrauisch.

«Aber ja», sagte der Homsa. «Es sagt kein Wörtchen. Es ist so zufrieden und ruhig, seitdem es seine anderen beiden Köpfe losgeworden ist.»

Eines Tages fand der Sohn der Filifjonka im Kachelofen die Boaschlange. Da sie sich manierlich aufführte, wurde sie sofort in Großmutters Park gebracht.

In der ganzen Umgebung sammelte man wunderliche Dinge für den Rummelplatz des Hemuls, oder man schickte einfach Kekse hin, Kochtöpfe, Gardinen, Bonbons und alles, was man sich ausdenken konnte. Es wurde geradezu eine Sucht, den Kindern morgens Geschenke mitzugeben, und der Hemul nahm alles, wenn es nur keinen Lärm machte.

Aber niemand als die Kinder durften in den Park hineinkommen.

Der Park wurde immer fantastischer. Mitten drin lag das Karussellhaus, wo der Hemul wohnte, schief und bunt. Eigentlich glich es einer

leuchtenden Bonbontüte, die jemand zusammengeknüllt und ins Gras geworfen hatte.

Darinnen wuchs der Rosenbusch mit allen seinen roten Hagebutten.

Und dann, an einem schönen milden Abend, war alles fertig. Es war unwiderruflich fertig, und den Hemul ergriff einen Augenblick lang die Wehmut darüber, daß alles vollendet war.

Sie hatten die Laternen angezündet, standen alle da und betrachteten ihr Werk.

In den großen dunklen Bäumen blitzten Spiegelscherben, Silber und Gold. Alles stand fertig da und wartete: die kleinen Teiche, die Boote, die Tunnel, die Rutschbahn, die Limonadenbude, die Schaukeln, die Schießbude, die Kletterbäume, die Apfelbäume...

«Nichts wie los!» sagte der Hemul. «Aber denkt daran, dies ist kein Rummelplatz, dies ist der Park der Stille.»

Die Kinder tauchten stumm in den Zauber, an dem sie selbst mitgebaut hatten. Doch der Homsa drehte sich um und fragte: «Und du? Bist du nicht traurig darüber, daß du nicht die Eintrittskarten knipsen darfst?»

«Nein, nein», sagte der Hemul. «Ich würde ja sowieso nur in die Luft knipsen.»

Er ging ins Karussell und zündete den Mond vor dem Haus der Geheimnisse an.

Später legte er sich in Filifjonkas Hängematte. Durch ein Loch in der Decke guckte er in die Sterne.

Draußen war alles still. Er hörte nur die Bäche und den Nachtwind. Plötzlich wurde ihm bange. Er richtete sich auf und lauschte. Kein Laut.

Wenn es ihnen nun keinen Spaß macht? dachte er besorgt. Vielleicht

kann es ihnen gar keinen Spaß machen, wenn sie nicht auch toben und schreien dürfen... Vielleicht sind sie heimgegangen...

Er sprang auf, hinauf auf Gafsas Kommode, steckte den Kopf durch die Decke.

Doch, die Kinder waren noch da! Im ganzen Park raschelte und wimmelte es. Man hörte ein Platschen, Kichern, Bumsen, Schrittchen hin und her. Es machte ihnen wirklich Spaß.

Morgen, dachte der Hemul, morgen werde ich ihnen sagen, daß sie lachen dürfen, vielleicht auch ein bißchen singen, vielleicht, wenn sie es wollen. Aber sonst nichts! Keinesfalls!

Er kletterte von der Kommode hinab und legte sich wieder in die Hängematte. Und er schlief ziemlich bald und sorglos wieder ein.

Vor der verschlossenen Gitterpforte stand der Onkel des Hemuls und versuchte hineinzugucken.

Hört sich nicht gerade an, als ob die da drinnen besonders vergnügt sind, dachte er. Aber man kann nicht mehr Vergnügen haben als man sich schafft. Und mein armer Verwandter war immer schon ein bißchen sonderbar.

Den Leierkasten nahm er wieder mit nach Hause, denn Musik hatte er immer geliebt.

Das unsichtbare Kind

An einem dunklen und regnerischen Abend saß die Familie auf der Veranda und machte Pilze sauber. Der ganze Tisch war mit Zeitungspapier bedeckt, in der Mitte stand die Petroleumlampe, die Ecken der Veranda lagen im Dunkel.

«My hat wieder Pfefferreizker gesammelt», sagte der Vater. «Im vorigen Jahr waren es Fliegenpilze.»

«Hoffentlich sind es im nächsten Jahr Pfifferlinge», sagte die Mutter, «oder wenigstens Weinkremplinge.»

«Laßt Hoffnung nicht zuschanden werden», bemerkte die kleine My und kicherte.

In friedlicher Stille putzten sie ihre Pilze.

Plötzlich hörten sie an den Scheiben ein leichtes Pochen, und ohne abzuwarten, war Tuuticki in die Veranda hineingeklettert und schüttelte das Wasser von dem Regenmantel. Dann hielt sie die Tür auf und rief in den Regen hinaus: «Komm! Komm!»

«Wen hast du da mitgebracht», fragte der Mumintroll.

«Es ist nur Ninni», sagte Tuuticki, «es heißt Ninni.»

Sie hielt noch immer die Tür auf und wartete. Aber niemand kam.

«Naja», sagte Tuuticki und zuckte mit den Achseln. «Sie kann ja draußen bleiben, wenn sie schüchtern ist.»

«Aber wird sie denn nicht naß?» fragte die Muminmutter.

«Ich weiß nicht, vielleicht wird man nicht so naß, wenn man unsichtbar ist», antwortete Tuuticki, kam hinein und setzte sich hin.

Die Familie hörte auf mit dem Pilzeputzen und wartete auf weitere Erklärungen.

«Ihr wißt ja, wenn man sich zu oft erschreckt, kann man leicht unsichtbar werden», fuhr Tuuticki fort und aß einen Eierpilz, der wie ein hübscher kleiner Schneeball aussah. «Nun ja. Aber *wie* die Tante das Kind erschreckte, das war falsch. Sie hatte Ninni angenommen, hatte sie

aber nicht gern. Ich kenne die Tante: sie ist furchtbar. Nicht böse, wißt ihr, so etwas kann man ja verstehen, nein, aber eiskalt und ironisch.»

«Was ist ironisch?» fragte Mumintroll.

«Na stell dir vor, daß du über einen Gummipilz stolperst und dich dann mitten in die geputzten Pilze setzt», sagte Tuuticki. Deine Mutter würde mit dir böse werden. Aber die Tante wird nicht böse. Sie sagt nur kalt: Ich weiß, daß das deine Idee vom Tanz ist, aber ich wäre dir dankbar, wenn du nicht im Essen tanztest! – So ungefähr!»

«Pfui, wie unangenehm», sagte Mumintroll.

«Ja, nicht wahr», stimmte Tuuticki zu. «Und genauso ist die Tante. Sie ist ironisch von morgens bis abends, und schließlich wurden die Umrisse des Kindes eben undeutlich und es begann unsichtbar zu werden. Am Freitag war es überhaupt nicht mehr zu sehen. Die Tante übergab mir das Kind mit den Worten, daß sie sich wirklich nicht um Verwandte kümmern könne, die nicht einmal zu sehen seien.»

«Und was hast du mit der Tante gemacht», fragte die kleine My mit Kulleraugen, «du hast sie hoffentlich verhauen?»

«Lohnt sich nicht», sagte Tuuticki. Ich habe Ninni mit nach Hause genommen. Und jetzt habe ich Ninni hergebracht, damit ihr es wieder sichtbar macht.»

Es entstand eine kleine Pause.

Nur der Regen rauschte auf dem Verandadach. Alle starrten Tuuticki an und dachten nach.

«Kann sie sprechen?» fragte der Vater.

«Nein, aber die Tante hat ihr ein Glöckchen um den Hals gebunden», damit man weiß, wo Ninni ist.

Tuuticki stand auf und öffnete wieder die Tür. «Ninni», rief sie hinaus ins Dunkel.

Ein frischer kühler Herbstgeruch drang in die Veranda hinein, und ein rechteckiges Lichtfeld fiel auf das feuchte Gras. Nach einem Weilchen fing draußen ein Glöckchen an zu klingeln, zögernd. Der Ton kam die Treppe hinauf, verstummte.

Ein Stückchen über dem Fußboden hing an einem schwarzen Bändchen ein Silberglöckchen in der Luft. Ninni mußte einen sehr dünnen Hals haben.

«Nun, Ninni, hier ist deine neue Familie», sagte Tuuticki. «Sie sind manchmal ein bißchen verrückt, aber eigentlich recht lieb und gut.»

«Gib dem Kind einen Stuhl», sagte der Vater. «Kann es Pilze putzen?»

«Ich weiß nichts von Ninni», erklärte Tuuticki. «Ich habe sie nur hergebracht und muß jetzt etwas erledigen. Kommt doch mal bei mir vorbei und erzählt, wie alles geht. Hej!»

Nachdem Tuuticki gegangen war, saß die Familie mäuschenstill da und schaute den leeren Stuhl an und das silberne Glöckchen. Nach einem Weilchen stieg langsam einer von den Pfifferlingen in die Luft. Nadeln und Erde wurden von unsichtbaren Pfoten abgekratzt, und schließlich wurde der Pilz in kleine Stückchen zerschnitten, die in den Kochtopf schwebten. Ein neuer Pilz segelte durch die Luft.

«Aufregend!» sagte My beeindruckt. «Gebt ihr doch mal was zu essen. Ich möchte wissen, ob man sehen kann, wie es in den Bauch hineinfährt.»

«Wißt ihr denn nicht, wie man sie wieder sichtbar machen kann?» rief der Vater besorgt. «Ob man zu einem Arzt gehen sollte?»

«Das glaube ich nicht», sagte die Mutter. «Vielleicht möchte sie ein Weilchen unsichtbar sein. Tuuticki hat gesagt, sie sei schüchtern. Ich glaube, wir lassen das Kind am besten in Ruhe, bis wir wissen, was wir tun können.»

So geschah es.

Die Mutter bereitete für Ninni das Bett in der nach Osten liegenden Bodenkammer, die gerade leerstand. Das Silberglöckchen klingelte hinter ihr her, als sie die Treppe hinaufging, es erinnerte die Mutter an die Katze, die einmal bei ihr gewohnt hatte.

Neben dem Bett baute die Mutter den Apfel, das Saftglas und die drei karierten Bonbons auf, die jeder bekam, bevor er schlafen ging.

Sie zündete eine Kerze an und sagte:

«Jetzt schläfst du, Ninni. Schlaf, solange es geht. Ich stelle morgen den Kaffee unter die Kaffeemütze, damit er sich warm hält. Und wenn du dich fürchtest, Ninni, oder etwas möchtest, dann kommst du nur herunter und klingelst.»

Die Mutter sah, wie die Decke sich nach oben bewegte und zu einer sehr kleinen Erhebung ausbuchtete. In dem Kissen entstand eine Grube.

Die Muminmutter ging hinab und holte Großmutters altes Buch hervor: *«Unfehlbare Hausmittel»*. Das Böse Auge. Mittel gegen Melancholie. Erkältung. Nein. Die Mutter blätterte und suchte. Schließlich fand sie am Ende eine Aufzeichnung, die die Großmutter gemacht hatte, als ihre Schrift schon ziemlich undeutlich war. «Falls jemand verschwimmt und schwierig zu sehen ist.» Welch ein Glück!

Die Mutter las das Rezept durch, es war kompliziert. Dann begann sie, für die kleine Ninni ein Hausmittel zusammenzubrauen.

Das Glöckchen kam die Treppe hinuntergeklingelt, immer ein Schrittchen, dann eine kleine Pause zwischen jedem Schritt.

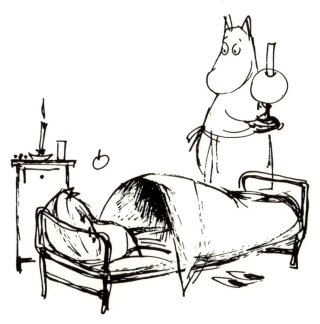

Mumintroll hatte den ganzen Morgen darauf gewartet. Aber heute war nicht das Silberglöckchen das Aufregendste! Es waren die Pfoten. Ninnis Pfoten kamen die Treppe heruntergeklettert, sehr kleine Pfoten und mit ängstlichen kleinen Zehen, die sich eng aneinander hielten. Nur die Pfoten konnte man sehen, und das sah schrecklich aus!

Mumintroll versteckte sich hinter dem Kachelofen und staunte verhext die Pfoten an, die auf die Veranda hinausgingen. Jetzt trank sie Kaffee. Die Tasse wurde hochgehoben und niedergesetzt. Sie aß Butterbrot mit Marmelade. Die Tasse segelte allein in die Küche hinaus, wurde abgespült und in den Schrank gestellt. Ninni war ein sehr ordentliches kleines Kind.

Mumintroll raste hinaus in den Garten und schrie: «Mama! Sie hat Pfoten bekommen. Die Pfoten sind zu sehen!»

«Hab' ich mir's doch gedacht», murmelte die Mutter oben im Apfelbaum. «Die Großmutter, die verstand etwas! War doch schlau von mir, das Hausmittel in den Kaffee zu mischen.»

«Ausgezeichnet», sagte der Vater. «Und noch besser wird es, wenn sie das Schnäuzchen zeigt! Irgendwie werde ich melancholisch, wenn ich mit jemandem rede, den ich nicht sehen kann. Und der nicht antwortet.»

«Psst», antwortete die Mutter warnend. Ninnis Pfoten standen im Gras zwischen den abgefallenen Äpfeln.

«Hej, Ninni», schrie My. «Du hast geschlafen wie ein Murmeltier. Wann zeigst du denn dein Schnäuzchen? Du mußt ja greulich aussehen, da du dich unsichtbar machen mußt.»

«Still», flüsterte Mumintroll, «du tust ihr weh!» Er machte sich an sie heran und sagte: «Kümmere dich nicht um sie. My, die ist hartgesotten! Bei uns bist du ganz sicher. Und denk nicht an die schreckliche Tante. Sie kann nicht kommen und dich holen...»

In diesem Augenblick verloren Ninnis Pfoten die Farbe, und man konnte sie nur noch mit knapper Not im Gras erkennen.

«Liebling, du bist ein Esel», sagte die Mutter erzürnt. «Kannst du dir denn nicht denken, daß man die Kleine nicht daran erinnern darf. Pflückt jetzt Äpfel und schwatzt nicht so viel!»

Sie pflückten Äpfel. Ninnis Pfoten wurden allmählich wieder deutlich und kletterten auf einen Baum. Es war ein schöner Herbstmorgen, man fror ein wenig an der Nase, aber nur im Schatten, in der Sonne war es fast noch Sommer.

Alles war nach dem nächtlichen Regen naß und trug starke, leuchtende Farben. Nachdem alle Äpfel gepflückt waren (oder abgeschüttelt), brachte der Vater die größte Apfelpresse heraus, und sie begannen Apfelmus zu machen.

Mumintroll drehte, die Mutter füllte ein, der Vater trug gefüllte Gläser auf die Veranda. Die kleine My saß oben im Baum und sang das Große Apfellied.

Plötzlich machte es klingklang.

Mitten auf dem Gartenweg lag ein großer Kompotthaufen, der ganz stachlig war vor lauter Glassplittern. Daneben Ninnis Pfoten, die sofort verblaßten und verschwanden.

«Mhmh», sagte die Muminmutter. «Gerade dieses Glas geben wir ja immer den Hummeln. Nun brauchen wir es nicht auf die Wiese zu tragen. Und die Großmutter sagte immer, wenn etwas aus der Erde wachsen soll, muß man ihr im Herbst etwas schenken!»

Ninnis Pfoten kamen zurück und über ihnen ein paar dünne Beinchen. Über den Beinen sah man undeutlich den Saum von einem braunen Kleid.

«Ich kann ihre Beine sehen», schrie Mumintroll.

«Gratuliere», sagte die kleine My und schaute vom Apfelbaum hinab.

«Das wird ja immer besser. Aber warum du gerade in Tabakbraun gehen mußt, das weiß die liebe Morra!»

Die Mutter nickte vor sich hin und dachte an die kluge Großmutter und ihr Hausmittel.

Ninni tappte den ganzen Tag lang hinter ihnen her. Alle gewöhnten sich an das Glöckchen, das ihnen folgte, und sie fanden nun nicht mehr, daß Ninni etwas Besonderes sei.

Abends hatten sie sie beinah vergessen. Doch nachdem sich alle schlafen gelegt hatten, holte die Mutter ein rosenrotes Seidentuch aus ihrer Schublade und nähte ein kleines Kleid. Als es fertig war, trug sie es hinauf in die östliche Bodenkammer, wo das Licht schon ausgelöscht war, und sie legte das Kleidchen vorsichtig über den Stuhl. Von dem übriggebliebenen Stoff nähte sie ein breites Haarband.

Der Muminmutter machte das großen Spaß. Genau, als ob man wieder Puppenkleider nähte. Und das Lustigste daran war, daß man nicht einmal wußte, ob die Puppe gelbes oder schwarzes Haar hatte.

Am nächsten Tag hatte Ninni das Kleid angezogen. Bis zum Halse war das Kind sichtbar geworden. Es erschien unten zum Morgenkaffee, machte einen Knicks und piepste: «Danke schön!»

Die Muminfamilie geriet ganz außer sich und genierte sich so, daß niemand wußte, was er sagen sollte. Außerdem wußte man nicht recht, wohin man schauen sollte, wenn man mit Ninni sprach. Natürlich bemühte man sich, den Blick nach oben, etwas oberhalb der Glocke zu richten, da man annahm, daß hier Ninnis Augen wären.

Aber ohne zu wollen, rutschte der Blick nach unten und blieb irgendwo hängen, wo etwas zu sehen war. Das aber empfand man als unhöflich.

Der Vater räusperte sich. «Wie schön, daß man dich heute besser sehen kann, kleine Ninni», begann er. «Je mehr man sieht, desto fröhlicher wird man...»

My lachte laut und schlug mit dem Löffel auf den Tisch. «Wie gut, daß du angefangen hast zu sprechen», sagte sie. «Falls du wirklich etwas zu sagen hast. Weißt du ein Spiel?»

«Nein», piepste Ninni. «Aber ich habe gehört, daß es welche gibt, die spielen.»

Mumintroll war begeistert. Er beschloß, Ninni alle Spiele zu zeigen, die er konnte.

Nach dem Kaffee liefen alle drei an den Fluß, und nun ging es los. Doch Ninni erwies sich als vollkommen unmöglich. Sie knickste und verbeugte sich, sagte ernsthaft «selbstverständlich», «natürlich», «wie hübsch», aber man konnte das Gefühl nicht loswerden, daß sie aus Höflichkeit spielte und nicht, weil es ihr Spaß machte.

«Na, dann lauf doch», schrie My. «Kannst du denn nicht mal springen?»

Ninnis dünne Beinchen liefen und sprangen gehorsam. Dann stand sie mit hängenden Armen wieder still. Der leere Halsausschnitt oberhalb des Glöckchens sah merkwürdig hilflos aus.

«Du willst wohl gelobt werden», schrie My. «Hast du denn kein bißchen Schneid? Du willst doch nicht verprügelt werden, was?»

«Am liebsten nicht», piepste Ninni.

«Sie kann nicht spielen», murmelte Mumintroll betroffen.

«Sie kann nicht böse werden», sagte die kleine My, «da liegt der Fehler! Hör mal», sagte My weiter und trat dicht an Ninni heran und sah ihr drohend auf die Glocke, du wirst nie ein eigenes Gesicht bekommen, wenn du nicht lernst zurückzuschlagen. Das kannst du mir glauben.»

«Ja, selbstverständlich», pflichtete Ninni bei und ging vorsichtig rückwärts.

Es wurde nicht besser.

Zum Schluß hörten sie auf, Ninni beizubringen, wie man spielt. Lustige Geschichten hatte sie auch nicht gern. Sie lachte nie an der richtigen Stelle. Sie lachte überhaupt nicht. Es war für den, der erzählte, nicht gerade ermunternd. Da ließ man sie in Ruhe.

Die Tage vergingen, und Ninni hatte weiter kein Gesicht. Sie gewöhnten sich daran, daß ihr rosenrotes Kleid stets hinter der Muminmutter herwanderte. Sobald die Mutter stehenblieb, hörte das Glöckchen auf zu klingen, ging sie weiter, begann es wieder. Ein Stückchen über dem Kleid wippte eine große rosenrote Schleife in der Luft. Wie seltsam das doch aussah!

Die Mutter schüttelte weiterhin Großmutters Hausmittel in Ninnis Kaffee, aber nichts geschah. Nun hörte sie damit auf und dachte, man ist früher wohl auch ohne Kopf zurechtgekommen, und vielleicht war Ninni wirklich nicht besonders hübsch. So konnte sich jeder ihr Aussehen selbst ausdenken. Und so etwas kann ja eine Freundschaft zuweilen auffrischen!

Eines Tages ging die Familie durch den Wald an den Sandstrand, um für den Winter das Boot auf das Land zu ziehen. Ninni klingelte wie

gewöhnlich hinter ihnen her. Doch als sie an den Strand gekommen waren, blieb sie unvermutet stehen. Dann legte sie sich in den Sand auf den Bauch und fing an zu jammern.

«Was ist los mit Ninni? Fürchtet sie sich vor etwas?» fragte der Vater.

«Vielleicht hat sie noch nie das Meer gesehen», sagte die Mutter. Sie beugte sich nieder und flüsterte mit Ninni. Als sie sich wieder aufrichtete, sagte sie: «Ja, es ist das erste Mal, und Ninni findet, das Meer sei zu groß.»

«Von allen idiotischen Kindern...», fing die kleine My an. Doch die Mutter schaute My streng an und sagte: «Sieh zu, daß du nicht selbst idiotisch bist, jetzt ziehen wir das Boot herauf.»

Sie gingen hinaus auf den Bootssteg, der zu dem Badehäuschen führte, wo Tuuticki wohnte. Sie klopften an.

«Hej», sagte Tuuticki, «wie geht es denn, was macht das unsichtbare Kind?»

«Nur das Schnäuzchen fehlt noch», antwortete der Vater. «Im Augenblick ist Ninni ein wenig außer sich, aber das geht sicher vorüber. Kannst du uns mit dem Boot helfen?»

«Natürlich», sagte Tuuticki.

Nachdem das Boot an Land gezogen und mit dem Kiel nach oben lag, war Ninni ans Ufer getatzelt und stand nun unbeweglich in dem feuchten Sand. Sie ließen sie in Ruhe.

Die Mutter setzte sich auf den Bootssteg und schaute ins Wasser. Pfui, wie kalt es aussieht!

Sie gähnte und meinte dann, es sei lange her gewesen, daß mal etwas Aufregendes passiert war.

Der Vater zwinkerte dem Mumintroll zu, machte eine fürchterliche Grimasse und fing an, sich an die Muminmutter heranzuschleichen.

Natürlich dachte er nicht daran, sie ins Wasser zu werfen, wie er es getan hatte, als sie noch jung war. Vielleicht wollte er sie nicht einmal erschrecken, sondern nur den Kindern einen Spaß machen. Doch gerade bevor er an sie herangekommen war, hörte man einen Schrei, ein roter Blitz sauste über den Steg, der Vater schrie wie am Spieß, und sein Hut lag im Wasser.

Ninni hatte ihre unsichtbaren kleinen Zähnchen in Vaters Schwanz gehauen, und die waren scharf!

«Bravo, bravo», schrie My. «Das hätte ich auch nicht besser machen können!»

Ninni stand auf dem Bootssteg mit einem zornigen Gesicht, einer kleinen spitzen Himmelfahrtsnase unter roten Ponnyhaaren. Sie fauchte den Muminvater an wie eine Katze.

«Wag es nicht, sie ins große schreckliche Meer zu werfen!» schrie sie.

«Sie ist zu sehen, sie ist zu sehen», rief Mumintroll, «ist die süß!»

«Es geht», meinte der Vater und besichtigte seinen gebissenen Schwanz.

«Sie ist das dümmste, albernste und ein völlig falsch erzogenes Kind, mit oder ohne Kopf.»

Er legte sich auf den Bootssteg und versuchte, mit dem Stock den Hut herauszufischen.

Dabei rutschte der Muminvater aus und mußte einen Kopfsprung machen. Er tauchte sogleich wieder auf, stand auf dem Grund, mit dem Gesicht über dem Wasser, die Ohren voller Schlamm.

«Oh», schrie Ninni. «Wie komisch, nein, wie wunderbar!»

Sie lachte so sehr, daß der ganze Bootssteg zitterte.

«Sie soll noch nie gelacht haben», sagte Tuuticki verblüfft. «Ich finde, ihr habt die Kleine verdorben, sie ist noch schlimmer als My! Aber das Wichtigste ist ja, daß man sie sehen kann.»

«Das haben wir einzig und allein der Großmutter zu verdanken», sagte die Muminmutter.

Das Geheimnis der Hatifnatten

Es war lange her. Es war damals, als der Vater von Mumintroll sein Heim verließ, ohne eine Erklärung und ohne eigentlich selbst zu verstehen, warum er es tat.

Die Muminmutter hatte gleich danach gesagt, er sei die letzte Zeit wunderlich gewesen, aber er war vermutlich nicht wunderlicher als sonst auch. So etwas erfindet man immer hinterher, wenn man überrascht ist oder traurig. Man möchte eine Erklärung haben, mit der man sich trösten kann.

Niemand wußte genau, wann er sich davongemacht hatte. Der Mumrik behauptete, daß er mit dem Hemul Ukelei-Netze legen wollte. Doch der Hemul sagte, der Muminvater habe wie gewöhnlich auf der Veranda gesessen, dann plötzlich gesagt, es sei so heiß und langweilig, und der Bootssteg müsse repariert werden.

Den Bootssteg hatte der Muminvater jedenfalls nicht repariert, denn er war genauso schief wie immer. Und das Boot lag weiter dort.

Wohin auch immer er sich aufgemacht hatte, er war auf alle Fälle zu Fuß gegangen und nicht gesegelt.

Er konnte in jede Richtung gegangen sein. Und nach jeder Richtung hin war es genauso weit. Es lohnte nicht, nach ihm zu suchen.

«Er kommt dann, wenn er kommt», sagte die Muminmutter. Das hatte er anfangs immer so gesagt, und er kam jedes Mal wieder, also tut er es dieses Mal wohl auch.

Niemand war beunruhigt, und das war gut. Sie hatten vereinbart, sich niemals um einander Sorgen zu machen. Auf diese Weise schenkten sie einander gutes Gewissen und so viel Freiheit wie nur möglich.

Die Muminmutter fing also eine neue Strickerei an, ohne weitere Aufregung, und irgendwo in Richtung Westen ging mit festen Schritten der Muminvater, und im Kopf hatte er eine dunkle Idee.

Es handelte sich um eine Landzunge, die er einmal bei einem Ausflug gesehen hatte. Diese Landzunge reichte weit ins Meer hinein. Der Himmel war gelb, und gegen Abend kam eine Brise auf. Er war noch nie dort draußen gewesen und hatte nachgeschaut, was sich auf der anderen Seite verbarg. Die Familie wollte nach Hause und Tee trinken. Immer wollte sie an falscher Stelle nach Haus! Der Muminvater blieb weiter am Ufer und spähte über das Meer. In dem Augenblick tauchte eine Reihe weißer kleiner Boote mit Segeln auf, die in See stachen.

«Das sind Hatifnatten», sagte der Hemul, und damit war alles gesagt. Ein wenig verächtlich, aber auch wachsam; deutlich Abstand nehmend. Das waren die, die nicht dazugehören, die halb gefährlich sind, anders.

Und so hatte den Muminvater eine unwiderstehliche Sehnsucht und Melancholie ergriffen. Nur das war ihm ganz klar: daß er unter keinen Umständen auf der Veranda Tee trinken wollte! Weder an jenem Abend noch an irgendeinem anderen Abend.

Das war lange her – aber das Bild war geblieben. Und daher machte er sich eines schönen Nachmittags auf und davon.

Es war heiß, und er ging völlig auf gut Glück.

Er wagte nicht nachzudenken oder zu fühlen. Er ging einfach dem Sonnenuntergang entgegen. Die Augen unter dem Hut halb zugekniffen, pfiff er ein wenig, aber keine besondere Melodie! Die Hügel gingen hinauf und hinunter, die Bäume wanderten zurück, und die Schatten wurden immer länger, je weiter er wanderte.

Gerade als die Sonne im Meer versank, kam der Muminvater hinaus auf den langen Kiesstrand, dorthin, wo es keine Wege gab und wohin niemand einen Ausflug machen wollte.

Diesen Strand hatte er noch nie gesehen. Es war ein trübsinniger, grauer Strand, der eigentlich nichts anderes bedeutete, als daß das Land zu Ende war und das Meer anfing.

Der Muminvater ging hinab ans Ufer und blickte über die See. Und natürlich – wie hätte es auch anders sein können – ein kleines Boot segelte langsam an dem Ufer entlang.

«Da sind sie», sagte der Vater ruhig und begann zu winken. An Bord waren nur drei Hatifnatten. Sie waren genauso weiß wie das Boot und das Segel. Einer steuerte und zwei saßen mit dem Rücken gegen den Mast. Alle starrten aufs Meer hinaus und sahen aus, als hätten sie miteinander Streit gehabt. Jemand hatte dem Muminvater aber erzählt, daß sich Hatifnatten niemals streiten, daß sie sehr ruhig seien und nur weiterkommen wollten, so weit wie möglich. Am liebsten bis an den Horizont oder bis ans Ende der Welt, was wahrscheinlich auf dasselbe hinauskommt. So behauptet man jedenfalls. Und weiter erzählt man, daß sich ein Hatifnatt um niemanden anders kümmert als um sich selbst, und außerdem, daß sie bei Gewitter elektrisch werden. Auch daß sie gefährlich für alle diejenigen sind, die in Salons wohnen oder auf Verandas, und die jeden Tag zur gleichen Zeit dasselbe tun.

Alles das hatte den Muminvater interessiert, soweit er sich daran erinnern konnte. Da es jedoch nicht fein war, über Hatifnatten anders zu reden als höchstens in Andeutungen, hatte er nie zu wissen bekommen, wie sich die Sache eigentlich wirklich verhielt.

Jetzt bebte er bis ins Schwanzende und beobachtete gespannt, wie sich das Boot näherte. Sie winkten nicht – wie sollte auch ein Hatifnatt etwas so Alltägliches tun und winken! Aber sie kamen, um ihn zu holen, das war ganz eindeutig. Mit einem leichten Kratzen fuhr das Boot auf den Kies und lag still.

Die Hatifnatten richteten ihre runden farblosen Augen auf den Muminvater. Er nahm den Hut ab und begann zu reden. Während er sprach, wehten ihre Arme im Takt, was den Muminvater verwirrte. Er verwickelte sich in einen langen Satz über den Horizont und die Verandas, über die Freiheit und über das Teetrinken, wenn man keine Lust dazu hatte. Schließlich schwieg er und genierte sich, und die Arme der Hatifnatten hörten zu wehen auf.

Warum sagen sie nichts, dachte der Muminvater unsicher. Hören sie nicht, was ich sage, oder finden sie mich albern?

Er streckte die Pfote aus und gab einen freundlich-fragenden Laut von sich. Doch die Hatifnatten rührten sich nicht. Ihre Augen wurden allmählich ebenso gelb wie der Himmel.

Daraufhin zog der Vater die Pfote zurück und verbeugte sich linkisch.

Die Hatifnatten standen sofort auf, verbeugten sich, sehr feierlich, und alle drei zugleich.

«Danke», sagte der Vater.

Er machte keine Versuche mehr, sich zu erklären. Er kletterte ins Boot, und sie stießen in See.

Jetzt war der Himmel genauso schwefelgelb wie damals vor langer Zeit. Das Boot begann langsam zu kreuzen.

Der Mumintrollvater hatte sich noch nie so ruhig gefühlt, noch nie so zufrieden. Eigentlich war es schön, daß man nichts zu sagen brauchte oder zu erklären. Man saß nur da und schaute den Horizont an und hörte die Wellen unter dem Boot glucksen.

Als die Küste hinter ihnen verschwunden war, stieg kugelrund und gelb der Vollmond über dem Meer auf. Der Muminvater hatte noch nie einen so großen und so einsamen Mond gesehen! Und noch nie hatte er begriffen, daß das Meer so bedingungslos und riesig sein konnte, wie er es nun sah.

Mit einem Male fand er, daß der Mond und das Meer und das Boot mit seinen drei schweigsamen Hatifnatten das einzig Richtige und Überzeugende war, was es gab.

Und der Horizont natürlich – der Horizont da draußen, mit glänzenden Abenteuern und Geheimnissen, die keinen Namen hatten, die nun, da er endlich frei war, alle auf ihn warteten.

Er beschloß, genauso schweigsam und geheimnisvoll zu sein wie ein Hatifnatt. Die Leute bekommen Respekt vor jemandem, der nicht redet. Sie glauben, daß man unheimlich viel weiß und ein höchst interessantes Leben führt!

Der Mumintroll musterte den Hatifnatt, der im Mondschein steuerte. Er bekam Lust, irgend etwas Kameradschaftliches zu sagen, irgend etwas, das zeigte, daß er verstand. Aber dann unterließ er es. Übrigens konnte er nichts finden, was ausreichend, na ja, was gut klang.

Was hatte die Mymla über die Hatifnatten gesagt? Irgendwann im Frühling, am Mittagstisch? Daß sie ein Leben der Bosheit führten.

Und die Muminmutter hatte gesagt: «Quatsch, du redest dummes Zeug!» Aber My interessierte sich gleich dafür und wollte wissen, worum es sich eigentlich handelte. Soweit sich der Muminvater erinnern konnte, hatte niemand richtig erklären können, was man eigentlich tut, wenn man ein Leben der Bosheit führt. Anscheinend war man wild und vor allem – frei!

Die Mutter hatte gesagt, daß sie sich nicht vorstellen könne, daß ein Leben der Bosheit Spaß machte, aber der Vater war da nicht so sicher.

Es hat irgendwie mit Elektrizität zu tun, sagte die Mymla bestimmt. Und sie können Gedanken lesen, und das ist unanständig.

Daraufhin hatte man über andere Dinge gesprochen.

Der Muminvater warf rasch einen Blick auf die Hatifnatten. Nun wehten wieder ihre Arme. Nein, wie entsetzlich! dachte er. Es ist doch nicht möglich, daß sie jetzt dasitzen und meine Gedanken lesen? Und nun sind sie beleidigt...

Er versuchte verzweifelt seine Gedanken in Ordnung zu bringen, sie hinauszufegen, zu vergessen, was er je über die Hatifnatten gehört hatte. Aber das war nicht so leicht. In diesem Augenblick gab es nichts anderes, was ihn interessierte. Wenn er nur sprechen dürfte! Das hindert doch so gut am Denken! Und nicht die Spur besser wurde es, wenn man die großen gefährlichen Gedanken verließ und sich zu den kleinen freundlichen hinüberrettete.

Die Hatifnatten könnten glauben, daß sie sich in ihm geirrt hatten und daß er eigentlich nur ein ganz gewöhnlicher Verandavater war...

Der Muminvater starrte angestrengt über das Meer, sah in der Ferne eine kleine schwarze Klippe, die sich in der Mondbahn abzeichnete.

Er versuchte, so einfach wie möglich zu denken. Die Insel im Meer, der Mond über der Insel, der Mond schwimmt im Meer – kohlschwarz, gelb, dunkelblau...

Bis er ganz ruhig wurde und die Hatifnatten aufhörten, mit den Armen zu wehen.

Die Insel war, wenn auch klein, sehr hoch. Bucklig und dunkel stieg sie aus dem Wasser auf und glich eigentlich dem Kopf einer großen Seeschlange.

«Wollen wir an Land gehen?» fragte der Muminvater interessiert.

Die Hatifnatten antworteten nicht. Sie stiegen mit Hilfe des Ankertaus an Land und befestigten den Anker in einer Bergspalte. Ohne sich um Mumintrolls Vater zu kümmern, fingen sie an, ans Ufer zu klettern. Er sah, wie sie schnupperten und witterten, sie verbeugten sich und

winkten. Sie waren anscheinend dabei, sich zu verschwören... und er durfte an der Verschwörung nicht teilnehmen.

«Na bitte schön», sagte der Muminvater beleidigt und kletterte aus dem Boot und folgte ihnen. «Wenn ich euch frage, ob wir an Land gehen, obwohl ich sehe, daß wir es tun werden, könnt ihr ja wenigstens antworten! Nur irgend etwas, gerade so viel, daß ich merke, daß ich Gesellschaft habe.»

Aber das sagte er sehr leise und nur zu sich selbst.

Der Berg war steil und glatt, es war eine unfreundliche Insel, die ganz eindeutig erklärte, daß sie in Ruhe gelassen werden wollte. Sie trug keine Blumen, kein Moos, nichts – sie stieg nur aus dem Meer auf und sah böse aus.

Plötzlich machte der Muminvater eine schreckliche, sehr unangenehme und eine merkwürdige Entdeckung. Die Insel war voll von roten Spinnen. Sie waren sehr klein, aber es waren unzählige, und sie wimmelten wie ein roter Teppich auf dem schwarzen Berg. Nicht eine einzige saß still. Alle rannten herum, so schnell die Beine sie trugen; es war, als ob sich die ganze Insel bewegte und im Mondenschein umherkroch.

Dem Muminvater war so übel, daß er ganz matt wurde. Er hob die Beine, rettete schnell sein Schwänzchen, schüttelte es ordentlich aus, er starrte umher nach einem einzigen Fleckchen, das nicht voll von roten Spinnen war – allein ein solches gab es nicht!

«Ich will euch ja nicht treten», murmelte er. «Nein, bewahre, warum bin ich nicht im Boot geblieben... Es sind zu viel, und das ist unnatürlich, daß es so viel von der gleichen Sorte gibt... und alle sehen gleich aus...»

Hilflos hielt er nach den Hatifnatten Ausschau, und hoch oben auf dem Berge erblickte er ihre Silhouetten. Einer hatte etwas gefunden. Aber der Muminvater konnte nicht erkennen, was es war. Im übrigen war ihm das gleichgültig. Er wollte wieder hinab ins Boot, und er schüttelte die Pfoten wie eine Katze. Die Spinnen hatten angefangen, an ihm emporzukriechen. Nun krochen sie auch über die Ankerleine, eine lange rote Prozession, und sie hatten angefangen, auf dem Schiff herumzuwandern.

Der Muminvater setzte sich ganz weit hinten ins Boot. Das hier ist nur ein Traum, dachte er. Man fährt auf im Schlaf und weckt die Muminmutter und sagt: «Entsetzlich, wie entsetzlich war das, Liebste, Beste, du ahnst nicht... Spinnen...»

Und sie antwortet: «Ach du Armer – aber sieh mal, hier gibt es keine einzige, das war alles nur ein Traum!»

Die Hatifnatten kamen langsam zurück. Und in diesem Augenblick setzte sich jede Spinne, aber auch die allerkleinste, auf die Hinterbeine vor Entsetzen, machte kehrt und raste über die Ankerleine an Land.

Die Hatifnatten kletterten ins Boot und stießen ab. Sie verließen den schwarzen Schatten unterhalb der Insel und glitten hinaus in die Mondbahn.

«Welch ein Glück, daß ihr gekommen seid!» sagte der Muminvater, aufrichtig erleichtert. «Wie dem auch sei, mit Spinnen hab ich's nie gekonnt. Die sind so klein, daß man mit ihnen nicht reden kann. Habt ihr was Nettes gefunden?»

Die Hatifnatten gaben ihm einen langen gelben Mondblick und schwiegen.

«Ich habe gefragt, ob ihr was gefunden habt», wiederholte der Muminvater, und seine Nase wurde rot. «Wenn es ein Geheimnis ist, behaltet es für euch, wenn es sein muß. Aber sagt wenigstens, daß ihr etwas gefunden habt.»

Die Hatifnatten hielten still und schauten ihn an. Da wurde dem Muminvater der Kopf so heiß, daß er schrie:

«Habt ihr Spinnen nicht gern? Habt ihr sie gern oder nicht? Ich will das auf der Stelle wissen!»

Während des langen Schweigens machte einer der Hatifnatten einen Schritt vorwärts und breitete die Pfoten aus. Vielleicht hatte er etwas gesagt – oder es war auch der Wind, der über dem Wasser flüsterte...

«Verzeihung», sagte der Vater unsicher, «ich verstehe.»

Ihm schien, als habe der Hatifnatt erklärt, daß sie keine besondere Einstellung zu den Spinnen hätten. Oder er mochte auch etwas bedauern, was nicht zu ändern war. Vielleicht die traurige Tatsache, daß ein Hatifnatt und ein Muminvater einander niemals verstehen oder miteinander sprechen können? Vielleicht war er enttäuscht und fand, daß sich der Muminvater kindisch betragen hatte.

Er seufzte ein wenig und betrachtete sie mißmutig. Nun sah er, was die Hatifnatten gefunden hatten. Es war eine kleine Rolle Birkenrinde, von jener Sorte, die das Meer zusammenkräuselt und an die Ufer wirft. Nichts anderes. So etwas wickelt man auf wie eine Papyrusrolle, innen ist es weiß und glatt wie Seide, aber sobald man es losläßt, rollt es sich wieder zusammen. Genau wie eine kleine Faust, die sich fest um ein

Geheimnis schließt. – «Die Muminmutter hatte solche Birkenrinden immer um den Griff an der Kaffeekanne gewickelt.

Vermutlich befand sich in dieser Rolle eine sehr wichtige Mitteilung. Aber der Muminvater war nicht mehr so neugierig. Er fror ein wenig, und er rollte sich am Boden des Bootes zusammen, um zu schlafen. Die Hatifnatten konnten Kälte nicht spüren – nur Elektrizität. Und sie schliefen nie.

Der Muminvater wachte im Morgengrauen auf. Sein Rücken war steif, und er fror immer noch. Er schaute unter der Hutkrempe hervor, erblickte ein Stück von der Reling und ein graues Dreieck vom Meer, das sich hob und senkte. Ihm wurde übel, und er fühlte sich eigentlich nicht wie ein Muminvater, der Abenteuer erlebt.

Einer der Hatifnatten – der Muminvater beobachtete ihn verstohlen – saß auf der Ruderbank schräg über ihm. Seine Augen waren jetzt grau. Die Pfoten waren fein geformt und bewegten sich wie die Flügel eines Nachtschmetterlings. Vielleicht sprach er mit den anderen Hatifnatten, oder er dachte nach. Der Kopf war rund ohne geringste Spur von Hals. Das Ganze wie ein langer weißer Strumpf, dachte der Muminvater. Ein wenig ausgefranst nach unten hin. Oder wie weißer Schaumgummi.

Jetzt war dem Muminvater wirklich sehr übel. Er erinnerte sich daran, wie er sich am vorhergehenden Abend benommen hatte. Und an die Spinnen. Zum ersten Mal, daß er gesehen hatte, wie Spinnen Angst bekommen.

«Au-wau», murmelte der Muminvater. Er versuchte sich aufzurichten und erblickte in dem Augenblick die Rindenrolle und erstarrte. Seine Ohren stiegen ihm unter dem Hut zu Berge. Sie lag in der Schöpfkelle und rollte je nach den Bewegungen des Bootes hin und her.

Der Muminvater vergaß, daß ihm übel war. Seine Pfote rutschte langsam näher heran. Er schaute rasch die Hatifnatten an, aber die hefteten wie gewöhnlich den Blick auf den Horizont. Jetzt hatte er die Rindenrolle, schloß sie in seine Pfote, zog sie langsam an sich. Im selben Augenblick bekam der Muminvater einen elektrischen Schlag, nicht schlimmer als von einer Taschenlampenbatterie. Bis in den Nacken hinauf fühlte er ihn.

Er lag eine lange Weile still und beruhigte sich. Dann rollte er langsam das geheimnisvolle Dokument auf. Es war gewöhnliche weiße Birkenrinde. Keine Schatzkarte. Keine Geheimziffern. Nichts dergleichen.

Vielleicht war es die Visitenkarte, die ein Hatifnatt aus Höflichkeit auf jeder einsamen Insel hinterläßt, damit andere Hatifnatten sie fänden? Vielleicht schenkte jener kleine elektrische Schlag einem das gleiche angenehme Gefühl von Freundschaft wie ein netter Brief, den man bekommt? Oder konnten sie vielleicht eine unsichtbare Schrift entziffern, von der ein gewöhnlicher Troll keine Ahnung hat?

Der enttäuschte Muminvater ließ die Rindenrolle sich wieder zusammenrollen und blickte auf.

Die Hatifnatten betrachteten ihn ruhig. Der Muminvater errötete.

«Wir sitzen ja doch in demselben Boot», sagte er, und ohne eine Antwort abzuwarten, breitete er die Pfoten aus, wie er es bei den Hatifnatten gesehen hatte, hilflos, bedauernd und mit Seufzen.

Ein schwaches Heulen des Windes in den gespannten Segeln war die Antwort. Das Meer rollte seine grauen Wellen um sie herum und weit bis ans Ende der Welt.

Und der Muminvater dachte mit einer gewissen Melancholie: Wenn das ein Leben der Bosheit ist, dann fresse ich meinen Hut!

Es gibt so viel verschiedene Inseln! Sobald sie bloß klein sind und weit draußen im Meer liegen, sind sie eigentlich alle einsam und traurig. Die Winde wechseln um sie herum, der gelbe Mond nimmt mal ab und dann wieder zu, und in der Nacht wird das Meer schwarz. Aber die Inseln bleiben dieselben, und nur die Hatifnatten besuchen sie zuweilen.

Übrigens, Inseln sind das kaum. Es sind Schären, Buckel, Felsstückchen, vergessene Landstreifen, die vielleicht vor Morgengrauen ins Meer sinken und nur des Nachts aufsteigen, um sich ein wenig umzuschauen.

Was weiß man schon!

Die Hatifnatten besuchten sie, jede einzige. Hin und wieder lag die kleine Rindenrolle da und wartete auf sie, manchmal war überhaupt nichts zu finden, und die Insel war ein glänzender Seehundrücken mit der Brandung an den Seiten, oder es waren zerschnittene Klippen mit hohen Wällen von rotem Tang. Aber auf jeder Insel, hoch oben auf der Spitze, hinterließen die Hatifnatten eine kleine weiße Rolle aus Birkenrinde.

Sie haben eine Idee, dachte der Muminvater, die für sie wichtiger als alles andere ist. Und ich will ihnen folgen, bis ich erfahren habe, worum es geht.

Rote Spinnen begegneten ihnen nicht mehr, aber der Muminvater blieb trotzdem jedesmal, wenn sie an Land gingen, im Boot sitzen. Denn die

Inseln erinnerten ihn an andere Inseln – an jene, die weit hinter ihm lagen, die Inseln im Fjord, an schattige Familienbuchten, an das Zelt und den Butternapf, der sich im Schatten des Bootes kalt hielt, das Saftglas im Sand, die Badehosen, die auf einem Stein zum Trocknen lagen... aber nein, natürlich sehnte er sich nicht nach diesem geborgenen Verandaleben...

Es war ein Gedanke gewesen, der vorbeigaukelte und ihm die gute Laune nahm. Ein sehr kleiner, der nicht mehr zählte...

Übrigens hatte der Muminvater angefangen, auf eine ganz neue Art zu denken. Immer seltener dachte er darüber nach, was er alles in seinem freundlichen, bunten Leben erlebt hatte, und genauso selten träumte er von dem, was ihm die nächsten Tage wohl bringen würden. Seine Gedanken glitten dahin wie das Boot, ohne Erinnerungen, ohne Träume, sie waren wie graue wandernde Wogen, die nicht einmal Lust hatten, den Horizont zu erreichen.

Der Muminvater versuchte nicht mehr, mit den Hatifnatten zu sprechen. Er starrte über das Meer hinaus genau wie sie, seine Augen waren blaß geworden genau wie ihre und nahmen die wechselnden Farben des Himmels an. Und wenn ihnen neue Inseln entgegenkamen, bewegte er sich nicht, nur der Schwanz schlug ein paarmal gegen den Boden.

Ich möchte wohl wissen, dachte der Muminvater einmal, während sie auf einem langen, müden Wogenkamm entlangglitten, ich möchte wissen, ob ich nicht anfange, einem Hatifnatt zu gleichen.

Es war ein sehr heißer Tag gewesen, und gegen Abend rollte der Nebel über das Meer hinein. Es war ein schwerer und eigenartig rotgelber Nebel. Der Muminvater fand, daß er drohend und beinah lebendig wirkte.

Draußen schnaubten die Seeschlangen, zuweilen sah er sie flüchtig auftauchen. Ein rundes, dunkles Haupt, erschrockene Augen, die Hati-

fnatten anstarrend, dann ein Schlag mit dem Schwanz und darauf wilde Flucht in den Nebel hinein.

Sie haben genauso Angst wie die Spinnen, dachte der Vater. Alle haben vor den Hatifnatten Angst…

Ein entfernter Donner grollte durch die Stille, dann war alles wieder ruhig und unbeweglich.

Der Muminvater hatte immer gefunden, daß Gewitter etwas furchtbar Aufregendes sei. Jetzt fand er gar nichts. Er war vollkommen frei, aber er hatte zu nichts mehr Lust.

Gerade in diesem Augenblick kam aus dem Nebel ein anderes Boot herangesegelt mit einer großen Gesellschaft an Bord. Der Muminvater sprang auf. Für einen Augenblick wurde er wieder der alte Muminvater, er schwenkte den Hut, er winkte und schrie. Das fremde Boot steuerte auf sie zu. Es war weiß, und das Segel war weiß. Und in dem Boot saßen sie und waren – weiß.

«Ach sooo», sagte der Muminvater. Er erkannte, daß es nur Hatifnatten waren. Daher hörte er auf zu winken und setzte sich wieder.

Die beiden Schiffe fuhren weiter, ohne einen Gruß auszuwechseln. Unversehens glitten nun immer mehr Boote aus dem dunklen Nebel heran. Schatten, alle in der gleichen Richtung segelnd, alle bemannt mit Hatifnatten. Manchmal waren es sieben, manchmal fünf – oder elf, hin und wieder ein einsamer Hatifnatt, aber immer in ungleichen Zahlen.

Der Nebel verflüchtigte sich, floß hinein in die Dämmerung, die auch schwach rotgelb war. Das ganze Meer war voll von Booten. Sie steuerten zu einer neuen Insel hin, eine flache Insel ohne Bäume und ohne Berge.

Ein Boot nach dem anderen legte an, die Segel wurden eingezogen. An dem öden Strand wimmelte es von Hatifnatten, die bereits ihre Boote hinaufgezogen hatten und dastanden und sich voreinander verbeugten.

Soweit man sehen konnte, wanderten weiße, erhabene Wesen umher und verbeugten sich. Sie raschelten verhalten, während ihre Arme unaufhörlich wehten. Und um sie herum flüsterte das Strandschilf.

Der Muminvater stand ein wenig abseits – verzweifelt versuchte er unter den anderen seine eigenen Hatifnatten zu finden. Es war sehr wichtig für ihn! Es waren ja die einzigen, die er ein bißchen kannte... Naja, ein sehr kleines bißchen. Aber trotzdem.

Aber sie waren in dem Gewimmel verschwunden, er konnte zwischen ihnen und den anderen keinen Unterschied entdecken, und plötzlich ergriff den Muminvater das gleiche Entsetzen wie auf der Spinneninsel.

Er drückte den Hut weit in die Stirn hinein und bemühte sich, drohend und ungezwungen auszusehen. Der Hut war das einzig Beständige und Unbedingte auf dieser seltsamen Insel, wo alles weiß, flüsternd und unbestimmt war.

Der Muminvater hatte zu sich selbst nicht mehr so rechtes Vertrauen, aber auf den Hut, auf den verließ er sich! Er war kohlschwarz und bestimmt. Und innen hatte die Muminmutter «MV von deiner MM» hineingemalt, damit er sich von allen Zylinderhüten der Welt unterscheiden ließe.

Das letzte Boot hatte nun angelegt, war hochgezogen worden, die Hatifnatten hörten auf zu rascheln.

Sie richteten ihre rotgelben Augen auf den Trollvater, alle auf einmal, und nun kamen sie ihm entgegengewandert.

Jetzt wollen sie mit mir kämpfen, dachte der Muminvater und nun war er hellwach.

Gerade jetzt hatte er Lust zu kämpfen, mit wem auch immer. Nur kämpfen und schreien und davon überzeugt sein, daß alle anderen unrecht hatten und verprügelt werden müßten!

Aber Hatifnatten kämpften nicht. Genauso wie sie nicht widersprechen oder einen leiden oder nicht leiden können oder überhaupt irgendeine Ansicht haben.

Sie traten heran, einer nach dem anderen, zu Hunderten. Der Vater nahm den Hut ab, verbeugte sich, bis er Kopfschmerzen hatte, und Hunderte von Pfoten wehten an ihm vorbei, bis der Muminvater aus reiner Müdigkeit auch anfing, mit den Armen zu wehen.

Nachdem der letzte Hatifnatt an ihm vorbeigezogen war, hatte der Muminvater seine Kampflust völlig vergessen. Er war nur höflich und

besänftigt und folgte ihnen mit dem Hut in der Pfote durch das flüsternde Gras.

Nun war das Gewitter hoch hinauf an den Himmel gestiegen und beugte sich über sie gleich einer drohenden, einstürzenden Wand. Dort oben flog ein Wind, den sie nicht spüren konnten und der kleine schmutzige Wolkenfetzen in banger Flucht vor sich hertrieb.

Dicht über dem Meer zuckten kurze, launische Lichter von den Blitzen, sie wurden angezündet, und sie erloschen, immer wieder von neuem.

Die Hatifnatten hatten sich mitten auf der Insel versammelt. Sie hatten sich nach Süden gedreht, woher das Gewitter kam. Wie Seevögel vor einem Unwetter. Einer nach dem anderen begann zu leuchten, wie Nachtlaternen, sie flammten im Takt mit den Blitzen auf, und das Gras um sie herum knisterte elektrisch.

Der Muminvater hatte sich auf den Rücken gelegt und starrte das bleiche Grün der Strandgewächse an. Feine helle Blätter gegen den dunklen Himmel. Zu Hause gab es ein Sofakissen mit Farnkrautmuster, das die Muminmutter gestickt hatte. Lichtgrüne Blätter auf kohlschwarzem Filz. Es war ein sehr schönes Kissen!

Jetzt grollte der Donner in der Nähe. Der Muminvater spürte schwache Schläge in den Pfoten und richtete sich auf. Es war Regen in der Luft.

Plötzlich fingen die Pfoten der Hatifnatten an zu zittern wie Mottenflügel. Sie wogten hin und her, verbeugten sich und tanzten, und überall auf der öden Insel erhob sich ein dünner Mückengesang. Die Hatifnatten klagten, einsam und voller Sehnsucht, es hörte sich an wie der Wind in einem Flaschenhals. Der Muminvater verspürte eine unwiderstehliche Lust: auch hin- und herwehen, klagen, sich wiegen und rascheln!

In seinen Ohren zwickte es, und die Pfoten begannen zu wehen. Er stand auf und ging langsam den Hatifnatten entgegen.

Ihr Geheimnis hängt irgendwie mit dem Gewitter zusammen, dachte er. Nach diesem Geheimnis suchen sie und nach ihm sehnen sie sich...

Die Dunkelheit sank über die Insel, und die Blitze liefen steil abwärts, weiß und gefährlich zischend. In der Ferne fuhr der Wind brausend über das Meer, kam immer näher, und dann brach das Gewitter los, das fürchterlichste Gewitter, das der Muminvater je erlebt hatte!

Schwere steinerne Wagen rollten donnernd hin und zurück, hin und zurück, und der Wind kam und warf den Muminvater über den Haufen ins Gras.

Und dort saß er, mit seinem Hut in den Pfoten, und der Sturm fuhr einfach durch ihn hindurch, und plötzlich dachte er: Nein!

Was ist los mit mir? Ich bin doch kein Hatifnatt. Ich bin doch der Vater von Mumintroll... was habe ich hier zu suchen...

Er sah sich die Hatifnatten an, und plötzlich begriff er mit elektrischem Scharfblick alles. Er verstand, daß das einzige, was einen Hatifnatt lebendig machen konnte, ein großes fürchterliches Gewitter ist. Die Hatifnatten waren stark geladen, aber hilflos eingeschlossen. Sie empfanden nichts, sie dachten nichts, sie suchten nur. Aber wenn sie elektrisch wurden, dann lebten sie, endlich, mit aller Macht, und mit großen und heftigen Gefühlen!

Das war es sicher, wonach sie sich sehnten! Vielleicht zogen sie das Gewitter an, wenn sie alle zusammen waren...

Das muß es sein, dachte der Muminvater. Arme Hatifnatten. Und da habe ich in meiner Bucht gesessen und fand, daß sie etwas Besonderes und so frei waren, bloß weil sie nichts sagten und nur immer weiterfuhren. Sie hatten nichts zu sagen, sie hatten kein Ziel...

In diesem Augenblick öffnete sich die Wolke, und der Regen stürzte auf sie nieder, glänzend und weiß im Licht der Blitze.

Der Muminvater fuhr auf, und seine Augen waren so blau wie immer, und er schrie:

«Ich gehe nach Hause. Ich fahre nach Hause. Augenblicklich!»

Er hob das Kinn hoch, zog den Hut fest über die Ohren. Dann wanderte er los an den Strand, sprang in eins der kleinen weißen Boote, hißte das Segel und fuhr los, ohne Umweg hinaus aufs stürmische Meer. Er war wieder er selbst, hatte seine eigenen Gedanken über die Dinge, und er sehnte sich nach Hause.

Bloß sich schon vorzustellen: niemals sich freuen können, niemals enttäuscht sein können! dachte der Vater, während das Boot durch den Sturm flog. Niemals jemanden gern haben oder auf ihn böse werden, ihm dann verzeihen. Nicht schlafen können, nicht frieren, sich nicht irren, keine Bauchschmerzen bekommen und wieder gesund werden, keine Geburtstage feiern, kein Bier trinken und schlechtes Gewissen haben... Das alles nicht! Entsetzlich!

Er war glücklich und durch und durch naß und hatte nicht die geringste Angst vor dem Gewitter.

Sie würden zu Hause niemals elektrisches Licht haben, sondern bei ihrer Petroleumlampe bleiben, wie immer.

Der Muminvater sehnte sich nach seiner Familie und nach seiner Veranda. Plötzlich wußte er, erst dort könnte er so frei und abenteuerlich sein, wie es ein richtiger Vater sein soll.

Cedric

Jetzt, hinterher, ist es schwer zu verstehen, wie das Tierchen Sniff dazu überredet werden konnte, Cedric zu verschenken. Erstens hatte Sniff noch nie etwas verschenkt und zweitens war Cedric doch eigentlich wunderbar.

Cedric war nicht lebendig, er war ein Stück Eigentum – aber was für eins! Zunächst meinte man, es handle sich um einen kleinen Plüschhund, ziemlich glatzköpfig und kaputt-geliebt. Schaute man sich Cedric aber näher an, sah man, daß er Augen hatte, die beinahe Topase waren, und daß oberhalb der Halsbandschnalle ein kleiner echter Mondstein saß.

Außerdem hatte er einen Gesichtsausdruck, der unnachahmlich war, der sich niemals im Gesicht eines anderen kleinen Hundes wiederholen ließe.

Es ist möglich, daß die Edelsteine für Sniff wichtiger waren als der Gesichtsausdruck. Auf jeden Fall liebte er Cedric. Und in dem Augenblick, da er Cedric verschenkt hatte, bereute er es bis zur Verzweiflung. Er aß nicht, er schlief nicht, er sprach nicht. Nur bereuen tat er.

«Aber mein lieber kleiner Sniff», sagte die Muminmutter besorgt, «wenn du Cedric so schrecklich liebst, hättest du ihn doch wenigstens jemandem schenken sollen, den du gern hast und nicht der Tochter der Gafsa.»

«Äh», murmelte Sniff, und seine armen, rotverweinten Augen starrten den Boden an, «an allem ist Mumintroll schuld! Er hat gesagt, daß man, wenn man etwas verschenkt, es zehnmal zurückbekommt, und daß man sich überhaupt wundervoll dabei fühlt. Angeschwindelt hat er mich!»

«Oh», sagte die Mutter. «Soso.» Sie wußte im Augenblick nichts Besseres zu sagen. Sie mußte die Sache überschlafen.

Es war Abend, und die Mutter zog sich in ihr Zimmer zurück. Alle wünschten einander gute Nacht, die Lampen wurden ausgelöscht, eine nach der anderen. Nur Sniff lag wach und starrte die Decke an, wo der Schatten von einem großen Ast im Mondlicht auf und ab schaukelte. Das Fenster stand offen, denn die Nacht war warm, und er konnte vom Flusse her Mumriks Mundharmonika hören.

Als die Gedanken zu schwarz wurden, kletterte Sniff aus seinem Bett und tappte ans Fenster. Er kletterte die Strickleiter hinab und lief durch den Garten, wo die weißen Pfingstrosen leuchteten und alle Schatten schwarz wie Kohle waren. Der Mond stand hoch und war fremd und sehr entfernt.

Mumrik saß draußen vor seinem Zelt.

In dieser Nacht spielte er keine Lieder. Nur kleine Liedschwänze, wie

Fragen oder wie zustimmende kleine Töne, die man von sich gibt, wenn man nicht weiß, was man sagen soll.

Sniff setzte sich neben ihn und schaute kläglich in den Fluß.

«Hej», sagte der Mumrik. «Gut, daß du kommst. Ich habe gerade an eine Geschichte gedacht, die dich interessieren könnte.»

«Heute nacht interessieren mich keine Geschichten», murmelte Sniff und wurde ganz faltig.

«Es ist keine erfundene Geschichte», sagte der Mumrik. «Es ist etwas, das wirklich geschehen ist. Die Tante meiner Mutter hat es erlebt.»

Dann fing der Mumrik an zu erzählen, während er an seiner Pfeife zog und hin und wieder mit den Zehen in dem nachtschwarzen Flußwasser plätscherte.

«Es war einmal eine Dame, die liebte alles, was sie besaß. Sie hatte keine Kinder, über die sie sich ärgern mußte oder freuen konnte, sie brauchte nicht zu arbeiten oder das Essen anzurichten. Sie kümmerte sich nicht darum, was die Leute von ihr dachten und sie hatte keine Angst. Sogar das Spielen hatte sie verlernt. Kurzum, sie langweilte sich.

Sie liebte aber alle ihre schönen Sachen. Sie hatte solche ihr Leben lang gesammelt, geordnet, geputzt, immer schöner gemacht, und man traute kaum seinen Augen, wenn man ihr Haus betrat.

«Die Glückliche!» rief Sniff und nickte. «Wie sahen ihre Sachen denn aus?»

«Naja», sagte Mumrik, «sie war so glücklich wie sie sein konnte. Und jetzt sei still und laß mich fertig erzählen.

Also eines schönen Nachts geschah nichts Gescheiteres, als daß meine Großtante einen großen Knochen verschluckte, als sie in der dunklen Speisekammer Koteletts aß. Danach fühlte sie sich mehrere Tage lang nicht wohl, und als es nicht besser wurde, ging sie zum Arzt. Er beklopfte und behorchte sie, durchleuchtete sie und schüttelte sie, und schließlich sagte er, daß sich der Kotelettknochen quergelegt habe. Es sei ein sehr boshafter Knochen und es sei ganz unmöglich, ihn freizubekommen. Mit anderen Worten: Er fürchtete das Schlimmste!»

«Was du nicht sagst!» meinte Sniff und fing an, die Geschichte spannend zu finden. «Er meinte wohl, daß die Tante Knall und Fall sterben würde, obwohl er es ihr nicht zu sagen wagte?»

«Ungefähr so», stimmte der Mumrik zu. «Aber meine Großtante war

nicht besonders furchtsam, sie erkundigte sich, wieviel Zeit ihr bleiben würde, ging nach Hause und überlegte. Ein paar Wochen – das ist ja nicht so viel!

Sie erinnerte sich plötzlich daran, daß sie in ihrer Jugend den Amazonenstrom hatte erforschen wollen, Tiefseetauchen hatte sie lernen wollen, ein großes lustiges Haus für einsame Kinder hatte sie bauen wollen, und zu einem feuerspeienden Berg hatte sie fahren und für alle ihre Freunde hatte sie ein Riesenfest veranstalten wollen. Aber all das war nun zu spät, natürlich! Und Freunde hatte sie auch keine, weil sie immer nur hübsche Gegenstände gesammelt hatte, und so etwas kostet Zeit.

Während sie hin und her überlegte, wurde sie immer melancholischer. Sie wanderte in ihren Zimmern umher und suchte bei ihren Habseligkeiten Trost. Aber diese konnten sie auch nicht fröhlicher machen. Im Gegenteil, sie dachte nur daran, daß sie alles auf der Erde zurücklassen müßte. Und mit dem Gedanken, daß sie da oben von neuem mit dem Sammeln beginnen mußte, konnte sie sich überhaupt nicht befreunden.»

«Arme Frau», sagte Sniff heftig. «Kann man denn nicht eine einzige kleine Sache mitnehmen?»

«Nein», sagte der Mumrik ernst. «Das ist verboten. Aber jetzt sei still und hör zu! Eines Nachts lag meine Großtante in ihrem Bett und grübelte. Um sie herum standen furchtbar viele schöne Möbel, auf den Möbeln standen viele hübsche Nippsachen. Überall standen ihre Besitztümer herum, auf dem Fußboden, an den Wänden, an der Decke, in den Schränken, in den Schubladen – und plötzlich schien ihr, als erdrückten sie alle diese Sachen, die ihr dennoch nicht den geringsten Trost schenken konnten.

Da kam sie auf eine Idee. Die Idee war so lustig, daß meine Großtante zu lachen anfing, ganz für sich allein. Sie wurde plötzlich wieder sehr munter und stand auf. Sie war auf den Gedanken gekommen, daß sie alles, was sie besaß, verschenken wollte, um mehr Luft um sich herum zu schaffen. Das ist notwendig, wenn man einen großen Knochen quer im Magen liegen hat und außerdem in Ruhe an den Amazonenstrom denken will.» «Wie albern», sagte Sniff enttäuscht.

«Gar nicht so albern», wandte der Mumrik ein. «Sie hatte riesigen Spaß daran, sich auszudenken, wer was bekommen sollte. Sieh mal, sie hatte eine große Verwandtschaft und kannte sehr viele Leute. So etwas ist ja gut möglich, auch wenn man keine Freunde hat.

Na also, sie schenkte jedem etwas und überlegte sich auch, was jeder am liebsten haben möchte. Das war ein lustiges Spiel. Übrigens war sie gar nicht dumm. Mir schenkte sie die Mundharmonika. Du hast sicher nicht gewußt, daß sie aus Gold und Palisander ist? Macht ja nichts. Sie erwog alles so klug, daß jeder gerade das bekam, was ihm gefiel und was er sich immer schon gewünscht hatte.

Meine Großtante hatte außerdem Sinn für Überraschungen. Sie verschickte alles in Paketen. Wer so ein Paket aufmachte, hatte keine Ahnung, wer es ihm schickte. (Denn niemand war mal bei ihr zu Hause gewesen; sie fürchtete ja immer, daß man etwas zerschlug.)

Heidenspaß machte es ihr, wenn sie sich vorstellte, wie die anderen überrascht waren und hin- und herüberlegten und rieten.

Auf diese Weise fühlte sie sich irgendwie überlegen.

Ungefähr wie jene Fee, die einfach Wünsche verteilt und dann entschwebt.»

«Ich habe Cedric aber nicht als Paket verschickt», platzte Sniff heraus und machte dicke Kulleraugen. «Und ich sterbe auch nicht!»

Der Mumrik seufzte. «Du bleibst immer der gleiche! Aber du kannst trotzdem einmal versuchen, eine gute Geschichte anzuhören, die nicht von dir handelt. Denk auch ein bißchen an mich! Diese Erzählung habe ich für dich aufgehoben, manchmal erzähle auch ich gern! Also gut. Gleichzeitig geschah noch etwas anderes. Meine Großtante konnte plötzlich nachts schlafen, tagsüber träumte sie von dem Amazonenstrom und las Bücher über Tiefseetauchen, oder sie fertigte Zeichnungen an zum Haus für die Kinder, die niemand haben wollte. Sie tat Sachen,

die ihr Spaß machten, und deshalb wurde sie auch freundlicher als früher, die Leute mochten sie plötzlich richtig gern und waren gern bei ihr.

Ich muß mich in acht nehmen, dachte sie. Plötzlich habe ich Freunde, aber keine Zeit, für sie das große Radaufest zu veranstalten, von dem ich träumte, als ich jung war...

In ihrem Zimmer gab es mehr und mehr Luft. Ein Paket nach dem anderen ging fort, und je weniger sie besaß, desto leichter wurde ihr ums Herz. Schließlich spazierte sie in ihren leeren Zimmern umher und fühlte sich leicht wie ein Ballon. Ein fröhlicher Ballon, der bereit ist, loszufliegen...»

«In den Himmel», bemerkte Sniff düster. «Hör mal...»

«Unterbrich mich nicht immerzu», sagte der Mumrik. «Ich merke, du bist zu klein für meine Geschichte! Aber ich erzähle sie trotzdem weiter. Gut. Allmählich waren alle Räume leer, und meine Großtante hatte nur das Bett übrig.

Es war ein großes Himmelbett, und als alle ihre neuen Freunde sie besuchen kamen, fanden sie alle darin Platz, die kleineren Gäste durften oben auf dem Baldachin sitzen. Sie waren furchtbar lustig alle, und das einzige, was meine Großtante immer noch bekümmerte, war dieses große Fest, das sie veranstalten wollte und was sie vielleicht nicht mehr schaffen würde.

Jeden Abend erzählten sie sich Geschichten, schaurige und lustige, und eines Abends...»

«Nein, aber nun...» sagte Sniff böse. «Du bist genau wie Mumintroll. Ich weiß, was dann kommt: Sie verschenkte auch das Bett, und dann fuhr sie in den Himmel und war sehr zufrieden, und ich soll nicht nur Cedric verschenken, sondern am besten alles, was ich besitze, und am liebsten obendrein noch sterben.»

«Du bist ein Esel», sagte Mumrik. «Oder, noch schlimmer, ein Ge-

schichtenverderber! Was ich erzählen wollte, war, daß meine Großtante so entsetzlich über eine lustige Geschichte lachen mußte, daß ihr der Knochen aus dem Bauch flog und sie gesund wurde.»

«Nein, wirklich», rief Sniff. «Arme Tante!»

«Wieso denn, arme Tante?» fragte Mumrik.

«Na. Sie hat doch alles verschenkt», rief Sniff. «Für nichts und wieder nichts. Sie starb ja nicht. Holte sie sich nun alles wieder zurück?»

Mumrik biß in die Pfeife und zog die Augenbrauen hoch.

«Du kleines unvernünftiges Tier», sagte er. «Sie machte aus allem eine lustige Geschichte! Und dann veranstaltete sie das Fest. Und dann baute sie ein Haus für einsame Kinder. Sie war nämlich zu alt für Tiefseetaucherei, aber den feuerspeienden Berg, den bekam sie noch zu sehen. Und danach reiste sie an den Amazonenstrom. Das ist das letzte, was wir von ihr gehört haben.»

«So etwas kostet Geld», sagte Sniff mißtrauisch. «Und sie hatte ja alles verschenkt!»

«Soo? Hatte sie?» sagte der Mumrik. «Hättest du ordentlich zugehört, hättest du gemerkt, daß das Himmelbett übriggeblieben war, und das, mein lieber Sniff, war aus reinem Gold und vollgestopft mit Diamanten und Karneolen.»

(Und was Cedric betrifft, so hatte die Gafsa aus den Topasen für ihre Tochter Ohrringe gemacht, und Cedric hatte statt dessen schwarze Knopfaugen bekommen. Sniff fand Cedric draußen im Regen und nahm ihn wieder nach Hause. Den Mondstein hatte leider der Regen weggewaschen, er war nicht mehr zu finden. Aber Sniff hatte seinen Cedric trotzdem gern. Und nun war es wirklich nur aus Liebe. – Und das ehrt ihn in gewisser Weise.

Anmerkung des Verf.)

Der Tannenbaum

Einer von den Hemulen stand auf dem Dach und kratzte im Schnee herum. Er hatte gelbe Fausthandschuhe an, die allmählich naß und unangenehm wurden. Da legte er sie auf den Schornstein, seufzte und kratzte weiter. Schließlich kam er bis an die Dachluke.

«Ach so, hier ist sie», sagte der Hemul. «Und dort unten liegen sie und schlafen. Schlafen, schlafen und schlafen! Während sich unsereiner kaputt arbeiten muß, nur weil bald Weihnachten ist.»

Er kletterte auf die Luke, und da er sich nicht daran erinnern konnte, ob sie nach innen oder nach außen aufging, stampfte er vorsichtig auf ihr herum. Da ging sie nach innen auf, und der Hemul fiel hinein, ins Dunkle und in Schnee und in alles, was die Muminfamilie auf den Dachboden getragen hatte, um es später zu benutzen. Der Hemul war sehr gereizt. Außerdem besann er sich nicht genau, wohin er seine gelben Handschuhe gelegt hatte. Gerade an diesen Handschuhen hing er sehr.

Er stampfte die Treppe hinab, riß die Tür auf und schrie mit erboster Stimme: «Es wird Weihnachten! Von euch und euerem Schlafen habe ich wirklich genug, und außerdem wird es gleich Weihnachten.»

Dort unten lag die Muminfamilie und hielt wie gewöhnlich Winterschlaf. Sie hatte mehrere Monate lang geschlafen, und sie hatte weiterschlafen wollen bis zum Frühling. Der Schlaf hatte sie ruhig und gemütlich durch einen einzigen langen und warmen Sommernachmittag geschaukelt. Jetzt kamen in Mumintrolls Träume plötzlich Unruhe und kalte Luft. Jemand zog die Decke weg und schrie, er habe genug und jetzt sei Weihnachten.

«Ist schon Frühling?» murmelte Mumintroll.

«Frühling?» fragte der Hemul aufgeregt. «Weihnachten ist es, mein Lieber, Weihnachten. Und ich habe noch nichts besorgt oder vorbereitet, und sie haben mich hergeschickt, damit ich euch ausgrabe. Meine Handschuhe habe ich wahrscheinlich verloren. Und alle rennen umher, als seien sie verrückt, und nichts ist fertig...»

Mit diesen Worten stampfte der Hemul die Treppe wieder hinauf und kletterte durch die Dachluke.

«Mama, wach auf», sagte der Troll erschrocken. «Etwas Schreckliches ist geschehen, sie nennen es Weihnachten!»

«Was ist los», fragte die Muminmutter und steckte die Nase heraus.

«Ich weiß es nicht genau», sagte ihr Sohn. «Aber nichts ist vorbereitet. Und jemand ist verschwunden, und alle rennen umher und sind verrückt. Vielleicht ist schon wieder eine Überschwemmung.»

Er rüttelte vorsichtig das Snorkfräulein und flüsterte: «Hab keine Angst, aber etwas Schreckliches ist geschehen.»

«Immer ruhig», sagte der Muminvater. «Vor allem ruhig.» Er stand auf und zog die Uhr auf, die irgendwann im Oktober stehengeblieben war.

Sie folgten der nassen Spur des Hemuls, hinauf auf den Dachboden, kletterten auf das Dach des Muminhauses.

Der Himmel war blau wie immer. Um feuerspeiende Berge konnte es sich diesmal nicht handeln. Dagegen war das ganze Tal voll von nasser Watte, die Berge, die Bäume und der Fluß und das ganze Haus. Und es war kalt, noch kälter als im April.

«Nennt man das Weihnachten?» fragte der Muminvater erstaunt. Er nahm eine Pfote voll Watte und prüfte sie. «Ich möchte wissen, ob so etwas wächst», sagte er. «Oder vom Himmel fällt. Wenn das alles auf einmal gekommen ist, muß es höchst unangenehm sein!» «Aber Vater, das ist Schnee», sagte Mumintroll. «Ich weiß, daß es Schnee ist, und der fällt nicht auf einmal herunter.»

«So, wirklich?» sagte der Vater. Aber unangenehm war es sicher trotzdem.

Die Tante des Hemuls fuhr auf einem Schlitten mit einem Tannenbaum vorbei.

«So, endlich aufgewacht», sagte sie, aber ohne weiteres Interesse zu zeigen. «Seht zu, daß ihr zu einem Baum kommt, bevor es dunkel wird!»

«Aber warum denn», fing der Muminvater an.

«Keine Zeit», rief die Tante über die Schulter und rutschte weiter.

«Bevor es dunkel wird», flüsterte das Snorkfräulein. «Sie hat gesagt, bevor es dunkel wird. Das Gefährliche kommt heute abend...» Anscheinend braucht man einen Tannenbaum, um es zu bewältigen, überlegte der Vater. Ich begreife überhaupt nichts.

«Ich auch nicht», sagte die Mutter und seufzte. «Aber bindet einen Schal um und zieht Fußwärmer über, wenn ihr diesen Baum da holen geht. Ich werde inzwischen versuchen, ein bißchen den Kachelofen zu heizen.»

Der Muminvater beschloß, trotz der drohenden Gefahr nicht eine von den eigenen Tannen zu nehmen; die hütete er nämlich sehr. Statt dessen kletterten sie über den Zaun in Gafsas Garten und wählten dort einen großen Baum aus, den die Gafsa natürlich keinesfalls selbst hätte gebrauchen können.

«Wozu sollen wir eigentlich den Baum haben? Um uns darin zu verstecken? Was meinst du?» fragte Mumintroll.

«Was weiß ich!» sagte der Vater und hackte weiter. «Ich verstehe überhaupt nichts von der ganzen Sache.»

Sie hatten beinah schon den Fluß erreicht, als die Gafsa ihnen entgegenstürzte, mit einem Berg von Tüten und Paketen im Arm.

Ihr Gesicht war ganz rot und erregt, und sie kam glücklicherweise nicht dazu, ihren Tannenbaum zu erkennen.

«Nichts als Lärm und Gedränge», schrie die Gafsa. «Unerzogenen Igeln sollte man nicht erlauben... und wie ich eben auch der Misa gesagt habe, es ist eine Schande, daß...»

«... mit dem Baum», sagte der Muminvater und klammerte sich verzweifelt an Gafsas Pelzkragen an. «Was tut man mit seinem Baum?»

«Mit dem Baum?» rief die Gafsa verwirrt. «Dem Baum? Ach, entsetzlich, nein, wie lästig, der muß ja geputzt werden... wie soll ich das alles schaffen...»

Dabei verlor sie alle ihre Pakete im Schnee, die Mütze fuhr über die Nase, und vor lauter Aufregung begann sie beinahe zu weinen.

Der Muminvater schüttelte den Kopf und hob den Baum wieder auf.

Zuhause hatte die Mutter die Veranda freigegraben, die Schwimmwesten und Aspirintabletten hervorgeholt, Vaters Flinte und warme Umschläge. Man konnte ja nie wissen!

Ein kleiner Mock saß auf der äußersten Sofakante und trank Tee. Er hatte unter der Veranda im Schnee gesessen und so erbärmlich ausgesehen, daß die Mutter ihn aufgefordert hatte hineinzukommen.

«So, hier ist also der Tannenbaum», sagte der Muminvater. «Wenn wir bloß wüßten, was wir mit ihm machen sollen! Die Gafsa behauptet, daß man ihn putzen müsse.»

«Putzen? Meint sie, wir sollen ihn waschen?» sagte die Mutter bekümmert.

«Der ist aber schön», platzte der kleine Mock heraus, und vor lauter Schüchternheit kam ihm der Tee in die falsche Kehle, und er bereute, daß er gewagt hatte, etwas zu sagen.

«Weißt du denn, wie man einen Tannenbaum wäscht?» fragte das Snorkfräulein.

Der Mock wurde ganz rot und flüsterte: «Man soll ihn putzen..., mit hübschen Sachen schmücken, so hübsch es geht. Das habe ich gehört.»

Dann überwältigte ihn seine Schüchternheit, er hielt die Pfoten vors Gesicht, kippte die Teetasse um und verschwand durch die Verandatür.

«Jetzt wollen wir eine Weile still sein, denn nun muß ich einmal richtig nachdenken», sagte die Muminmutter. «Wenn wir den Baum so hübsch wie möglich machen sollen, dann kann es nicht bedeuten, daß wir uns darin vor dem Gefährlichen verstecken, sondern daß wir das Gefährliche besänftigen sollen. Jetzt fange ich erst an, richtig zu verstehen, worum es geht.»

Sie trugen den Tannenbaum sofort hinaus auf den Hof und pflanzten ihn fest in den Schnee ein. Danach schmückten sie ihn von oben bis unten mit allen erdenklichen hübschen Sachen.

Sie schmückten ihn mit den Muscheln von den Sommerbeeten und mit der Perlenkette des Snorkfräuleins. Sie nahmen aus dem Kronleuchter im Salon die Kristalle heraus und hingen sie in den Baum, und an die Spitze setzten sie eine rote Seidenrose, die der Muminvater einmal der Muminmutter geschenkt hatte. Jeder brachte das Schönste, was er sich denken konnte, um die unbegreiflichen Mächte des Winters zu besänftigen. Als der Baum fertig war, kam wieder die Tante des Hemuls auf ihrem Schlitten vorbei. Dieses Mal fuhr sie in die andere Richtung, und sie hatte, wenn möglich, noch größere Eile.

«Sieh nur, unser Tannenbaum!» rief Mumintroll.

«Um Himmels willen!» rief die Tante des Hemuls. «Aber ihr wart ja immer schon wunderlich. – Jetzt muß ich mich beeilen, muß die Speisen für Weihnachten anrichten...»

«Speisen – für Weihnachten», wiederholte Mumintroll verwundert. «Kann Weihnachten auch essen?»

Die Tante hörte nicht zu. «Glaubt ihr, man kann ohne Weihnachtsessen durchkommen?» sagte sie ungeduldig und fuhr mit ihrem Schlitten den Hang hinab.

Den ganzen Nachmittag eilte die Muminmutter hin und her. Und kurz vor Einbruch der Dämmerung war das Weihnachtsessen fertig und stand, aufgelegt in kleinen Schüsseln, rund um den Tannenbaum herum. Es gab auch Saft und Dicke Milch, Blaubeerpastete und Eierpunsch und alles mögliche andere, was die Muminfamilie liebte.

«Meint ihr, Weihnachten ist sehr hungrig?» fragte die Mutter beunruhigt.

«Kaum hungriger als ich», sagte der Vater sehnsüchtig. Er saß im Schnee und fror, hatte die Decke bis an die Ohren hinaufgezogen. Doch wenn man klein ist, muß man immer sehr, sehr höflich sein den großen Kräften der Natur gegenüber.

Unten im Tal zündete man in allen Fenstern Lichter an. Es leuchtete unter den Bäumen und aus allen Nestern zwischen den Zweigen. Flatternde Lichter eilten hin und her über den Schnee. Mumintroll schaute hinüber zu seinem Vater.

«Doch», sagte der Vater und nickte. «Sicherheitshalber.»

Und Mumintroll ging ins Haus hinein und suchte alle Kerzen zusammen, die er finden konnte.

Er steckte sie um den Baum herum in den Schnee und zündete sie vorsichtig an, eine nach der anderen, bis alle brannten, um Dunkelheit und

Weihnacht zu begütigen. Allmählich wurde es im Tal ganz still. Sie waren wohl alle heimgegangen, saßen zu Hause und erwarteten das Gefährliche, das da kommen sollte. Nur ein einsamer Schatten irrte noch zwischen den Bäumen umher – es war der Hemul.

«Hej», rief Mumintroll vorsichtig. «Kommt es bald?»

«Stör mich nicht», sagte der Hemul mürrisch und hatte die Nase in eine lange Liste gesteckt, auf der beinah alles durchgestrichen war.

Er setzte sich an eine der Kerzen heran und begann zu rechnen. «Mutter, Vater, Gafsa», murmelte er. «Alle Basen, der älteste Igel... die Kleinen brauchen nichts. Von Sniff habe ich voriges Jahr auch nichts bekommen, Misa, Homsa und die Tante... ich werde noch verrückt...»

«Was ist denn los?» fragte das Snorkfräulein bange. «Ist Ihnen etwas zugestoßen?»

«Geschenke», sagte der Hemul heftig. «Von Weihnachten zu Weihnachten immer mehr Geschenke!»

Er machte auf seiner Liste ein zittriges Kreuz und irrte weiter.

«Warte mal», rief Mumintroll. «Erklär uns... Und deine Handschuhe.»

Doch der Hemul verschwand im Dunkel, er wie alle anderen, die solche Eile hatten und ganz außer sich waren, weil es Weihnachten wurde.

Die Muminfamilie aber ging in aller Ruhe ins Haus hinein, um Geschenke hervorzusuchen. Der Vater wählte seinen besten Hechtschwimmer, der in einer sehr schönen Schachtel lag. Darauf schrieb er: «Weihnachten», und legte sie hinaus in den Schnee. Das Snorkfräulein zog ihren Fußring ab, seufzte ein wenig und wickelte ihn in Seidenpapier.

Und die Muminmutter öffnete ihre heimlichste Schublade und nahm das Buch mit den farbigen Bildern hervor, das einzige bunte Buch im ganzen Tal. Was Mumintroll einpackte, war so fein und so geheim, daß

es niemand zu Gesicht bekam! Nicht einmal später, im Frühling, erzählte er, was er verschenkt hatte.

Dann setzten sie sich alle in den Schnee und warteten auf die Katastrophe. Die Zeit verging, aber nichts geschah.

Nur der kleine Mock, der Tee getrunken hatte, guckte hinter dem Holzschuppen hervor. Er hatte alle seine Verwandten und die Freunde der Verwandten mitgebracht, und alle waren genauso klein und grau, erbärmlich und verfroren.

«Fröhliche Weihnachten», flüsterte der Mock schüchtern.

«Du bist wirklich der erste, der findet, daß Weihnachten fröhlich ist», sagte der Muminvater. «Hast du gar keine Angst vor dem, was geschieht, wenn es kommt?»

«Es ist ja da», murmelte der Mock und setzte sich mit seiner Verwandtschaft in den Schnee. «Darf man es sich angucken? Ihr habt einen wunderschönen Tannenbaum.»

«Und so viel zu essen», sagte jemand von der Verwandtschaft ganz verträumt.

«Und richtige Geschenke», sagte ein anderer Verwandter.

«Mein ganzes Leben lang habe ich davon geträumt, Weihnachten einmal aus der Nähe zu erleben», sagte der Mock abschließend und seufzte.

Es wurde ganz still. Die Kerzen brannten mit unbeweglicher Flamme in der stillen Nacht. Der Mock und seine Verwandten saßen ganz still. Man spürte ihre Bewunderung und ihre Sehnsucht, man spürte es immer stärker, und schließlich rückte die Muminmutter etwas näher an den Vater heran und flüsterte:

«Findest du nicht auch?»

«Ja, aber wenn...», wandte der Vater ein.

«Trotzdem», sagte Mumintroll. «Wenn Weihnachten böse wird, können wir uns vielleicht auf die Veranda retten!»

Dann wandte er sich an den Mock und sagte: «Bitte sehr, alles gehört euch!»

Der Mock traute seinen Ohren nicht. Er ging vorsichtig an den Tannenbaum heran, und ihm nach kam die ganze lange Reihe von Verwandten und Freunden, und ihre Moorhaare zitterten vor Andacht. Sie hatten noch nie eigene Weihnachten erlebt.

«Jetzt ist es bestimmt am besten, wir machen uns davon», sagte der Muminvater unruhig.

Sie tappelten rasch auf die Veranda und versteckten sich unter den Tisch.

Nichts geschah.

Allmählich schauten sie bange aus dem Fenster.

Da draußen saß die kleine Gesellschaft, aß und trank und wickelte die Geschenke aus und war ausgelassen wie nie zuvor. Schließlich kletterten sie auf den Tannenbaum hinauf und befestigten die brennenden Lichter überall an den Zweigen.

«An der Spitze müßte aber doch ein großer Stern sein», sagte der Onkel des Mock.

«Findest du?» sagte der Mock und betrachtete nachdenklich Mumin-

mutters rote Seidenrose. «Bedeutet es wirklich so viel? Wenn nur die Idee richtig ist!»

«Wir hätten auch einen Stern besorgen sollen», flüsterte die Muminmutter. «Aber das ist ja unmöglich.»

Sie schauten empor in den Himmel, der fern und schwarz war, doch übersät mit Sternen, tausendmal mehr als im Sommer. Und der größte leuchtete gerade genau über der Spitze ihres Tannenbaums.

«Jetzt bin ich ein bißchen müde», sagte die Muminmutter.

«Und ich habe keine Kraft mehr zu überlegen, was dies alles zu bedeuten hat. Aber es sieht so aus, als werde alles gut gehen.»

«Jedenfalls habe ich keine Angst mehr vor Weihnachten», sagte Mumintroll. «Der Hemul und die Gafsa und die Tante müssen die Sache irgendwie falsch verstanden haben.»

Dann legten sie die gelben Fausthandschuhe des Hemuls auf das Verandageländer, damit er sie sofort finden könne. Und sie gingen hinein, um weiterzuschlafen, während sie auf den Frühling warteten.

Mumins Inselabenteuer

Die Familie in der Glaskugel

An irgendeinem Nachmittag Ende August wanderte Muminvater in seinem Garten umher und fühlte sich überflüssig. Er wußte nichts mit sich anzufangen. Alles, was er hätte tun können, war entweder schon getan, oder aber ein anderer war damit beschäftigt.

Der Vater schlich planlos in seinem Garten umher und sein Schwanz raschelte melancholisch auf dem trockenen Boden. Hier im Tal lag brütende Hitze, alles war unbewegt, still und etwas staubig. Es war der Monat der großen Waldbrände und der großen Vorsicht.

Er hatte seine Familie gewarnt. Immer wieder hatte der Vater ihr erklärt, wie vorsichtig man im August sein müsse. Er hatte das brennende Tal beschrieben, das Tosen, die glühenden Stämme, das Feuer, das unter dem Moos entlangkriecht. Glänzende Säulen aus Feuer, die sich in den Nachthimmel werfen. Feuerwogen, die das Tal überschwemmen und weiterbrausen bis hinab ans Meer...

Und die sich zischend ins Meer werfen, schloß der Vater mit düsterer Befriedigung. Alles ist schwarz, alles ist verbrannt. Jedes kleine Wesen trägt eine große Verantwortung, auch der kleinste Mock, alle, die an Streichhölzer herankommen...

Die Familie unterbrach ihre Beschäftigung und sagte ja, ja natürlich. Jaja. Dann machten sie weiter.

Sie hatten immer etwas zu tun. Jeder für sich, ununterbrochen und emsig beschäftigten sie sich mit den kleinen Dingen, aus denen ihre Welt bestand. Diese Welt war genau eingezeichnet und Privateigentum. Es gab nichts hinzuzufügen. Wie eine Landkarte, auf der alles entdeckt ist und bewohnt und wo es keine weißen Flecken mehr gibt. Und sie sagten zu einander, immer spricht der Vater im August von Waldbränden.

Der Vater ging auf die Veranda hinauf. Die Pfoten blieben wie gewöhnlich am Bodenfirnis kleben: den ganzen Weg, die Treppe hinauf und bis an den Korbstuhl kleine Knipslaute. Auch der Schwanz blieb kleben, es fühlte sich an, als ob daran jemand zöge.

Der Vater setzte sich hin und schloß die Augen. Dieser Fußboden müßte frisch gelackt werden. Es lag natürlich an der Hitze. Aber ein guter Firnis weicht nicht auf, bloß weil es heiß ist. Vielleicht hatte er eine falsche Sorte bekommen. Es war sehr lange her, daß er die Veranda gebaut hatte, und sie mußte unbedingt frisch gelackt werden. Aber erst müßte man den Boden mit Sandpapier bearbeiten, eine Heidenarbeit, eine Arbeit, die nachher niemand bewundert. Es ist etwas Besonderes mit einem frischen weißen Fußboden, den man mit einem breiten Pinsel anstreicht, mit glänzendem Firnis. Die Familie muß hintenherum gehen und hat sich fernzuhalten. Bis ich sie hineinlasse und sage: bitte schön, eure neue Veranda ... Es ist zu heiß. Ich möchte segeln gehen. Einfach lossegeln, weit weg, so weit wie möglich ...

Der Vater fühlte, wie die Müdigkeit in die Pfoten kroch, er schüttelte sich und zündete seine Pfeife an. Das Streichhölzchen brannte im Aschenbecher weiter. Er beobachtete es interessiert. Gerade bevor es ausging, riß der Vater etwas Zeitungspapier ab, das er über das Feuer legte. Es war ein nettes kleines Feuerchen, in der Sonne beinahe nicht zu sehen, aber es brannte ganz hübsch. Er bewachte es sorgfältig.

Jetzt geht es wieder aus, sagte die Kleine My. Du mußt mehr darauflegen. Sie saß auf dem Geländer im Schatten des Verandapfostens.

Hast du schon wieder etwas zu melden, sagte der Vater und schüttelte den Aschenbecher, bis das Feuer ausging. Ich studiere die Technik des Feuers, das ist wichtig.

My lachte und wandte den Blick nicht von ihm. Da zog er den Hut über die Augen und versteckte sich im Schlaf.

Vater, sagte Mumintroll, wach auf. Wir haben einen Waldbrand gelöscht.

Jetzt saßen beide Pfoten im Bodenfirnis fest. Der Vater riß sie los. Er verspürte ein starkes Unlustgefühl. Was meinst du, sagte er.

Ein richtiger kleiner Waldbrand, erzählte Mumintroll. Gleich hinter den Tabakbeeten. Es brannte im Moos, und Mutter meinte, es könnte ein Funken aus dem Schornstein sein.

Der Vater fuhr aus dem Korbstuhl auf, innerhalb einer Sekunde verwandelte er sich in einen äußerst tatkräftigen Vater. Sein Hut rollte die Treppe hinab.

Es ist gelöscht, schrie ihm Mumintroll nach. Wir haben es sofort gelöscht. Du brauchst wirklich keine Angst zu haben.

Der Vater blieb ruckartig stehen, und die Hitze kroch ihm in den Hals. Habt ihr es ohne mich gelöscht? fragte er. Warum hat mir keiner etwas gesagt? Ihr habt mich schlafen lassen und nichts gesagt!

Aber Liebling, sagte die Mutter durch das Küchenfenster. Wir fanden es nicht nötig, dich zu wecken. Es war ein ganz kleines Feuer. Es qualmte nur ein bißchen. Ich bin zufällig mit den Wassereimern vorbeigegangen, man brauchte bloß im Vorbeigehen ein bißchen Wasser zu verspritzen ...

Im Vorbeigehen! rief der Vater. Bloß zu verspritzen! Verspritzen – schon so ein Wort. Und dann den Brandherd unbewacht lassen. Wo ist er! Wo ist er!

Die Mutter ließ augenblicklich alles stehen und liegen und schlich hastig zu den Tabakbeeten. Mumintroll war auf der Veranda stehengeblieben und starrte vor sich hin. Der schwarze Fleck im Moos war sehr klein.

Man glaubt vielleicht, so ein Fleck sei ungefährlich, sagte er langsam. Bei weitem nicht. Es kann *unter* dem Moos weiterbrennen, weißt du. Im Boden. Es kann Stunden dauern, sogar Tage, und dann – plötzlich – wuff – schlägt das Feuer an einer ganz neuen Stelle hoch. Weißt du.

Ja, Liebling, antwortete die Mutter.

Deswegen bleibe ich hier, fuhr der Vater fort und kratzte schlechtgelaunt im Moos herum. Ich werde es bewachen. Ich werde die ganze Nacht Wache halten, wenn es nötig ist.

Wirklich, fing die Mutter an. Dann sagte sie, doch, das ist lieb von dir. Bei Moos ist man nie sicher.

Der Vater saß den ganzen Nachmittag da und bewachte den schwarzen Fleck. Rund herum hatte er große Stücke Moos aufgerissen. Zum Abendessen wollte er nicht hineinkommen. Er wollte beleidigt sein.

Meinst du, er bleibt die ganze Nacht draußen, fragte Mumintroll.

Schon möglich, sagte die Mutter.

Wenn man wirklich böse ist, ist man eben böse, stellte die Kleine My fest. Jeder hat das Recht, zornig zu werden. Aber er macht es falsch, er schnaubt nichts heraus, sondern er frißt alles in sich hinein.

Liebes Kind, sagte die Mutter. Vater weiß schon, was er tut.

Das glaube ich nicht, sagte die Kleine My aufrichtig. Er weiß es keineswegs. Und ihr?

Nicht genau, gab die Mutter zu.

Der Vater drückte die Schnauze ins Moos und spürte den säuerlichen Rauch. Die Erde war nicht einmal mehr warm. Er leerte in dem Loch die Pfeife aus und blies die Funken an. Es glühte einen Augenblick lang und verlöschte. Der Vater trampelte die unglückselige Stelle zu und ging langsam zum Garten hinab. Er wollte in die Glaskugel schauen.

Die Abenddämmerung war aus dem Boden hervorgekrochen, so wie sie es immer tat, und hatte sich drinnen unter den Bäumen gesammelt. Um die Glaskugel herum war es ein wenig heller. Da lag sie auf ihrem Pfeiler aus Meerschaum und spiegelte den ganzen Garten. Sie gehörte dem Vater, es war ganz und gar seine eigene, seine eigene magische Kugel aus glänzendem blauem Glas. Sie war der Mittelpunkt des Gartens und des Tals und auch – warum nicht! – der ganzen Welt.

Der Vater schaute nicht gleich in sie hinein. Er betrachtete seine rußigen Pfoten und versuchte, seine herumwirbelnden und betrüblichen Gedanken zusammenzuholen. Nachdem er sich das Herz so schwer wie möglich gemacht hatte, schaute er rasch in die Kugel, um getröstet zu werden. Sie tröstete ihn immer. Jeden Abend kam er hinab, um in sie hineinzuschauen, den ganzen langen, warmen, unbeschreiblich schönen und wehmütigen Sommer lang.

Die Kugel war immer kühl. Die blaue Farbe war tiefer und klarer als das Meer, und sie malte die ganze Welt neu, sie wurde kühl und fremd und entfernt. Im Zentrum der Welt sah er sich selbst, seine eigene große Nase, und um sie herum spiegelte sich eine verwandelte, traumartige Landschaft. Der blaue Boden war tief unten, und innen drin, dort, in dem Unnahbaren, suchte der Vater seine Familie.

Sie kamen immer, wenn er nur wartete. Die Glaskugel spiegelte sie immer.

Natürlich, sie hatten bei Abenddämmerung immer so viel zu tun. Etwas taten sie immer. Früher oder später ging die Muminmutter von der Küche hinüber in den Keller, sie holte Teewurst und Butter. Oder sie ging zu den Kartoffelbeeten. Oder nach Holz. Jedesmal sah sie aus, als ob der Weg für sie ganz neu und spannend war. Aber man war nie sicher. Sie konnte genauso gut unterwegs sein, um etwas Lustiges, Geheimnisvolles zu unternehmen. Sie spielte für sich, oder sie ging vielleicht umher und fühlte sich einfach nur lebendig.

Da kam sie, eilend wie ein geschäftiger, weißer Ball, dort hinten, wo die Schatten tiefblau waren. Drüben stromerte Mumintroll vorbei, weit weg und ganz für sich. Dort huschte die Kleine My die Hänge hinauf, beinahe nur wie eine Bewegung, man sah sie kaum. Das war etwas Entschlossenes und Selbständiges, das man nur flüchtig erblickte –

etwas so Unabhängiges, daß auch nicht das geringste Bedürfnis aufkam, sich sehen zu lassen oder zu prahlen.

In ihrem Spiegelbild wurden sie alle unglaublich klein, und die Glaskugel machte ihre Bewegungen verwirrt und planlos. Das hatte Muminvater gern. Das war sein Abendspiel. Es schenkte ihm das Gefühl, daß sie beschützt werden mußten, daß sie in ein tiefes Meer sanken, das nur er kannte.

Nun war es fast dunkel. Und plötzlich geschah etwas Neues in der Glaskugel: ein Licht wurde angezündet. Die Muminmutter hatte auf der Veranda Licht gemacht, das hatte sie den ganzen Sommer über nicht getan. Es war die Petroleumlampe, die brannte. Und mit einem Mal sammelte sich die ganze Geborgenheit in einem einzigen Punkt, sie war auf der Veranda und nirgendwo anders, und auf der Veranda saß die Muminmutter und erwartete ihre Familie, um ihr Tee zu servieren.

Die Glaskugel erlosch, das Blaue wurde zu Finsternis, man sah nur noch die Lampe.

Der Vater blieb ein Weilchen stehen, ohne zu wissen, worüber er nachdachte, dann drehte er sich um und ging heim.

Hm, sagte der Vater. Ich glaube, jetzt können wir ruhig schlafen. Für dieses Mal dürfte die Gefahr vorüber sein. Aber sicherheitshalber werde ich im Morgengrauen runtergehen und kontrollieren.

Hah, sagte die Kleine My.

Vater, rief Mumintroll. Hast du nichts gemerkt? Etwas Besonderes? Wir haben die Lampe an.

Ja, ich dachte, es sei jetzt Zeit für die Lampe, die Abende werden lang. Mir war heute abend so danach, sagte die Mutter.

Der Vater sagte, dann machst du dem Sommer ja ein Ende. Die Lampe zündet man erst an, wenn der Sommer zu Ende ist.

Und dann wird es ja Herbst, sagte die Mutter friedlich.

Die Lampe surrte, während sie brannte. Sie machte alles nah und sicher, einen engen Kreis aus Familie und all dem, was sie kannten, dem sie vertrauten. Draußen war das Fremde und Unsichere, das die Dunkelheit immer höher auftürmte und immer weiter weg bis ans Ende der Welt.

Es gibt Väter, die bestimmen, ob und wann es Zeit ist, die Lampe anzuzünden, murmelte der Vater in seine Teetasse.

Mumintroll aß seine Butterbrote, in der gleichen Reihenfolge wie gewöhnlich: zuerst Käse, dann zwei mit Wurst, danach kalte Kartoffeln mit Sardinen und zuletzt Marmelade. Er war glücklich und zufrieden. My aß nur Sardinen, denn sie merkte, daß es ein sehr ungewöhnlicher Abend war. Sie starrte nachdenklich ins Gartendunkel, mit Augen, die immer schwärzer wurden, je länger sie nachdachte und aß.

Das Lampenlicht fiel über das Gras und den Fliederbusch. Nur schwach kroch es zwischen die Schatten, wo die Morra saß und mit sich allein war.

Die Morra hatte so lange auf derselben Stelle gesessen, daß der Boden

unter ihr gefroren war. Das Gras splitterte wie Glas, als sie aufstand und ein wenig näher ans Licht schlürfte. Ein erschrockenes Flüstern fuhr durch das Laub. Ahornblätter rollten sich zusammen und fielen zitternd über ihre Schultern. Die Astern reckten sich so weit weg von ihr wie sie vermochten. Die Grillen hörten auf zu zirpen.

Warum ißt du nicht? fragte die Mutter.

Ich weiß nicht, sagte Mumintroll. Haben wir Rollgardinen?

Sie sind auf dem Boden. Wir brauchen sie erst, wenn wir Winterschlaf halten.

Die Mutter wandte sich an den Vater und sagte, möchtest du nicht ein bißchen an deinem Leuchtturmmodell weiterbauen, jetzt, da wir Lampenlicht haben?

Das sind doch nur Kindereien, sagte der Vater. Es ist ja kein richtiger Leuchtturm.

Die Morra rutschte noch ein Stückchen näher. Sie starrte in die Lampe und schüttelte sacht ihren großen schweren Kopf. Um ihre Füße ballte sich weißer Nebel aus Kälte. Und nun glitt sie allmählich an die Lampe heran, ein riesiger grauer Schatten aus Einsamkeit. Die Fensterscheiben klirrten leise wie bei entferntem Donner, und der Garten hielt den Atem an. Jetzt hatte die Morra die Veranda erreicht, sie blieb außerhalb des Lichtviereckes, das sich auf dem nächtlichen Boden abzeichnete, stehen.

Dann machte sie rasch einen großen Schritt bis dicht ans Fenster, der Lichtschein fiel ihr ins Gesicht. Das Zimmer füllte sich mit Schreien und flatternden Bewegungen, die Stühle fielen um, das Licht wurde fortgetragen, in wenigen Augenblicken lag die Veranda im Dunkeln. Alle hatten sich ins Haus hineingerettet, irgendwohin, dort versteckten sie sich mit ihrer Lampe.

Die Morra blieb noch ein paar Augenblicke stehen und hauchte

Frost an die leeren Fensterscheiben. Sie war nur ein Teil des Dunkels, als sie wieder fortglitt, das Gras klirrte und barst immer noch dort, wo sie ging, immer schwächer und schwächer und weiter entfernt. Der Garten atmete wieder, die Morra war vorbeigegangen, nun war sie wieder weg.

Es ist ganz unnötig, sich zu verbarrikadieren und die ganze Nacht aufzubleiben, sagte die Mutter. Sie hat sicher wieder etwas im Garten zerstört. Aber gefährlich ist sie nicht. Du weißt doch, daß sie nicht gefährlich ist, auch wenn sie schrecklich ist.

Natürlich ist sie gefährlich, rief der Vater. Sogar du hast Angst vor ihr gehabt. Ganz schreckliche Angst – aber das brauchst du nicht, solange ich im Hause bin ...

Mein Lieber, sagte die Mutter. Man bekommt Angst vor der Morra, weil sie durch und durch kalt ist. Und weil es niemanden gibt, der sie gern hat. Aber sie hat niemandem etwas getan. Ich finde, wir gehen jetzt schlafen.

Gut, sagte der Vater und stellte die Ofengabel zurück in ihre Ecke. Gut. Wenn sie nicht gefährlich ist, brauche ich euch ja nicht zu beschützen. Wie schön!

Er rannte die Veranda hinaus, gab im Vorbeigehen Käse und Wurst einen Stoß und lief weiter hinaus in die Dunkelheit.

Oho, sagte die Kleine My beeindruckt. Er ist böse. Er schnaubt es hinaus. Er hat vor, das Moos bis morgen früh zu bewachen.

Die Mutter sagte nichts. Sie trippelte hin und her und traf Vorbereitungen für die Nacht, wie sie es gewohnt war. Sie wühlte in ihrer Handtasche, sie schraubte die Lampe kleiner. Schließlich begann sie wie abwesend das Leuchtturmmodell des Vaters abzustauben, das in der Ecke auf dem Regal stand.

Mutter, sagte Mumintroll.

Doch die Mutter hörte nicht. Sie trat an die große Landkarte heran, die mit dem Mumintal und der Küste und den Inseln davor. Sie kletterte auf einen Stuhl und konnte nun weit ins Meer reichen, und sie drückte ihre Nase dicht auf einen kleinen Punkt in der weißen Fläche.

Da ist sie, murmelte die Muminmutter. Dort werden wir wohnen, und es wird uns gutgehen und wir werden uns abmühen ...

Was hast du gesagt? fragte Mumintroll.

Dort werden wir wohnen, wiederholte die Mutter. Das ist Vaters Insel. Wir werden dorthin ziehen und unser ganzes Leben dort wohnen, und wir werden von Anfang an alles anders machen.

Ich habe immer geglaubt, das sei Fliegendreck, sagte die Kleine My.

Die Mutter kletterte wieder vom Stuhl. Manchmal dauert es sehr lange, bis einem alles klar wird.

Dann ging sie in den Garten.

Ich sage nichts über Eltern, sagte die Kleine My gedehnt. Denn dann sagst du sofort, Eltern könnten sich nicht albern benehmen. Aber sie spielen etwas – und ich fresse einen Scheffel Guano, wenn ich begreifen könnte was.

Du sollst gar nichts begreifen, sagte Mumintroll heftig. Die wissen schon selbst, warum sie wunderlich sind. Mancher fühlt sich eben immer obenauf, bloß weil er adoptiert ist!

Ganz richtig, sagte die Kleine My. Ich bin immer obenauf!

Mumintroll starrte den einsamen Punkt draußen im Meer an und dachte: dort will Vater wohnen. Dort will er hin. Es ist ihnen Ernst. Es ist ein ernstes Spiel.

Und plötzlich schien es Mumintroll, als bekäme die leere See um die Insel herum eine weiße Brandung, und sie brauste heran und die Insel wurde grün mit roten Bergen. Sie wurde die geheimnisvolle, einsame Insel aller Bilderbücher, Südsee-Insel, Insel für Schiffbruch ...

und dann saß ihm plötzlich ein Kloß im Hals, und er flüsterte, My, das ist ja phantastisch!

Aber ich bitte dich! Alles ist phantastisch, sagte die Kleine My. Das Tollste wäre, wenn wir dort ankämen mit großem Hallo und allen unseren Siebensachen und entdeckten, daß es wirklich nur Fliegendreck ist.

Am nächsten Morgen, es mochte kaum mehr als halb sechs Uhr sein, folgte Mumintroll den Spuren der Morra durch den Garten. Der Boden war wieder aufgetaut, aber er konnte trotzdem sehen, wo sie gesessen und gewartet hatte. Das Gras war ganz braun geworden. Er wußte, wenn die Morra irgendwo länger als eine Stunde auf demselben Fleck saß, konnte dort nichts mehr wachsen, der Boden stirbt vor Entsetzen. Es gab mehrere solche Stellen im Garten, die ärgerlichste lag mitten im Tulpenbeet.

Ein breiter Weg aus welkem Laub führte bis an die Veranda. Dort hatte sie gestanden. Dicht am Lichtkreis und hatte die Lampe angeschaut. Dann konnte sie es nicht lassen, sie kam so nahe wie möglich heran und alles verlöschte. Es war immer dasselbe. Alles, was sie anrührte, erlosch.

Mumintroll stellte sich vor, daß er die Morra war. Er schlurfte langsam und geduckt durch Haufen von totem Laub, er stand still und wartete, während er um sich herum Nebel verbreitete. Er seufzte und starrte sehnsüchtig zum Fenster hin. Er war der Einsamste in der ganzen Welt.

Aber ohne Lampe schien ihm das nicht überzeugend. Stattdessen durchflogen ihn plötzlich kleine fröhliche Gedanken, Gedanken an Inseln im Meer und an große Veränderungen. Er vergaß die Morra und begann, zwischen den morgendlichen Schatten zu balancieren. Man durfte nur auf dem Sonnenschein entlangklettern, alles andere war das abgrundtiefe Meer. Wenn man nicht schwimmen konnte.

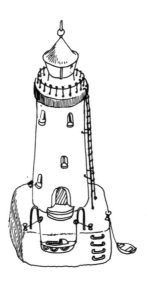

Im Holzschuppen pfiff es. Mumintroll schaute hinein. Die Morgensonne glänzte in den Hobelspänen am Fenster, es roch nach Leinöl und Harz. Der Vater war dabei, in die Leuchtturmwand eine kleine eichene Tür einzupassen.

Sieh mal diese Eisenkrampen, sagte er. Sie sind in die Klippen eingeschlagen, da klettert man zum Leuchtturm hinauf. Bei schlechtem Wetter muß man ordentlich aufpassen. Sieh mal, das Boot gleitet auf einem Wellenkamm auf die Klippen zu – man springt hinüber, klammert sich fest, läuft hinauf – währenddessen stößt das Boot wieder ab – wenn die nächste Welle kommt, ist man in Sicherheit. Man kämpft sich durch den Wind, hier, siehst du, am Geländer entlang – man stößt die Tür auf, sie ist schwer. So, jetzt fällt sie wieder zu. Man ist im Leuchtturm drinnen. Man hört durch die dicken Mauern das Meer nur aus der Entfernung. Dort unten braust es, rundherum, und das Boot ist schon weit weg.

Sind wir auch mit drinnen, fragte Mumintroll.

Natürlich, sagte der Vater. Ihr seid hier oben im Turm.

Sieh mal, jedes einzelne Fenster ist aus richtigem Glas. Ganz oben ist das eigentliche Leuchtfenster, es ist rot und grün und weiß und blitzt in gleichmäßigen Abständen die ganze Nacht durch auf, damit die Boote die Richtung wissen.

Machst du auch ein richtiges Leuchtfeuer, fragte Mumintroll. Man könnte unten Batterien anbringen und vielleicht irgend etwas erfinden, damit es aufblitzt.

Das läßt sich sicher machen, sagte der Vater und schnitzte eine kleine Treppe vor die Tür des Leuchtturms. Aber jetzt habe ich keine Zeit dazu. Das hier ist ja auch nur ein Spielzeug, eine Art Übung, weißt du. Der Vater lachte verlegen und fing an, im Werkzeugkasten herumzukramen.

Fein, sagte Mumintroll. Hej, bis dann!

Hej, hej, sagte der Vater.

Jetzt waren die Schatten kürzer. Ein neuer Tag war angebrochen, ebenso warm und genauso schön. Die Mutter saß auf der Treppe und tat nichts. Das sah merkwürdig aus.

Wie früh heute alle auf sind, sagte Mumintroll. Er setzte sich neben sie. Weißt du, daß es auf Vaters Insel einen Leuchtturm gibt, sagte er. Natürlich weiß ich das, antwortete die Mutter. Er hat den ganzen Sommer darüber geredet. Und in dem Leuchtturm werden wir wohnen.

Es gab so viel zu besprechen, daß kein Wort fiel. Die Treppe war warm. Alles stimmte. Das fühlte man. Eben jetzt pfiff Vater den Seeadlerwalzer, den konnte er gut.

Ich glaube, ich gehe Kaffee kochen, sagte die Mutter, ich wollte hier nur ein bißchen sitzen und ein bißchen überdenken ...

Der Leuchtturm

An jenem großen, wichtigen Abend drehte sich der Wind allmählich nach Osten. Er war gleich nach 12 Uhr aufgekommen, doch die Abfahrt war auf Sonnenuntergang festgelegt worden. Das Meer war warm und tiefblau, genauso blau wie die Glaskugel. Die ganze Landungsbrücke war mit Sachen bepackt, bis ans Badehäuschen hinaus, wo das Boot hin- und herschaukelte. Das Segel war gehißt, und an der Mastspitze brannte eine Sturmlaterne. Mumintroll war damit beschäftigt, den Fischkasten und die Rennlatten über das Hochwasserzeichen zu ziehen. Am Strand war es bereits ein wenig dämmerig.

Natürlich riskieren wir, daß es zur Nacht abflaut, sagte der Vater. Aber in diesem Falle müssen wir auf den Sonnenuntergang warten. Eine große Abfahrt ist genauso wichtig wie die ersten Zeilen eines Buches, sie bestimmen alles.

Er setzte sich neben die Mutter in den Sand. Schau das Boot an, DAS ABENTEUER, sagte er. Ein Boot in der Nacht ist etwas Wunder-

173

bares. So soll man ein neues Leben anfangen, mit einem brennenden Sturmlicht an der Mastspitze, im Dunkeln hinter einem verschwindet der Küstenstrich, die ganze Welt schläft. Nachts reisen ist schöner als alles andere in der Welt.

Da hast du sicher recht, antwortete die Mutter. Am Tage macht man nur einen Ausflug, aber reisen tut man des Nachts.

Nach all dem Packen war sie ziemlich müde, und sie war besorgt, ob sie vielleicht etwas Wichtiges vergessen hatte. Das Gepäck sah groß aus, wie es da auf dem Badesteg lag, aber sie wußte, wie wenig es sein würde, wenn sie auspackte.

Eine Familie braucht so schrecklich viel, um nur einen einzigen Tag richtig erleben zu können! Doch jetzt war natürlich alles anders. Jetzt war es richtig, daß sie von vorn anfingen, und daß der Vater alles Nötige besorgte, und alles für sie tat und sie beschützte. Es war ihnen bisher wahrscheinlich zu gut gegangen. Wie merkwürdig, daß man melancholisch und böse werden kann, wenn es einem zu gut geht. Aber wenn es eben so ist, dann ist es eben so. Und dann ist es wohl am besten woanders neu anzufangen.

Glaubst du nicht, daß es jetzt dunkel genug ist, sagte sie. Deine Lampe sieht richtig schön aus gegen den Himmel. Vielleicht könnten wir jetzt losfahren.

Wart ein wenig. Ich will mich nur darauf einstellen, sagte der Vater. Er rollte die Karte im Sand aus und betrachtete die einsame Insel, die mitten im Meer draußen eingezeichnet war; er war sehr ernst. Schnupperte lange in den Wind und versuchte, seinen Ortssinn einzustellen, den er seit langem nicht benutzt hatte. Seine Ahnen waren nie besorgt gewesen, daß sie sich nicht zurechtfinden könnten, es ging von ganz allein. Aber mit der Zeit wird Instinkt stumpf. Leider.

Nach einer Weile spürte der Vater, daß er genau eingestellt war. Die

Richtung war klar, sie konnten segeln. Er rückte den Hut zurecht und sagte, jetzt fahren wir. Aber du darfst nichts tragen. Alles, was schwer ist, nehmen wir. Du kletterst nur an Bord, hörst du.

Die Mutter nickte und stand auf. Jetzt war das Meer violett und der Waldsaum nur noch ein weiches Dunkel. Sie war sehr müde und fand plötzlich, alles sei ein wenig unwirklich, wie mit der fantastischen Beleuchtung des Traumes, mit seiner Langsamkeit, man watete in schwerem Sand und kam nicht vorwärts.

Jetzt verstauten sie draußen am Bootssteg das Gepäck an Bord. Das Sturmlicht schwankte hin und her, die Silhouette der Brücke und des Badehäuschens sah am Abendhimmel wie ein langer gezackter Drache aus.

Sie hörte die Kleine My lachen und hinter sich das Rufen der Nachtvögel, die im Wald aufgewacht waren.

Schön ist es, sagte die Mutter zu sich. Schön und merkwürdig. Jetzt, da ich ein wenig Zeit habe, nachzufühlen und zu begreifen, ist es eigentlich wunderbar. Ich möchte wissen, ob er verletzt wäre, wenn ich im Boot ein bißchen schlafe.

Die Morra schlich nach Sonnenuntergang in den Garten hinab, doch heute brannte in der Veranda keine Lampe. Die Gardinen waren abgenommen, und die Wassertonne umgestülpt. Der Schlüssel hing an seinem Haken neben der Tür.

Die Morra war an verlassene Häuser gewöhnt, sie erkannte sofort, daß man hier lange kein Licht anzünden würde. Langsam schlich sie zurück über den Hang und den Berg hinauf. Die Glaskugel spiegelte die Morra eine Weile, dann füllte sie sich wieder mit ihrer blauen Unwirklichkeit.

Dort wo die Morra auftauchte, zitterten die Blätter, zwischen den Ästen flatterte Erschrecken, kleine glänzende Augen verlöschten überall. Auch daran war die Morra gewöhnt. Ohne weiteren Aufenthalt stieg sie den südlichen Bergkamm hinan und schaute über das Meer, das nächtlich zu dunkeln begann.

Die Sturmlaterne an der Mastspitze des ABENTEUERS war deutlich zu sehen, ein einsamer Stern, der an den letzten Inseln vorbeiglitt und unaufhaltsam weiterfuhr.

Die Morra guckte dem Schiff lange nach, sie hatte nie Eile. Ihre Zeit war unendlich, langsam und unbestimmt, und sie wurde aufgeteilt durch die brennenden Lichter, die man anzündete, wenn der Herbst nahe war, seltene und zufällige Lichter.

Nun glitt sie in die Schlucht, hinab an den Strand. Ihre Spuren im Sande waren breit und verwischt, als habe sich ein großer Seehund ins Wasser geschleppt. Die Wellen sanken ins Meer zurück, blieben unschlüssig dort. An den dunklen Rocksäumen der Morra war das Wasser blank und unbewegt, und dann gefror es.

Sie wartete lange, während der Schneenebel um sie zunahm. Zuweilen hob sie vorsichtig die Füße, das Eis knirschte, es wurde dicker, immer dicker. Die Morra baute sich eine kleine Insel aus Eis, damit sie das brennende Licht erreichen konnte.

Das Licht war jetzt hinter den Inseln verschwunden, doch sie wußte, daß es dort war. Wenn es ausging, bevor sie es erreicht hatte, so machte das nichts. Sie konnte warten. Sie würden ein neues Licht anzünden, an einem anderen Abend. Das taten sie immer, früher oder später.

Der Muminvater steuerte. Er hielt das Steuer fest in seiner Pfote, umarmte es in heimlichem Einvernehmen, und fand, er habe sich nichts vorzuwerfen. Seine Familie war genauso klein und hilflos wie in der Glaskugel, und er führte sie sicher und geborgen über das große Meer durch die blaue, schweigende Nacht. Das Sturmlicht zeichnete ihren Weg, als ob der Vater eine leuchtende entschlossene Linie quer über die Karte gezogen und gesagt hätte: von hier nach dorthin. Dort werden wir wohnen. Dort dreht sich die Erde um meinen Leuchtturm, stolz und aufrecht, und ringsumher liegt das Meer.

Ihr friert hoffentlich nicht, rief er fröhlich. Du hast doch die Decke umgelegt? Seht ihr, wir haben die letzte Insel hinter uns gelassen. Bald ist es stockdunkel. Es ist sehr schwierig, nachts zu segeln, man muß jede Sekunde auf der Wacht sein.

Natürlich, Liebling, sagte die Mutter, die sich im Heck zusammengerollt hatte. Dies ist wirklich ein großes Erlebnis.

Die Decke war ein bißchen naß geworden, und sie rückte vorsichtig nach oben auf die Luv. Die Spanten waren ihren Ohren die ganze Zeit im Wege.

Die Kleine My saß am Bug und summte eintönig vor sich hin. Mutter, flüsterte Mumintroll. Wie kommt es, daß sie so böse ist?

Wer?

Die Morra. Hat ihr jemand etwas getan, daß sie so geworden ist?

Das weiß niemand, sagte die Mutter und zog den Schwanz aus dem Kielwasser herauf. Es ist sicher eher so, daß ihr eben niemand etwas getan hat. Ich meine, niemand hat sich um sie gekümmert. Und daran erinnert sie sich kaum, und sie geht auch nicht umher und denkt darüber nach. Sie ist wie der Regen oder die Finsternis oder wie ein Stein, den man umgehen muß, um weiterzukommen. Möchtest du ein bißchen Kaffee trinken? Die Thermosflasche liegt im weißen Korb.

Jetzt nicht, sagte Mumintroll. Sie hat kleine gelbe Augen und die sind starr wie bei einem Fisch. Kann sie sprechen?

Die Mutter seufzte und sagte, man soll mit einer Morra gar nicht sprechen. Nicht mit ihr reden und nicht über sie reden. Sonst wächst sie und folgt einem. Du mußt jetzt nicht anfangen, sie zu bedauern. Du meinst, sie sehnt sich nach allem, was brennt. Sie will sich aber nur draufsetzen, damit es ausgeht und nie mehr brennen kann. Und jetzt will ich ein wenig schlafen.

Herbstliche, mattblinkende Sterne waren hervorgekommen. Mumintroll lag auf dem Rücken und betrachtete die Sturmlaterne. Aber er dachte an die Morra.

Wenn man nie mit einem spricht und niemals über ihn spricht, so muß derjenige ja allmählich zu Nichts werden, er weiß nicht einmal bestimmt, ob er überhaupt existiert.

Er überlegte, ob ein Spiegel helfen könnte. Mit einer Menge Spiegel konnte man viele werden, von vorn und von hinten und vielleicht konnte man sogar miteinander reden. Vielleicht …

Es war ganz still, nur das Senkruder knarrte sacht. Jetzt schlafen sie alle, der Vater war mit seiner Familie ganz allein. Er war hellwach, wacher als er es bisher jemals gewesen war.

Weit von ihnen entfernt, gegen Morgen, entschloß sich die Morra zum Aufbruch. Die Insel unter ihr war schwarz und durchsichtig mit einem scharfen Bugspriet aus Eis, der genau nach Süden wies. Der Sandstrand glitt unter ihr weg. Sie raffte ihre dunklen Röcke zusammen, die um sie herumhingen wie die Blätter einer verblühten Rose, sie öffneten sich und raschelten, sie erhoben sich gleich Flügeln, und damit begann die langsame Fahrt der Morra über das Meer.

Die Röcke flogen nach oben, nach außen und nach unten, wie Schwimmstöße in der gefrorenen Luft, das Wasser floh in entsetzten Wellen, die aussahen, als hätten sie Gänsehaut, und dann glitt die Morra in der Morgendämmerung langsam weiter mit einem Schweif von Schneerauch im Kielwasser. Gegen den Horizont sah sie aus wie eine große schwankende Fledermaus. Es ging langsam und mühsam, aber es ging. Sie hatte Zeit. Sie hatte nichts anderes als Zeit.

Die Familie segelte bis zum Morgen und den ganzen nächsten Tag, und dann wurde es wieder Nacht, und immer noch saß der Vater am Steuer und wartete darauf, daß sein Leuchtturm in Sicht kam. Aber die Nacht war nur blau, am Horizont blitzte kein Leuchtfeuer auf.

Der Kurs ist richtig. Ich weiß, daß meine Einstellung richtig ist. Mit diesem Wind müßten wir um Mitternacht ankommen, und das Leuchtfeuer hätten wir schon am Abend sehen müssen.

Vielleicht hat es irgendein Schurke ausgelöscht, meinte My.

Glaubst du, man löscht ein Leuchtfeuer einfach aus, sagte der Vater. Wenn es etwas Sicheres gibt, so das, daß ein Leuchtturm brennt. Es gibt bestimmte Dinge, auf die man sich verlassen kann, zum Beispiel Meeresströmungen und Jahreszeiten und daß die Sonne morgens aufgeht. Und daß Leuchtfeuer brennen.

Dann werden wir den Leuchtturm wohl bald sehen, sagte die Mutter. Ihr Kopf war voll von kleinen Überlegungen, die keinen Platz fanden. Wenn bloß das Leuchtfeuer brennt, dachte sie. Er freut sich so darauf. Wenn es bloß da draußen einen Leuchtturm gibt und es nicht Fliegendreck ist! Es ist ganz ausgeschlossen, daß wir wieder nach Hause fahren ... nach so einer prächtigen Abfahrt ... Es gibt auch große rosafarbene Muscheln, aber die weißen sehen sehr schön gegen schwarze Erde aus. Ob die Rose sich da draußen wohl machen wird ...

Pst, ich höre etwas, sagte die Kleine My vorne am Bug. Seid mal still, jetzt geschieht etwas.

Alle hoben die Schnauze und starrten in die Nacht. Ganz leise drang das Geräusch von Ruderstößen zu ihnen. Das fremde Boot näherte sich langsam, nun glitt es aus dem Dunkel heran. Es war klein und grau. Der Ruderer stützte sich auf die Ruder und schaute sie ohne Erstaunen an. Er sah sehr ungepflegt aus und sehr ruhig. Das Licht fing sich in seinen großen blauen Augen, sie waren durchsichtig wie Wasser. Am Steven hatte er die Angel.

Beißen die Fische jetzt an? fragte der Vater.

Der Fischer zog die eine Schulter hoch und guckte an ihnen vorbei. Er wollte nicht mit ihnen reden.

Es soll doch irgendwo in der Nähe eine Insel geben mit einem grosen Leuchtturm, fuhr der Vater fort. Warum brennt er nicht? Wir hätten das Licht schon längst sehen müssen.

Der Fischer glitt in seinem Boot vorbei. Sie konnten ihn kaum verstehen, als er ihnen endlich antwortete, das weiß ich nicht so genau ... Fahrt wieder heim. Ihr seid zu weit hinausgekommen ...

Jetzt war er hinter ihnen verschwunden. Sie lauschten auf die Ruderschläge, doch die Nacht schwieg.

War er nicht ein bißchen wunderlich, sagte der Vater unsicher. Er war *sehr* wunderlich, versicherte die Kleine My. Wuselig in der Birne!

Die Mutter seufzte und versuchte die Beine auszustrecken. Aber das sind ja die meisten, die wir kennen, sagte sie. Mehr oder weniger.

Der Wind war abgeflaut. Der Vater saß kerzengerade und mit erhobener Schnauze am Steuer. Jetzt, sagte er, jetzt fühle ich es, wir sind da. Wir gehen in die Leeseite der Insel. Aber ich begreife nicht, warum der Leuchtturm nicht brennt.

Die Luft um sie herum war warm, sie duftete nach Heidekraut. Alles war absolut still. Und nun erhob sich aus der Nacht ein riesiger Schatten. Die Insel beugte sich über sie und betrachtete sie aufmerksam. Sie spürten den heißen Atem der Insel, als das Boot auf den Sand fuhr und stehenblieb, sie fühlten, daß sie betrachtet wurden, und sie krochen auf den Ruderbänken zusammen und wagten nicht, sich zu bewegen.

Hast du gehört, Mutter? flüsterte Mumintroll.

Über den Strand galoppierten leichte Füßchen, ein schwaches Plätschern, und dann war es wieder still.

Das war die Kleine My, die an Land gesprungen ist, sagte die Mutter.

Sie schüttelte sich das Schweigen ab und fing an, in ihren Körben zu kramen, versuchte, den Kasten mit der Erde und der Rose über die Reling zu bringen.

Nun nehmen wir es ganz mit der Ruhe, sagte der Vater erregt. Ich werde alles besorgen. Alles muß von Anfang an richtig organisiert werden. Zuerst das Boot. Das Boot ist immer das Wichtigste ... Sitz bitte still und nimm es mit der Ruhe.

Die Mutter setzte sich ergeben wieder hin. Sie bemühte sich, dem Segel nicht im Wege zu sein, denn es kam herunter, der Mast fuhr hin und her, während der Vater im Boot herumkletterte und organisierte. Die Sturmlaterne erhellte einen Kreis von weißem Sand und schwarzem Wasser, außerhalb davon war nur Finsternis.

Jetzt zogen der Vater und Mumintroll die Matratze an Land. Sie wurde an einer Ecke ganz naß. Das Boot legte sich auf die Seite und die blaue Lade drückte den Rosenstrauch gegen die Reling.

Die Mutter saß da mit dem Kopf in der Pfote und wartete. Alles war vermutlich, wie es sein sollte. Wahrscheinlich sollte sie sich daran gewöhnen, daß man alles für sie tat, außerdem sollte sie das gernhaben. Vielleicht war es das Beste, wenn sie ein Weilchen schlief.

Der Vater stand am Strand, hielt die Lampe hoch und sagte: Jetzt kannst du kommen. Alles ist fertig.

Er war heiter und hellwach und hatte den Hut in den Nacken geschoben. Weiter oben im Sand hatte er aus dem Segel und den Rudern ein Zelt gebaut, es sah aus wie ein riesiges, kauerndes Tier. Die Mutter versuchte an dem neuen Strand ein paar Muscheln zu finden, aber sie konnte im Dunkeln schlecht sehen. Sie hatten ihr ja Muscheln versprochen große und ungewöhnliche, solche, die es nur weit draußen im Meer gibt.

Hier, sagte der Vater, nun brauchst du nur zu schlafen. Ich werde

die ganze Nacht draußen Wache halten, ihr braucht keine Angst zu haben. Und in der nächsten Nacht dürft ihr in meinem Leuchtturm schlafen. Sobald es hell wird, werde ich meinen Leuchtturm untersuchen und dann ziehen wir ein. Wenn ich nur wüßte, warum das Blinkfeuer nicht brennt ... Es ist doch warm genug da drinnen?

Hier ist es schön, sagte die Mutter und kroch unter das Segel.

Die Kleine My war irgendwo auf eigene Faust unterwegs, wie gewöhnlich, aber das machte nichts. Sie war vermutlich diejenige in der Familie, die sich immer am besten zu helfen wußte. Alles schien gut zu gehen.

Mumintroll sah, wie die Mutter sich ein paar Mal auf der feuchten Matratze drehte und wendete, bis sie ihre Schlafgrube gefunden hatte, sie seufzte und dann schlief sie ein. Bei allem Neuen war das Merkwürdigste, daß die Mutter auf einem neuen Platz eingeschlafen war, ohne auszupacken, ohne für sie die Betten zu machen und die Bonbons auszuteilen. Sie hatte sogar ihre Handtasche draußen im Sand liegengelassen. Das alles war sehr beunruhigend, aber gleichzeitig auch aufregend. Es bedeutete, daß alles dies eine Wende war, nicht nur ein Abenteuer.

Mumintroll hob die Nase und lugte unter dem Segel hervor. Dort saß sein Vater und hielt Wache, vor sich das Windlicht. Der Schatten des Vaters war sehr groß und lang. Der ganze Vater wirkte größer als sonst. Mumintroll rollte sich wieder zusammen und zog die Pfoten unter seinen warmen Bauch. Er ließ die Träume kommen, sie waren blau und schaukelten wie das Meer in der Nacht.

Allmählich kam der Morgen. Der Vater war mit seiner Insel ganz allein. Mit jeder Stunde, die verging, wurde sie mehr und mehr seine eigene Insel. Nun wurde der Himmel blaß, vor ihm stieg der Berg mit großen kletternden Buckeln auf, und darüber sah er endlich den Leuchtturm riesengroß und schwarz gegen das Grau. Er war viel höher als der Vater ihn sich vorgestellt hatte. Und es war die Zeit zwischen Nacht und Morgen, da alles hilflos und doch gefährlich wird, wenn man mit sich allein ist und wacht.

Der Vater blies die Sturmlaterne aus und ließ den Strand verschwinden. Er wollte nicht, daß der Leuchtturm ihn schon sah. Vom Wasser her kam Morgenwind, er war kalt. Irgendwo hinter der Insel kreischten die Seevögel.

Immer höher stieg der Leuchtturm vor dem Vater auf, der da unten am Strand hockte, und er glich seinem eigenen Leuchtturmmodell, jenem, das nie richtig fertig geworden war. Nun konnte der Vater erkennen, daß das Dach gar nicht so spitz war, wie er bisher gemeint hatte und daß es kein Geländer gab. Der Vater betrachtete ihn lange, den dunklen verlassenen Leuchtturm. Allmählich wurde er kleiner und fand genug Platz zwischen den Gedanken und Bildern, die er bisher von ihm gehabt hatte.

Jedenfalls gehört er mir, dachte er und zündete sich seine Pfeife an. Ich werde den Leuchtturm erobern. Ich schenke ihn der Familie und sage: hier könnt ihr wohnen. Und wenn wir drinnen sind, kann uns nichts Gefährliches erreichen!

My saß auf der Treppe des Leuchtturms und schaute zu, wie der Morgen kam. Die Insel lag im Halblicht unter ihr und glich einer großen grauen Katze, die sich streckte. Die Pfoten ruhten im Meer und der Schwanz war eine lange schmale Landzunge. Die Katze sträubte ihr Fell, doch die Augen hielt sie versteckt.

Hah, sagte die Kleine My. Dies ist keine gewöhnliche Insel. Die reicht bis auf den Grund des Meeres, und zwar anders als gewöhnliche Inseln. Hier können wir noch etwas erleben!

Sie rollte sich zusammen und wartete. Jetzt stieg der Sonnenball über das Meer. Die Insel bekam Schatten und Farben, sie nahm Form an, sie zog die Klauen ein. Alles begann zu glänzen und kreideweiße Seevögel segelten über der Landzunge. Die Katze verschwand. Doch quer über der Insel lag der Schatten des Leuchtturms wie ein breites dunkles Band, bis hinab an das Ufer mit dem Boot.

Jetzt kamen sie. Ganz dort unten. Wie kleine Ameisen. Der Vater und Mumintroll schleppten so viel sie zu tragen vermochten. Aus den Erlensträuchern hinaus traten sie in den Schatten des Leuchtturms. Dort wurden sie noch kleiner. Jetzt blieben die drei weißen Punkte stehen und kehrten die Schnauzen nach oben und schauten.

Wie groß er ist, sagte die Mutter und erschauerte.

Groß? rief der Vater. Er ist riesig. Er ist wahrscheinlich der größte Leuchtturm, der je gebaut worden ist. Und habt ihr schon daran gedacht, daß dies die allerletzte Insel ist? Niemand wohnt noch weiter draußen, dort ist nur noch Meer. Wir sehen dem Meer gerade ins Gesicht, und weit hinter uns gibt es alle die anderen, die noch innerhalb der Schären wohnen. Ist das nicht ein schöner Gedanke?

Wunderbar, Vater, rief Mumintroll.

Darf ich nicht ein Weilchen den Korb tragen, fragte die Mutter. Nein, nein, nein, sagte der Vater. Du darfst nichts tragen. Du sollst geradewegs in dein neues Haus hineingehen. Warte, du mußt Blumen dazu haben, das gehört dazu – warte mal ...

Er kroch zwischen den Espen herum und begann zu pflücken.

Die Mutter schaute sich ein wenig um. Die Erde war mager. Und wieviele Steine es gab, überall Steine. Es würde nicht leicht werden, einen Garten anzulegen, oh nein!

Was für ein ängstlicher Laut, Mutter, flüsterte Mumintroll.

Die Mutter lauschte. Das ist wahr, sagte sie. Es hört sich ängstlich an. Aber es sind nur die Espen, die hören sich immer so an.

Dort zwischen den Steinen wuchsen kleine, vom Winde gebogene Espen, ihre Blättchen raschelten ununterbrochen in dem leichten Seewind. Sie zitterten heftig, ein Schauer nach dem anderen durchflog sie.

Heute war die Insel anders. Sie hatte sich abgewandt, sie war gleichgültig. Sie betrachtete sie nicht mehr, wie sie es in jener warmen Nacht getan hatte, sondern sie schaute hinaus über das Meer, weit hinaus.

Hier, bitte schön, sagte der Vater. Sie sind winzig, aber sie öffnen sich bestimmt, wenn du sie in die Sonne stellst ... und jetzt gehen wir weiter. Hier will ich später einmal einen ordentlichen Weg anlegen, ohne Umweg vom Bootsstrand an. Und das Boot soll einen Landesteg bekommen. Hier gibt es haufenweise zu tun. Stellt euch vor, stellt euch bloß vor, sein ganzes Leben bauen können und die Insel umbauen, bis sie vollendet ist, ein Wunderwerk ...

Er nahm die Körbe und eilte ihnen voraus zu seinem Leuchtturm.

Vor ihnen machte das Urgebirge mit kühnen und kletternden Abhängen seinen Buckel, eine Berglehne nach der anderen türmte sich auf, grau und zerfurcht.

Hier ist alles zu groß, dachte die Mutter, oder ich bin zu klein ...

Nur der Weg war genauso klein und unsicher wie sie selbst. Sie gingen vorsichtig zwischen den Klippen weiter und kamen alle gleichzeitig oben auf dem Berg an, wo der Leuchtturm stand und auf schweren Betonfüßen auf sie wartete.

Willkommen zu Hause, sagte der Vater.

Höher und immer höher wanderte der Blick, der Leuchtturm war unendlich hoch, ganz weiß, einem Riesen gleich, er war einfach etwas Unglaubliches.

Ganz hoch oben flog mit schwindelerregender Geschwindigkeit eine Wolke erschreckter Schwalben in Kurven hin und her.

Ich bin ein bißchen seekrank, sagte die Mutter mit schwacher Stimme.

Der Mumintroll guckte seinen Vater an. Der Vater kletterte feierlich die Leuchtturmtreppe hinauf und streckte die Pfote nach der Tür hin.

Sie ist verschlossen, sagte die Kleine My hinter ihm.

Der Vater drehte sich um und starrte sie verständnislos an.

Sie ist verschlossen, wiederholte My. Schlüssel gibt es nicht.

Der Vater rüttelte an der Türklinke. Er drehte und ratterte daran herum. Er pochte, er gab der Tür einen Stoß. Schließlich trat der Vater einen Schritt zurück und machte große Augen.

Hier ist der Nagel, sagte er. Ganz deutlich ein Nagel für einen Schlüssel. Ihr seht ihn. Ich kenne niemanden, der seinen Schlüssel nicht ordentlich an seinen Nagel hängt, nachdem er die Tür verschlossen hat. Ganz besonders, wenn er Leuchtturmwärter ist.

Vielleicht ist er unter der Treppe, sagte Mumintroll.

Er war nicht unter der Treppe.

Jetzt seid ihr still, sagte der Vater. Mäuschenstill. Ich muß nachdenken. Er trat auf den Berg hinaus, setzte sich hin und kehrte das Gesicht dem Meer zu.

Gleichmäßig und ruhig kam der Südwestwind und zog über die Insel. Es war wärmer geworden, es war der richtige Tag, um einen Leuchtturm in Besitz zu nehmen. Dem Vater war ganz flau im Magen vor Enttäuschung, und er konnte seine Gedanken nicht sammeln. Es gab für einen Schlüssel keinen anderen Platz als den Nagel oder die Stelle unter der Treppe. Keine Türrahmen, keine Fensterbretter, keine flachen Steine vor der Treppe, alles war glatt und nackt.

Vaters Gedanken wurden müde. Er war sich die ganze Zeit bewußt, daß die Familie hinter ihm stand und wartete und nichts sagen wollte. Schließlich rief er über die Schulter, ich werde einen Augenblick schlafen. Gewöhnlich lösen sich Probleme, während man schläft. Der Kopf arbeitet besser, wenn er in Ruhe gelassen wird. Er rollte sich zusammen und zog den Hut über die Augen. Erleichtert sank er in Schlaf.

Mumintroll ging und schaute unter die Treppe. Hier liegt nur ein toter Vogel, sagte er.

Es war ein kleines zerbrechliches Skelett, ganz weiß. Er legte es auf die Treppe, wo der Wind es fing und den Berg hinabtrug.

Ich habe mehrere solche da unten in der Heide gesehen, sagte die Kleine My interessiert. Es erinnert mich an «*Die Rache der vergessenen Gebeine*». Ausgezeichnete Geschichte.

Eine Weile war es still.

Und was wird nun, fragte Mumintroll.

Ich habe an diesen Fischer gedacht, den wir heute nacht trafen, sagte die Mutter. Er wohnt vermutlich irgendwo auf der Insel. Vielleicht weiß er etwas.

Sie öffnete den Sack mit dem Bettzeug und nahm eine rote Decke heraus. Leg sie Vater über, sagte sie. Es ist nicht gut, direkt auf dem Fels zu schlafen. Und dann kannst du ein paar Mal um die Insel laufen und den Fischer suchen. Bring auf dem Rückweg bitte ein bißchen Seewasser mit, die Kupferkanne liegt im Boot. Und die Kartoffeln.

Es war schön, loszuziehen und etwas zu tun. Mumintroll kehrte dem großen verschlossenen Leuchtturm den Rücken und strolchte über die Insel. Unter dem Berg war es sommerlich still, auf den Hängen blühte das Heidekraut in roten unbewegten Wellen. Der Boden war heiß und hart. Es duftete, aber nicht wie zu Hause im Garten.

Erst jetzt, da er allein war, konnte Mumintroll sich die Insel richtig anschauen, sie riechen, sie mit den Pfoten befühlen, die Ohren spitzen und sie belauschen. Bei dem gleichmäßigen Rauschen des Meeres war die Insel stiller als das Tal, vollständig still und ungeheuer alt.

An die kommt man nicht leicht heran, dachte Mumintroll. Das ist eine Insel, die ihre Ruhe haben will.

Mitten auf der Insel senkte sich der Heidekrautboden zu einem kleinen Moor hinab, dann stieg er wieder an und verschwand in einem niedrigen Gestrüpp von Tannen und Zwergbirken.

Wie merkwürdig, mit keinem einzigen großen Baum zusammenzuwohnen. Alles, was wuchs, war niedrig, kroch dicht am Boden entlang, tastete sich über den Berg – Mumintroll bekam die Idee, daß auch er auf allen vieren gehen und sich klein machen müßte. Und dann lief er in Richtung Landzunge.

Weit draußen auf der westlichen Landzunge lag ein sehr kleines Haus aus Stein und Zement. Es klammerte sich mit vielen Eisenkrampen am Berg fest, über dem Rücken war es rund wie ein Seehund und es guckte durch ein starkes Glasfenster aufs Meer hinaus. Das Haus war so klein, daß man gerade darin sitzen konnte, wenn man nicht so groß wie gewöhnlich war, und der Fischer hatte es für sich gebaut. Er lag auf dem Rücken mit den Armen unter dem Kopf und betrachtete eine langsam wandernde Wolke.

Guten Morgen, sagte Mumintroll. Wohnst du hier drin?

Nur wenn es stürmt, antwortete der Fischer abwesend.

Mumintroll nickte ernst. Genauso soll man wohnen, wenn man große Wellen liebt. Mitten in der Brandung sitzen und sehen, wie riesige grüne Wasserberge kommen, während man das Meer über sein Dach donnern hört.

Mumintroll hätte fragen können, darf ich auch hineinkommen und mir mal die Wellen anschauen – aber dieses Haus war deutlich nur für einen gebaut.

Er sagte, Mutter läßt grüßen und nach dem Schlüssel zum Leuchtturm fragen.

Der Fischer antwortete nicht.

Vater kann nicht hinein, erklärte Mumintroll besorgt. Da dachten wir, daß vielleicht der Leuchtturmwärter …

Es wurde wieder still. Neue Wolken waren am Himmel aufgekommen. Es *gab* doch einen Leuchtturmwärter, fragte Mumintroll.

Der Fischer drehte endlich den Kopf und schaute ihn mit seinen blauen Wasseraugen an.

Er sagte, nein – ich weiß nichts von einem Schlüssel.

Hat er das Leuchtfeuer ausgelöscht und ist weggefahren? fuhr Mumintroll fort.

Er hatte noch nie jemanden getroffen, der einfach nicht antwortete, wenn man fragte. Das regte ihn auf, bedrückte ihn aber auch.

Ich weiß nicht mehr genau, sagte der Fischer. Ich habe vergessen, wie er aussieht ...

Er stand auf und ging fort, grau und zerknüllt und leicht wie ein Blatt. Er war sehr klein und hatte keine Lust, sich zu unterhalten.

Mumintroll schaute dem Fischer eine Weile nach. Dann drehte er sich um und ging über die Landzunge zurück. Er ging schräg hinab zum Bootsstrand und wollte die Kupferkanne holen. Es sollte Frühstück gemacht werden. Mutter würde zwischen den Steinen einen Herd bauen und auf der Treppe des Leuchtturms den Tisch decken. Und danach würde sich schon alles regeln, irgendwie.

Der Sandstrand war ganz weiß. Er erstreckte sich von der einen Landzunge zur anderen, eine schmale Sichel aus feinem Sand, und er fing alles auf, was die Meerwinde um die Insel herum auffegten und auf die Leeseite brachten. Das Treibholz lag oben an der Hochwassergrenze unterhalb der Erlenbüsche, doch weiter unten war der Sand unberührt und glatt wie ein Fußboden. Angenehm ging es sich darauf. Wenn man ganz dicht am Wassersaum ging, wurden die Spuren der Pfoten zu kleinen Brunnen, die sich sofort füllten. Mumintroll suchte nach Muscheln für seine Mutter, aber keine einzige war heil. Vielleicht hatten die Wellen sie zerbrochen.

Und dann lag dort plötzlich etwas und glänzte, aber es war keine Muschel, es war ein winzig kleines Hufeisen aus Silber. Gleich daneben lief eine Spur im Sand, die geradeaus ins Wasser führte.

Hier ist ein Pferd ins Wasser gelaufen, und es hat eines von seinen Hufeisen verloren, stellte Mumintroll ernst fest. So mußte es sein. Ein ganz ungewöhnlich kleines Pferd. Ich möchte wissen, ob sein Hufeisen nur versilbert oder ob es ganz aus Silber ist.

Er hob das kleine Hufeisen auf und beschloß, es der Mutter zu schenken.

Ein wenig weiter sah man die Spur aus dem Meer laufen – es war also ein Seepferdchen, so etwas hatte er noch nie gesehen. Die gibt es nur weit draußen, wo das Meer abgrundtief ist.

Mumintroll hoffte, daß dieses Seepferdchen zu Hause Ersatzhufeisen hatte.

Das Boot lag auf der Seite mit zusammengerolltem Segel, und es sah aus, als würde es nie mehr Lust zum Segeln haben. Es war zu weit auf den Strand gezogen, es hatte mit dem Meer nichts mehr zu tun.

Mumintroll betrachtete ABENTEUER und bedauerte es ein wenig. Aber vielleicht schlief es auch. Und außerdem, an irgendeinem Abend würden sie wohl die Netze auslegen.

Nun zogen Wolken über dem Meer auf, ruhige gleichlaufende Wolken, graublau bis hinten an den Horizont. Am Strand war es sehr einsam geworden, und Mumintroll dachte, ich gehe heim. Und heim, das war plötzlich die Treppe vor dem Leuchtturm. Das Tal, in dem sie gewohnt hatten, war zu weit weg. Außerdem hatte er ein silbernes Hufeisen gefunden, das einem Seepferdchen gehörte. Das entschied die Sache irgendwie.

Aber er kann doch nicht alles vergessen haben? wiederholte der Vater. Er hat doch den Wärter gekannt. Sie haben auf derselben Insel gewohnt. Sie müssen Freunde gewesen sein.

Er erinnert sich nicht die Spur, sagte Mumintroll.

Die Kleine My zog Luft durch die Nase ein und blies sie durch die Zähne wieder aus.

Dieser Fischer ist ein Querkopf mit Seegras drin, sagte sie. Das habe ich sofort gesehen. Und wenn zwei davon auf derselben Insel wohnen, so wissen sie entweder alles voneinander oder aber sie wollen überhaupt nichts voneinander wissen. Wahrscheinlich sowohl das eine wie das andere. Ich meine, das andere wegen des einen. Ihr könnt mir ruhig glauben! Ich bin eben sehr klug!

Wenn es nur nicht regnet, murmelte die Mutter.

Sie standen um Mumintroll herum und musterten ihn: jetzt da die Sonne weg war, war es ziemlich kalt. Alles erschien ihm so trübselig, daß er die Lust verlor, von dem Haus zu erzählen, das zum Wellenbegucken gebaut war. Und ganz unmöglich war es, der Mutter das Hufeisen zu schenken, jetzt da sie alle nur standen und gafften. Er beschloß, es der Mutter später zu geben, vielleicht wenn sie allein waren.

Wenn es nur nicht regnet, sagte die Mutter noch einmal.

Sie trug die Kupferkanne an den Feuerplatz und setzte Vaters Strandnelken ins Wasser. Und für den Fall, daß es regnet, sollte ich einen der Töpfe scheuern und Regenwasser darin sammeln. Wenn es hier überhaupt irgendeinen Topf gibt.

Aber alles das will ich ja feststellen, klagte der Vater plötzlich. Wenn ihr nur wartet. Alles muß der Reihe nach gehen. Wir können uns nicht mit Essen und Regen und anderen Kleinigkeiten abgeben, solange ich den Schlüssel nicht gefunden habe.

Hah, sagte die Kleine My. Dieser Fischer hat den Leuchtturmwärter samt Schlüssel ins Wasser geworfen, das könnt ihr mir glauben. Hier haben sich tolle Dinge abgespielt, und es wird noch toller kommen.

Der Vater seufzte. Er ging um den Leuchtturm herum auf die Klippen, die zum Meer hin lagen. Hier konnte ihn niemand sehen. Die Familie störte ihn manchmal, sie konnte nicht bei der Sache bleiben. Er hätte gern gewußt, ob es anderen Vätern auch so ging wie ihm. Folglich: es hatte keinen Sinn, den Schlüssel herbeizuschlafen oder ihn zu suchen. Er mußte herbeigefühlt werden. Er mußte versuchen, sich genauso einzustellen wie einstmals der Schwiegervater. Die Schwieger-

mutter hatte ihr ganzes Leben lang immer alles, was sie besaß, verbummelt, und den Rest ließ sie stets irgendwo liegen. In so einem Falle stöpselte der Schwiegervater einfach im Kopfe irgendeine Schaltung ein. Mehr war nicht nötig. Er fand immer alles. Und danach sagte er freundlich, du liebe alte Schnepfe.

Der Vater versuchte. Er schwankte planlos zwischen den Klippen auf und ab und versuchte, im Kopf umzuschalten. Schließlich meinte er, alles, was darin war, sei durcheinandergeschüttelt und rolle herum wie Erbsen in einer Büchse. Aber sonst war nichts weiter geschehen.

Seine Pfoten hatten einen ausgetretenen Pfad gefunden, der sich zwischen den Steinen in dem kurzen, von der Sonne verbrannten Gras entlangschlängelte. Während der Vater hin- und herschritt und sich umzuschalten versuchte, fiel ihm plötzlich ein, daß vielleicht der Leuchtturmwärter diesen Pfad ausgetreten habe. Dieser Leuchtturmwärter mußte viele Male denselben Weg gegangen sein. Vor langer Zeit. Und er mußte genau auf die Strandklippen gekommen sein, so wie jetzt der Vater. Der Weg war zu Ende. Hier war nur die leere See.

Der Vater ging an den Rand der Klippen und schaute hinab. Hier fiel der Berg verspielt in steilen Hängen hinab, ein tanzendes Gewimmel von Kurven und hübschen, sich krümmenden Linien, tief und tiefer hinab. Um die Füße des Berges murmelte die Brandung, die Wassermassen stiegen und sanken, erhoben sich gegen die Klippen und sanken zurück gleich einem großen tastenden Wesen. Das Wasser dort unten lag im Schatten und war sehr dunkel.

Vaters Beine zitterten plötzlich, ihm wurde ein wenig schwindlig. Rasch setzte er sich nieder. Aber er konnte es nicht lassen, hinabzuschauen. Dieses war das große Meer, tief, ein anderes Meer als das zu Hause, das seine Wogen an die Bootsbrücke spielen ließ.

Der Vater lehnte sich weiter hinüber und erblickte genau unterhalb der Kuppe einen kleinen Absatz. Nun war es einfach selbstverständlich, sich an der glatten Klippenwand auf das Gesims hinabzulassen.

Es war ausgehöhlt und rund wie ein Stuhl, und mit einmal war der Vater vollständig einsam und isoliert, rundherum gab es nur Himmel und Meer.

Hier mußte der Leuchtturmwärter gesessen haben. Er hatte oft hier gesessen. Der Vater schloß die Augen. Es war schwindelerregend groß um ihn herum, und die Erbsen in seinem Kopf klapperten heftiger als zuvor. Manchmal war der Leuchtturmwärter hergekommen, wenn hoher Seegang war ... im Wind am Sturmhimmel hatte er die Möwen segeln sehen, und der Gischt der Brandung war vor ihm aufgeflogen gleich einer Wolke aus Schnee. Runde Wasserperlen, die vor ihm aufstiegen und einen Augenblick in der Luft verweilten, ehe sie sanken, sanken ins Schwarze und Tosende dort unten.

Der Vater öffnete die Augen und zuckte zusammen. Er preßte Pfoten und Rücken gegen die Steinwand, dort in den Bergritzen wuchsen sehr kleine weiße Blumen, nein, so etwas von Blumen! Und in einer breiten Spalte leuchtete roter Rost, dort lag ein Schlüssel, ein schwerer Schlüssel aus Eisen.

Irgend etwas schaltete in Muminvaters Kopf. Natürlich, alles war völlig richtig! Hierher war der Leuchtturmwärter gekommen, wenn er allein sein wollte, es war eine Stätte der Besinnung und Betrachtung. Hier eben hatte er seinen Schlüssel gelassen, damit der Vater ihn finden und den Leuchtturm übernehmen sollte. Feierlich und durch magische Kraft war Mumintrolls Vater zum Besitzer und Wächter des Leuchtturms ausersehen worden!

Oh, wie schön! Hast du ihn gefunden, sagte die Muminmutter. Wo war er? rief Mumintroll.

Oh, das weiß man nicht so genau, sagte der Vater geheimnisvoll. Die Welt ist voll von großen, merkwürdigen Dingen für den, der darauf vorbereitet ist. Vielleicht war es die größte und weißeste Möwe, die mir den Schlüssel überreichte ...

Hah, sagte die Kleine My, mit Seidenschleifen und Orchester, was!?

Der Vater ging die Treppe hinauf und steckte den Schlüssel ins Schloß. Langsam und quietschend öffnete sich die riesige Tür, dahinter war es schwarz. Die Kleine My schoß wie der Blitz hinauf, doch der Vater schnappte sie am Haarschopf. Nein, meine Liebe, sagte er. Dieses Mal bin ich derjenige welcher! Ich bin jetzt Leuchtturmwärter, und ich bin es, der die Inspektion zuerst vornimmt. Er verschwand im Dunkeln mit My hinter sich.

Die Mutter trat langsam näher und schaute hinein. Der Leuchtturm war ausgehöhlt wie ein morscher Baumstamm, und eine große wacklige Wendeltreppe füllte ihn vom Fußboden bis zur Spitze. Die Treppe kletterte mit Mühe hinauf, sie kletterte rund um die Wände, in immer kleineren Spiralen, knackend und knarrend unter den Schritten des Muminvaters. Dort oben war er kaum noch zu sehen. Ein paar Öffnungen in der dicken Mauer ließen ein bißchen Tageslicht hinein. In jeder Öffnung zeichnete sich der Schatten eines großen, unbeweglichen Vogels ab. Die Vögel sahen ihn an.

Vergiß nicht, es ist bewölkt, flüsterte Mumintroll. Du weißt doch, daß alles ein wenig düster aussieht, wenn die Sonne nicht scheint.

Natürlich, sagte die Mutter.

Sie stieg über die Schwelle und blieb stehen. Drinnen war es feucht und sehr kalt. Zwischen den Wasserpfützen lag die Erde, schwarz und naß. Bis an die Treppe waren ein paar Planken gelegt. Die Mutter zögerte.

Hör mal, sagte der Troll. Ich habe etwas für dich.

Die Mutter bekam das silberne Hufeisen, das sie lange betrachtete.

Wie hübsch, sagte sie. Was für ein Geschenk. Nein, daß es so kleine Pferde gibt ...

Komm herein, Mutter, rief Mumintroll fröhlich. Komm, jetzt laufen wir bis in die Spitze des Turmes.

Dort oben stand der Vater in der Tür und hatte einen fremden Hut auf, mit einer weichen schlappenden Krempe und einem verbeulten Kopf.

Wie findet ihr ihn? sagte er. Ich habe ihn an einem Nagel hinter der Tür gefunden. Er muß dem Leuchtturmwärter gehören. Kommt herein, kommt herein. Hier ist es genauso, wie ich es mir vorgestellt habe.

Es war ein großer runder Raum mit einer niedrigen Decke und mit vier Fenstern. In der Mitte standen ein ungestrichener Tisch und ein paar leere Kisten. Hinten am Herd ein schmales Bett und eine kleine Kommode. Eine Eisenleiter führte zu einer Luke in der Decke. Dort oben ist das Blinkfeuer, erklärte der Vater. Heute abend werde ich es anzünden. Ist das nicht schön mit weißen Wänden?! Groß und frei und leer. Und wenn man durch das Fenster schaut, sieht es genauso aus – groß und frei und leer.

Er blickte die Mutter an, die zu lachen anfing und sagte, du hast wirklich recht, hier ist es bemerkenswert leer und frei.

Irgendjemand hat hier seine Wut ausgelassen, bemerkte die Kleine My.

Der Boden war voller Glasscherben und darüber auf der weißen Wand war ein großer gelber Ölfleck, der hinuntergekleckert und in einer Pfütze steif geworden war.

Wer mag die Lampe kaputtgeworfen haben, sagte die Mutter erstaunt und hob das Lampengehäuse aus Messing auf, das unter den Tisch gerollt war. Da saß er ja hier im Finsteren ...

Sie strich mit der Pfote über den Tisch, die Fläche war hundertfach, vielleicht tausendfach zerritzt, kleine Rillen, immer sechs in einer Reihe – die siebente war quer darüber gezogen. Sieben? Das könnte eine Woche bedeuten. Jede Menge Wochen, alle gleich. Außer einer. Die hatte nur fünf Rillen.

Die Mutter ging weiter, rührte an Tassen und Kochtöpfen, las auf den leeren Kisten: Rosinen aus Malaga, schottischer Whisky, gewöhnliches finnisches Knäckebrot – hob die Decke auf und sah, daß die Laken noch dalagen. Die Kommode öffnete sie nicht.

Die anderen folgten ihr gespannt. Schließlich sagte der Vater: na?

Er war sehr einsam, sagte die Mutter.

Ja, aber wie *findest* du es?

Ich finde es sehr gemütlich, sagte die Mutter. Es ist ein Raum, in dem man zusammen wohnen kann.

Das ist es ja, meinte der Vater heftig. Jetzt gehe ich an den Strand und werde Planken sammeln, und dann baue ich für jeden ein Bett. Ich werde einen Weg bauen und einen Bootssteg, oh, hier gibt es viel zu tun ... Aber erst holen wir das Gepäck herauf, es kann sein, daß es Regen gibt. Nein, nein, du nicht. Du sollst hier bleiben, ganz ruhig und merken, daß du zu Hause bist.

In der Küche drehte sich die My um und sagte: ich werde draußen schlafen. Ohne Bett also. Betten sind albern.

Tu das, sagte die Mutter. Du kannst ja hereinkommen, wenn es regnet.

Als die Mutter allein war, hängte sie das Hufeisen an einen Nagel über der Tür. Dann trat sie ans Fenster und schaute hinaus. Sie ging von dem einen Fenster zum anderen. Überall nur das Meer, das Meer und kreischende Schwalben, man konnte kein Festland sehen.

Im letzten Fenster lagen ein Tintenstift und ein paar Bindfädenreste und ein Netzspan. Die Mutter war stehengeblieben, sie spielte mit dem Stift, sie zeichnete zerstreut eine kleine Blume aufs Fensterbrett und schattierte hübsch die Blätter, ohne an etwas Besonderes zu denken.

Der Vater stand am Herd mit dem Kopf im Rauchfang. Hier ist ein Vogelnest, schrie er. Deswegen will es nicht brennen.

Wohnt dort jemand, fragte die Mutter.

Der Vater war sehr schwarz, als er herauskam. Irgendeine gesegnete Schwarzdrossel, sagte er. Aber sie ist nicht zu Hause. Vermutlich ist sie gen Süden gezogen.

Aber im Frühling kommt sie wieder, rief Mumintroll. Sie muß ihr Nest finden, wenn sie wiederkommt. Wir können ja draußen kochen.

Euer ganzes Leben lang? fragte die Kleine My.

Na ja, man könnte das Nest ja *allmählich* woanders hinlegen, murmelte der Troll.

Typisch, sagte die Kleine My. Glaubst du, die Schwarzdrossel weiß, ob ihr Nest sofort oder allmählich woanders hingelegt wird? Das denkst du dir aus, damit du sie mit gutem Gewissen rauswerfen kannst.

Soll das ganze Leben draußen gegessen werden? fragte der Vater überrascht.

Alle guckten die Mutter an.

Nimm es herab, bitte, sagte sie. Wir hängen es vor das Fenster. Manchmal ist eine Trollfamilie wichtiger als eine Schwarzdrossel.

Die Mutter packte das Geschirr unter das Bett, damit der Raum gemütlicher aussah, und dann ging sie hinaus, um Erde zu suchen. Das war eine sehr wichtige Wanderung!

Sie blieb an der Leuchtturmtreppe stehen und gab der Rose ein bißchen Seewasser. Sie stand immer noch in ihrer Zuckerlade mit Erde von zu Hause und wartete. Der Garten mußte vor dem Wind geschützt sein. Er muß hübsch liegen und so nahe wie möglich am Leuchtturm, und er mußte den größten Teil des Tages Sonne haben und tiefe gute Erde.

Die Mutter suchte und suchte. Sie ging an dem Leuchtturmberg entlang und suchte, durch die Heide hinab ins Ried, sie ging um den kleinen Gestrüppwald herum und suchte, zwischen den Espen, sie wanderte und wanderte über den warmen sandigen Torfboden, doch nirgends fand sie Erde.

Die Mutter hatte noch nie so viele Steine gesehen. Hinter dem Espenwäldchen bestand der Boden aus nichts anderem als Steinen. Ein ödes Feld mit runden grauen Steinen, ein Steinacker. Und jemand mußte neugierig gewesen sein und deshalb ein großes Loch gemacht haben.

Die Mutter trat heran und besah sich das Loch. Dort unten waren

auch nur wieder Steine, genauso rund und grau. Sie überlegte, wonach der Leuchtturmwärter wohl gesucht haben könnte. Vielleicht war es nichts Besonderes gewesen. Vielleicht hatte er ein bißchen gespielt. Er hatte einen Stein nach dem anderen genommen, sie rollten hinab, und dann hatte er genug davon und war wieder gegangen ...

Die Mutter ging weiter hinunter an den Sandstrand. Und hier unten gab es Erde. Endlich. Ein schwarzer breiter Gürtel von tiefreichender Humuserde, der unter den Erlen dem Strandsaum folgte. Kräftige grüne Pflanzen, die zwischen den Steinen hochgeschossen waren, und die sich in Explosionen von Gold und Violett ausbreiteten. Ein plötzlicher Urwald an Fülle und Üppigkeit.

Die Mutter fuhr mit den Pfoten in die Erde. Sie fühlte Millionen wachsende und trinkende Wurzeln, die nicht gestört werden durften. Aber das machte nichts. Es gab jedenfalls Erde, erst jetzt wurde die Insel etwas, woran man glauben konnte!

Sie rief den Vater, der im Tang Plankenstücke sammelte, sie lief zu ihm hin mit im Winde flatternder Schürze und schrie: ich habe Erde gefunden!

Der Vater schaute auf. Hej, hej, sagte er. Wie gefällt dir meine Insel? Sie ist einmalig auf der ganzen Welt! versicherte die Mutter übermütig. Die Erde liegt unten am Ufer statt irgendwo in der Mitte.

Das werde ich dir erklären, sagte der Vater. Du mußt immer mich fragen, wenn du etwas nicht verstehst – ich weiß alles, was mit dem Meer zu tun hat. Sieh mal, das dort ist Tang, den das Meer angespült hat. Und der wird allmählich zu Erde, zu richtiger Erde. Was? Davon hattest du keine Ahnung? Der Vater lachte und beschrieb mit den Pfoten einen großen Bogen, mit dem er der Mutter den ganzen schaukelnden Tangwald des Meeres schenkte.

Und die Mutter sammelte Tang. Sie trug den ganzen Tag Tang und legte ihn in einen Bergschrund, der sich allmählich in Gartenland verwandeln sollte. Der Tang hatte die gleiche warme Farbe wie die Erde zu Hause, aber mit einem eigenen Schimmer von Purpur und Orange.

Die Mutter war ruhig und glücklich. Sie träumte von Mohrrüben, Radieschen und Kartoffeln, wie sie sich rundeten und dort unten in der Wärme wuchsen. Sie sah, wie grüne Blätter emporschossen, dicht und kräftig wurden, sie sah sie im Winde vor dem blauen Meer hin- und herwehen, voll von Tomaten, Erbsen und Bohnen, die die Familie bekommen würde. Alles das würde zwar erst im nächsten Sommer geschehen, aber das machte nichts. Sie hatte etwas, wovon sie träumen konnte. Und an der tiefsten Stelle ihres Traumes stand ein Apfelbaum.

Der Tag sank seiner Dämmerung entgegen. Die Hammerschläge oben am Leuchtturm waren seit langem verstummt, die Schwalben waren ruhiger geworden. Die Mutter ging pfeifend durch die Heide nach Hause, den Arm voller Strandholz. Am Leuchtturmberg hatte der Vater ein Geländer gebaut, damit sie leichter hinaufkam, und vor der Pforte standen zwei fertige Holzbetten und eine kleine Tonne, die er im Wasser gefunden hatte. Sie war unbeschädigt und früher grün gewesen.

Irgendwie war die Wendeltreppe jetzt weniger furchterregend. Man mußte nur aufpassen und nicht hinabschauen und am besten an etwas Hübsches denken. Mumintroll saß am Tisch und sortierte kleine runde Steine.

Hej, sagte die Mutter. Wo ist Vater?

Er ist oben und zündet das Blinkfeuer an, antwortete Mumintroll. Ich durfte nicht mitgehen. Er ist schon sehr lange oben.

Das leere Vogelnest stand auf der Kommode. Die Mutter pfiff weiter, während sie das Holz unter dem Herd aufstapelte. Der Wind war jetzt abgeflaut, die Sonne trat durch das westliche Fenster und warf rotes Licht über den Boden und die weiße Wand.

Als das Feuer im Herd brannte, schob sich die Kleine My durch die Türspalte und hüpfte wie eine Katze aufs Fensterbrett. Sie drückte die Nase gegen die Scheibe und schnitt den Schwalben Fratzen.

Plötzlich wurde die Dachluke mit Krach aufgehoben, und der Vater kletterte die Eisenleiter hinab.

Brennt es jetzt richtig? fragte die Mutter. Wirklich schöne Betten, die du für uns gebaut hast. Ich habe mir überlegt, diese Tonne ist gut zum Fisch einsalzen. Sie ist fast zu schade für Regenwasser.

Der Vater trat an das Südfenster und schaute hinaus. Die Mutter sah hastig zu ihm hinüber, tatsächlich, sein Schwanz war ganz steif und das Ende wippte irritiert! Sie legte mehr Holz auf und öffnete eine Dose mit Hering. Der Vater trank schweigend seinen Tee. Nachdem die Mutter abgedeckt hatte, stellte sie die Sturmlaterne auf den Tisch und sagte, ich habe einmal gehört, daß solche Leuchtfeuer mit Gas brennen. Wenn das Gas verbraucht ist, kann man sie nicht mehr anzünden.

Es gibt Gasbehälter, sagte der Vater finster. Der ganze Turm ist voll davon. Aber sie lassen sich nicht anschließen.

Vielleicht fehlt irgendeine Schraube, schlug die Mutter vor.

Ich habe ja nie an Gas geglaubt. Es ist gefährlich und ungemütlich. Ich finde, du läßt die Sache am besten sein, sonst fliegen wir nur alle noch einmal in die Luft.

Der Vater stand auf und sagte, begreifst du denn nicht? Der Leuchtturmwärter bin jetzt ich. Das Leuchtfeuer muß brennen. Das ist doch der ganze Witz. Meinst du, man kann in einem Leuchtturm wohnen, dessen Leuchtfeuer nicht brennt? Und was wird aus all den Schiffen, die draußen im Dunkeln vorbeifahren und jederzeit auf Grund gehen können und vor unseren Augen sinken ...

Stimmt, sagte die Kleine My. Und am Morgen liegt der ganze Strand voll von ertrunkenen Filifjonken und Mymlas und Homsas, und alle sind vom Seegras bleich und grün ...

Sei nicht albern, sagte die Mutter. Sie meinte zum Vater, wenn es heute abend nicht brennen will, dann klappt es vielleicht morgen. Oder an irgendeinem anderen Tag. Und will es überhaupt nicht brennen, dann hängen wir die Lampe ins Fenster, falls es schlechtes Wetter gibt. Einer sieht es immer und versteht dann, daß er auf die Schnauze fällt, wenn er weitersegelt. Da fällt mir ein: sollten wir nicht die Betten heraufbringen, bevor es dunkel wird.

Ich trage sie allein herauf, sagte der Vater und nahm den Hut vom Nagel.

Auf dem Berg draußen war es beinah dunkel. Der Vater stand still und schaute über das Meer. Er dachte, jetzt zündet sie dort oben die Sturmlaterne an. Sie schraubt die Flamme auf groß, sie steht einen Augenblick und paßt auf, wie immer. Wir haben einen ganzen Kanister Petroleum ...

Alle Vögel waren schlafengegangen. Die kleinen Felsinseln im Westen hoben sich schwarz gegen den Himmel ab, dort wo die Sonne untergegangen war; auf einer von ihnen war ein Seezeichen – oder vielleicht ein Grabhügel. Der Vater hob das eine Bett hoch, stand plötzlich stocksteif und lauschte.

Von weit her kam ein schwaches, klagendes Heulen, ein eigentümlich einsamer Laut. Der Vater hatte nie einen ähnlichen gehört. Vom Wasser kam er mit unheimlicher Verlassenheit auf ihn zu, es wurde ihm zugetragen. Einen Augenblick lang meinte der Vater, der Berg erbebe unter den Pfoten. Dann war es wieder still.

Er dachte, das muß ein Vogel gewesen sein. Welch merkwürdige Laute sie haben können. Er nahm das Bett auf den Rücken, es war ein gutes und stabiles Bett. Es war völlig in Ordnung. Doch das Bett des

Leuchtturmwärters dort oben im Turm, das war sein Bett, niemand anders durfte darin schlafen.

Der Vater träumte, er liefe eine unendliche Treppe hinauf. Die Finsternis, die ihn umgab, war voll von flatternden Flügeln, schweigende, fliehende Vögel, die Treppe knackte und gab unter jedem Schritt nach. Die Treppe stöhnte laut, es war dringend, furchtbar dringend.

Er mußte hinauf und das Leuchtfeuer anzünden, bevor es zu spät war, es war unerhört wichtig, daß er es ansteckte. Die Treppe wurde immer schmäler, nun klang es nach Eisen unter seinen Pfoten, er war oben bei der Lampe, die auf ihn wartete, in ihrem runden Herz aus Glas. Der Traum wurde langsam. Der Vater suchte und tastete an den Wänden entlang, er suchte nach Streichhölzern. Große bauchige Scheiben aus farbigem Glas versperrten ihm den Weg, sie spiegelten das Meer von draußen, das rote Glas machte die Wellen rot wie Feuer, und durch das grüne Glas wurde das Meer ein Smaragd, ein kaltes und entferntes Meer, das es vielleicht irgendwo auf dem Mond gab oder auch überhaupt nicht. Jetzt war es sehr dringend, aber alles ging immer langsamer und langsamer für ihn. Er stolperte über die Gasbehälter, die über den Fußboden rollten, immer mehr kamen angerollt, wie Wellen, und nun waren wieder die Vögel da und schlugen mit den Schwingen gegen das Glas, alles hinderte ihn daran, das Leuchtfeuer anzuzünden. Der Vater schrie auf vor Entsetzen, nun zersprang das farbige Glas um ihn herum in tausend glitzernde Scherben, und das Meer erhob sich über das Dach des Leuchtturms und er fiel, immer tiefer und tiefer hinab, und erwachte, mit der Decke um den Kopf auf dem Fußboden.

Was ist los, fragte die Muminmutter.

Der Raum war still und blau mit seinen vier Fenstern, in denen sich die Nacht abzeichnete.

Ich habe geträumt, sagte der Vater. Es war grauenhaft.

Die Mutter stand auf und legte ein paar trockene Äste auf die Glut. Es loderte auf, und warmes gelbes Licht flatterte in die Dunkelheit hinaus.

Ich mache dir ein Butterbrot, sagte sie. Dies ist schließlich ein ganz fremdes Zimmer.

Der Vater saß auf dem Bettrand und aß sein Butterbrot, während der Schreck verschwand.

Ich glaube nicht, daß es das Zimmer ist, sagte er. Es ist dieses Bett, von dem Bett kommen die schrecklichen Träume. Ich werde ein neues bauen.

Das glaube ich auch, sagte die Mutter. Hast du gemerkt, hier fehlt etwas. Man hört den Wald nicht mehr.

Der Vater lauschte. Sie hörten das Meer um die Insel murmeln und erinnerten sich daran, wie sie nachts zu Hause die Bäume flüstern gehört hatten.

Eigentlich klingt das ganz hübsch, sagte die Mutter und zog die Decke über die Ohren. Anders. Nun träumst du sicher nichts Schreckliches mehr?

Kaum, antwortete der Vater. Ein Butterbrot in der Nacht, das hilft immer!

Westwind

Mumintroll und My lagen auf dem Bauch und sonnten sich. Sie schauten dabei in das Gestrüppwäldchen. Es war niedrig und schien ein einziger Wirrwarr, kleine böse Zweige und noch kleinere Zwergbirken, die ihr ganzes Leben lang gegen die Sturmwinde kämpfen mußten. Nun krochen sie hier dicht zusammen, um einander zu schützen, die Spitzen hatten aufgehört zu wachsen, während die Zweige sich am Boden festklammerten, wo sie nur konnten.

Daß die immer wieder so böse werden können, sagte die Kleine My.

Mumintroll lugte unter das dichte Gewirr von kämpfenden Bäumchen, deren Stämme sich krümmten und wie Schlangen wanden. Er sah den Teppich der Erde aus kriechenden Tannenzweigen und braunen Nadeln und darüber Höhlen und Mulden aus Dunkelheit.

Guck mal, sagte er, dort ist eine Kiefer, die eine kleine Birke im Arm hält, um sie zu retten.

Das glaubst du, sagte My finster. Ich glaube, sie hält die Birke fest. Dieser Wald ist gerade so einer, der festhält. Es würde mich gar nicht wundern, wenn jemand darin säße und festgehalten würde. So.

Sie legte die Arme um Mumintrolls Schultern und kniff ihn.

Laß das, schrie der Mumintroll und riß sich los. Glaubst du, es stimmt? Ist jemand da drin?

Du regst dich aber auch über alles auf, sagte My verächtlich.

Durchaus nicht, rief Mumintroll. Ich *sehe* eben, daß er da drinnen sitzt, und dann wird es gleich wahr, ich weiß nie, ob jemand es ernst meint oder nur Spaß macht. Meinst du das im Ernst? Ist jemand da drinnen.

Die Kleine My lachte und stand auf. Sei nicht albern, sagte sie.

Hej, bis dann. Ich geh mal zur Landzunge und schaue mir den Querkopf an. Er interessiert mich.

Nachdem My verschwunden war, kroch Mumintroll näher an das Dickicht heran und betrachtete es mit klopfendem Herzen. Das Meer rauschte gleichmäßig, und der Sonnenschein wärmte ihm den Rücken.

Natürlich gibt es niemanden dadrinnen, dachte Mumintroll zornig. Sie hat es nur erfunden. Ich weiß es ja, immer erfindet sie etwas, und immer glaube ich es. Nächstes Mal werde ich «hah» sagen, und «sei nicht albern». So richtig überlegen und ganz nebenbei. Dieses Gestrüppwäldchen ist nicht gefährlich, es hat Angst. Jedes Bäumchen biegt sich nach hinten, als ob es versucht, die Wurzeln herauszuziehen und wegzulaufen. Das sieht man ja. Und immer noch verärgert, kroch Mumintroll einfach in das Gestrüpp hinein.

Die Sonne verschwand, es wurde kalt. Die Äste kratzten ihn an den Ohren und die Tannenzweige stachen ihn, morsche Äste brachen unter seinen Pfoten, hier roch es nach Keller und toten Pflanzen. Und es war still, ganz still, das Rauschen des Meeres war verschwunden. Mumintroll schien es, als atmete etwas hier drinnen, vor Schrecken hatte er Tintengeschmack im Hals, fühlte sich eingeschlossen und festgehalten von den Zweigen und wollte nur wieder in die Sonne hinaus, weg, schnell, sofort – und dann dachte er – nein. Wenn ich jetzt umkehre, werde ich mich nie wieder hineinwagen. Mein ganzes Leben lang werde ich davorstehen und denken, ich habe es nicht gewagt. Die Kleine My hat mir Angst gemacht. Ich werde hineingehen und sagen, «übrigens, in dem Gebüsch da – da war niemand. Ich habe nachgesehen. Du bist ein Angeber!»

Mumintroll schnaubte und kroch weiter, hinein zwischen die Bäume mit den tastenden Zweigen. Hin und wieder knackte es, und eines der Stämmchen sackte zusammen und zerfiel zu einer weichen, sammetbraunen Humusmasse. Der Boden war elastisch und glatt wie Seide, mit Millionen von toten Tannennadeln bedeckt.

Während Mumintroll immer weiter hineinkroch, verschwand das unangenehme Gefühl des Eingeschlossenseins. Er fühlte sich in der kühlen Dunkelheit geschützt und verborgen. Er war ein kleines Tier, das sich versteckt hatte, und das seine Ruhe haben wollte.

Plötzlich aber hörte er wieder das Meer, die Sonne schien ihm warm ins Gesicht. Mumintroll war an eine Lichtung gelangt.

Die Lichtung war winzig klein, ungefähr wie zwei Betten nebeneinander. Hier war es warm, Bienen summten über den Blumen, und rundherum stand der dichte Gestrüppwald und hielt Wache. Über der Lichtung winkten grüne Birkenblätter, ein luftiges grünes Dach, durch das der Himmel hineinschauen konnte. Es war makellos. Mumintroll hatte das Vollendete gefunden! Niemand vor ihm war hier gewesen. Die Lichtung gehörte ihm.

Er setzte sich vorsichtig ins Gras und machte die Augen zu. Das sichere Versteck, das war immer eine seiner ganz ernsten Ideen gewesen, er hatte immer danach gesucht, und viele gefunden. Aber noch nie so ein feines wie dieses. Es war sowohl verborgen wie offen. Nur die Vögel konnten ihn sehen, der Boden war warm, und das Gefährliche beschützte ihn von allen Seiten. Er seufzte.

Da biß ihn etwas in den Schwanz, es brannte wie Feuer. Er sprang auf und wußte augenblicklich, worum es sich handelte. Pisiameisen. Kleine giftige Rasenameisen, von denen es im Gras wimmelte. Von allen Seiten kamen sie angelaufen – nun biß ihn eine in die Pfote. Mumintroll trat langsam den Rückzug an. Seine Augen brannten vor Enttäuschung, er fühlte sich verletzt. Natürlich: sie hatten hier vor ihm gewohnt. Aber wenn man in der Erde drin wohnt, sieht man ja nichts von dem, was es über dem Boden gibt, eine Pisiameise hat keine Ahnung von Vögeln oder Wolken oder von all dem, was wichtig und schön ist für einen – sagen wir einen Mumintroll.

Es gibt verschiedene Arten von Gerechtigkeit. Gemäß der einen Gerechtigkeit, die vielleicht etwas komplizierter, aber absolut richtig war, gehörte die Lichtung ihm, nicht den Pisiameisen! Wenn man ihnen das nur beibringen konnte. Sie konnten ja genausogut irgendwo anders wohnen. Etwas weiter weg, nur einige Meter. Wie konnte man ihnen das erklären? Könnte man schlimmstenfalls eine Grenzlinie ziehen und das Gebiet teilen?

Da waren sie wieder. Sie hatten ihn gefunden und gingen zum Angriff über. Mumintroll floh. Er floh schmachvoll aus dem Paradies, aber er war wild entschlossen, zurückzukehren. Dieser Platz hatte sein ganzes Leben auf ihn gewartet, vielleicht viele hundert Jahre lang. Er gehörte ihm, weil er ihn mehr liebte, als irgendjemand anders. Auch wenn eine ganze Million Pisiameisen auf einmal liebte, so konnten sie doch nicht so stark fühlen wie er. Glaubte er.

Du, Vater, sagte Mumintroll.

Doch der Vater hörte nicht, denn gerade in dem Augenblick bekam er den Bummelstein richtig zu fassen und rollte ihn mit Krach und Donnerschlag den Berg hinab. Er schlug deutlich zwei Funken und hinterließ einen schwachen, aufreizenden Geruch nach Pulver. Nun

lag er unten auf dem Grund, genau da, wo er liegen sollte. Es war herrlich, große Steine zu rollen, von den Ohren bis zur Schwanzspitze anzupacken und zu fühlen, wie es sich bewegte, langsam, langsam – noch ein bißchen, und dann rollte er ins Wasser mit einem prächtigen Plumps, und man stand da und schaute, zitternd vor Anstrengung und Stolz.

Vater, schrie Mumintroll.

Der Vater drehte sich um und winkte ihm zu. Er liegt, wo er liegen soll, rief er. Dies wird eine Brücke, ein Wellenbrecher, weißt du.

Er watete ins Wasser hinaus und begann keuchend einen noch größeren Stein auf dem Boden entlangzurollen, die Schnauze tief unter dem Wasser. Unter dem Wasser ließ es sich viel leichter rollen und heben. Der Vater überlegte, woran das liegen mochte. Aber die Hauptsache war ja, daß man sich fürchterlich stark fühlte ...!

Ich möchte dich etwas fragen, schrie Mumintroll. Über Pisiameisen. Es ist wichtig.

Der Vater hob seine nasse Schnauze hoch und lauschte.

Pisiameisen, wiederholte Mumintroll, hast du eine Ahnung, ob man mit ihnen sprechen kann? Glaubst du, sie würden verstehen, wenn man eine kleine Mitteilung für sie aufsetzte? Ob sie lesen können, meine ich.

Pisiameisen? sagte der Vater erstaunt. Nein, die verstehen sicher nichts. Jetzt heißt es einen dreieckigen Stein finden, der zwischen diese beiden großen hier paßt. Ein Wellenbrecher muß stark sein – der muß von jemandem gebaut werden, der das Meer kennt ...

Der Vater watete weiter, mit der Schnauze unter Wasser.

Mumintroll ging den Strand hinauf und sah, wie seine Mutter im Gartenland herumkroch. Sie verteilte den Tang, Pfoten und Schürze waren ganz braun, sie war ganz in ihre Arbeit vertieft und strahlte.

Mumintroll trat auf sie zu und sagte: Mutter. Wenn man sich einen ganz schönen Platz vorstellt, den man gefunden hat, und den man zu seinem gemacht hat, und dann entdeckt man, daß da eine ganze Menge von anderen wohnt, die nicht wegziehen wollen. Haben sie ein Recht dazubleiben, auch wenn sie gar nicht begreifen, daß der Platz schön ist?

Das haben sie, sagte die Mutter und setzte sich in den Tang.

Aber wenn sie sich genauso wohl fühlen würden in einem – einem Müllhaufen, rief ihr Sohn.

Dann muß man wohl mit ihnen verhandeln, meinte die Mutter. Und ihnen vielleicht beim Umzug helfen. Umziehen kostet viel Mühe, wenn man lange am selben Ort gewohnt hat.

Ach was, sagte Mumintroll. Und wo ist denn My?

Sie ist beim Leuchtturm und baut eine Art Fahrstuhl, antwortete die Mutter.

Die Kleine My hing selbstsicher in dem geöffneten Nordfenster. Es sah lebensgefährlich aus. Sie war dabei, auf dem Fensterrahmen einen Klotz festzunageln. Auf dem Fußboden lag eine Menge unbestimmbarer Dinge in Grau herum, und die Bodenluke stand offen.

Was wird der Vater dazu sagen? fragte Mumintroll. Niemand darf dort hinaufgehen. Das ist sein Privatreich.

Über seinem Privatreich ist aber eine Bodenkammer, sagte My lässig. Ein sehr kleiner gemütlicher Boden, wo man das eine oder andere finden kann. Gib mir mal den Nagel dort. Ich habe es satt, jedes Mal, wenn wir essen wollen, die Treppe hinaufzuklettern. Und jetzt baue ich einen Fahrstuhl. Ihr könnt mich entweder in einem Korb hinaufziehen oder auch mir das Essen hinabschicken. Das wäre noch besser.

Wie macht sie es nur, dachte Mumintroll. Sie tut immer das, wozu sie Lust hat, und niemand hat etwas dagegen. Sie tut es ganz einfach.

Er sagte: übrigens, das Gestrüpp da. Niemand war drin. Kein einziger. Höchstens ein paar Ameisen.

Soso, sagte My. Na, das konnte ich mir auch denken.

Damit war die Sache aus der Welt. Sie rammte einen großen Nagel bis zum Kopf ein und pfiff zwischen den Zähnen.

Du räumst aber bitte den Kram weg, bevor Vater kommt, rief Mumintroll zwischen den Hammerschlägen und fühlte, daß er überhaupt keinen Eindruck machte.

Er wühlte niedergeschlagen in dem Haufen von altem Papier, Büchsen, zerrissenen Netzen, Wollfetzen und Stücken von Seehundfell – und dann fand er einen Wandkalender. Einen großen Wandkalender mit einem wunderbaren Bild. Es stellte ein Seepferd dar, das im Mondschein auf einer Welle ritt. Der Mond tauchte seinen Fuß ins nächtliche Meer, und das Seepferd hatte lange gelbe Haare und sehr blasse, unergründliche Augen. Wie konnte jemand nur so schön malen! Mumintroll stellte das Bild auf die Kommode und betrachtete es lange.

Der ist fünf Jahre alt, sagte My und sprang auf den Boden. Jetzt sind die Tage anders, und außerdem hat jemand vor langer Zeit alles abgerissen. Halt das Seil fest, ich gehe mal runter und schaue nach, ob der Fahrstuhlkorb funktioniert.

Warte doch mal, sagte Mumintroll. Ich wollte dich etwas fragen. Weißt du, was man tut, damit Pisiameisen ihre Wohnung woandershin verlegen?

Ausrotten natürlich, sagte die Kleine My.

Nein, nein, rief der Troll, ich meine umsiedeln ...

My schaute ihn an. Nach einem Weilchen sagte sie, ach so. Du hast einen Platz gefunden, der dir gefällt, da drinnen im Gestrüppwäldchen. Und der ist voll von Pisiameisen. Was bekomme ich dafür, wenn ich sie verschwinden lasse?

Er fühlte, wie seine Nase rot wurde.

Ich werde das für dich erledigen, sagte die Kleine My ruhig. Du kannst nach ein paar Tagen hingehen und nachsehen. Und du kannst dafür den Fahrstuhl besorgen. Jetzt haue ich ab.

Mumintroll war stehengeblieben und fühlte sich miserabel. Das Geheimnis war hinausgeschlüpft. Das Versteck war ein gewöhnlicher Ort geworden. Er schaute rasch den Wandkalender an und begegnete dem Blick des Seepferdchens. Wir sind von derselben Sorte, dachte Mumintroll heftig. Uns berührt nur das wirklich, was schön ist ... Ich bekomme meine Lichtung und alles andere ist gleichgültig. Aber jetzt möchte ich gar nicht an die Lichtung denken.

Und dann zog My unten am Seil. Zieh mich hinauf, schrie sie. Und laß nicht los. Denk an deine Pisiameisen.

Der Fahrstuhl funktionierte ausgezeichnet. Und sie hatte wirklich nichts anderes erwartet.

Müde und guter Laune ging der Vater durch die Heide nach Hause. Natürlich trug er irgendwo im Hinterkopf den Gedanken daran, daß er gezwungen sein würde zu versuchen, das Blinkfeuer wieder anzuzünden, aber bis zur Dämmerung waren es noch ein paar Stunden. Und er hatte große Steine gerollt, riesige, große Steine. Jedesmal, wenn einer von ihnen ins Wasser rollte, hatte die Muminmutter die Schnauze aus ihrem Gartenland gehoben und zugesehen. Der Vater beschloß, um die östliche Landzunge herum einen Boden zu machen.

Auf der Leeseite ruderte der Fischer langsam rückwärts, mit seinen Angeln am Steven. Der Vater hatte noch nie gehört, daß sie so spät im Jahr anbissen. Man mußte im Juli angeln. Aber es war ja ein besonderer Fischer. Vielleicht ruderte er nur gern rückwärts und war gern mit sich allein.

Der Vater hob die Pfote und wollte winken, unterließ es aber, er würde doch keine Antwort bekommen.

Er kletterte auf den Berg und begann, gegen den Wind zu gehen. Hier hatten die Klippen große Bogenlinien und glichen den Rückgraten von riesigen Tieren, die Seite an Seite ins Meer wanderten. Der Vater war bis an den Kolk herangekommen, da entdeckte er ihn erst. Eine ruhige dunkle Wasseroberfläche, tief dort unten, fast oval. Wie ein riesiges Auge. Der Vater war ganz begeistert. Ein richtiger See, ein schwarzer Schlund. Eines der größten Geheimnisse, die es gibt. Hin und wieder spülte das Meer eine kleine Welle über die Landspitze. Sie schlüpfte hinein über die Schwelle und kräuselte für einen kurzen Augenblick den Wasserspiegel. Dann war der Kolk wieder unbewegt und glotzte schwarz und blank zum Himmel.

Dort ist es tief, dachte der Vater. Oh, dort muß es sehr tief sein.

Meine Insel ist wie eine ganze Welt, hier gibt es alles, und sie hat genau die richtige Größe. Nein, bin ich glücklich! – Es ist, als hielte ich die ganze Welt in meiner Pfote.

So schnell er konnte, lief er zum Leuchtturm, er wollte den Kolk zeigen, bevor ihn jemand entdeckte.

Wie schade, daß es dort kein Regenwasser gibt, sagte die Mutter. Nein, nein, das Meer hat ihn gemacht! Der Vater holte mit den Pfoten aus. Mächtige Stürme haben sich über die Insel geworfen und den Kolk gefüllt und die Steine auf dem Grund hin- und hergerollt, immer rundherum, bis er so furchterregend tief geworden ist.

Vielleicht gibt es Fische dort? schlug Mumintroll vor.

Das ist sehr wahrscheinlich, sagte der Vater. Und wenn es da welche gibt, dann sind sie kolossal. Stellt euch bloß vor, ein Riesenhecht, der dort hundert Jahre lang umhergeschwommen ist und immer fetter und immer zorniger geworden ist.

Harte Sachen, sagte die Kleine My und war wirklich beeindruckt. Vielleicht werfe ich eine Angelschnur hinein und untersuche das.

Kleine Kinder dürfen nicht mit der Spinnrute fischen, sagte der Vater bestimmt. Nein, der Kolk ist für Väter gedacht. Geht nicht zu nahe an den Rand. Wie ihr seht, ist das eine unerhört gefährliche Stelle. Ich werde äußerst genaue Untersuchungen vornehmen. Aber nicht jetzt. Jetzt muß ich an die Mole denken und an einen Räucherofen für Aale und Hechte, die über sieben Kilogramm wiegen. Ich muß Pfähle für die Fischnetze aufstellen und einen Fischkasten bauen, bevor es regnet ...

Und irgendeine Regenrinne, fiel die Mutter ein. In ein paar Tagen haben wir kein Trinkwasser mehr.

Sei nur ruhig, sagte der Vater beschützend. Kommt alles. Ich werde alles besorgen, wenn ihr nur ein bißchen wartet.

Die Familie ging zurück zum Leuchtturmberg, während der Vater weiter über den riesigen Hecht sprach. Der Wind wehte schmeichelnd durch das Heidekraut, und die sinkende Sonne malte die ganze Insel mit warmen, goldenen Farben an. Doch hinter ihnen lag zwischen seinen Bergen der Kolk in tiefem Schatten.

Die Mutter hatte hinter der Kleinen My Ordnung gemacht, und die Dachluke war geschlossen. Der Vater war kaum eingetreten, als er auch schon den Wandkalender entdeckte.

Das ist genau, was ich brauche, sagte er. Wo habt ihr den gefunden?

Wenn ich überhaupt auch nur ein bißchen Ordnung auf der Insel bekommen soll, muß ich wissen, wie die Tage verlaufen. Heute ist ein Dienstag, das weiß ich.

Der Vater nahm einen Bleistift und zeichnete oben am Rand einen großen runden Ring. Das war DIE ANKUNFT. Dann machte er zwei kleine Kreuze für Montag und Dienstag.

Habt ihr schon mal ein Seepferd gesehen, fragte Mumintroll. Sind die ebenso schön wie auf dem Bild?

Kann sein, sagte die Mutter, ich weiß es nicht. Aber man behauptet ja, daß die Maler zu übertreiben pflegen.

Mumintroll nickte nachdenklich. Schade, daß man nicht sehen konnte, ob das Pferdchen silberne Hufeisen an den Füßen hatte oder nicht.

Nun war das Zimmer ganz von dem goldenen Sonnenuntergang erfüllt, nach einer Weile würde es rot werden. Der Vater stand mitten im Zimmer und versuchte sich zu konzentrieren. Jetzt war genau der Zeitpunkt, da er hinaufgehen und das Leuchtfeuer anzünden müßte, dann käme der Abend. Aber wenn er die Leiter hinaufkletterte, wüßten die anderen natürlich, was er vorhatte. Und wenn er wieder hinabkäme, wüßten sie, daß es ihm nicht gelungen war, das Leuchtfeuer anzuzünden. Warum waren sie nicht bis zur Dämmerung draußen geblieben, und er hätte es in Ruhe versuchen können. Manchmal hatte das Familienleben etwas an sich, das der Vater gar nicht gern hatte. Sie hatten einfach kein Gespür für gewisse Dinge. Und trotzdem waren sie mit ihm so lange zusammengewesen.

Der Vater tat das, was man in unlustigen Augenblicken tut, er ging ans Fenster und kehrte ihnen den Rücken.

Dort auf dem Fensterbrett lag der Netzspan. Natürlich. Er hatte völlig vergessen, die Netze zu legen. Das war wichtig, sehr wichtig. Der Vater spürte eine große Erleichterung. Er drehte sich um und sagte, heute abend legen wir Netze. Sie müssen immer vor Sonnenuntergang im Wasser sein. Eigentlich müßten wir das jeden Abend tun, da wir jetzt auf einer Insel wohnen.

Also ruderten Mumintroll und sein Vater mit den Netzen hinaus. Wir legen sie in einem Bogen vor der östlichen Landspitze aus, sagte der Vater. Die westliche gehört dem Fischer. Man kann nicht mitten vor seiner Nase fischen, das tut man nicht. Jetzt ruderst du langsam, während ich den Grund beobachte.

Hier wurde das Wasser wirklich tief. Wie eine breite vornehme Treppe führten die geschwungenen Terrassen aus Sand weiter ins Meer hinein. Mumintroll ruderte über die Tangwälder, die immer dunkler wurden, zur Landzunge hin.

Stopp, rief der Vater. Ein bißchen zurück. Hier ist der Boden gut. Wir ziehen sie schräg nach außen zu den kleinen Schären hin.

Er warf den Schwimmer mit dem weißen Fähnchen hinein und tauchte das Netz ins Wasser. Nun glitt es in langen, gleichmäßigen Bewegungen hinaus, glitzernde Wassertropfen in jeder Masche, die Korken verweilten einen Augenblick an der Oberfläche und sanken dann wie eine Perlenkette hinter ihnen. Netzelegen befriedigt, eine männliche und ruhige Beschäftigung. Man tut etwas für die Familie.

Nachdem alle Netze gelegt waren, spuckte der Vater dreimal auf den Netzspan und ließ ihn gehen. Er steckte das Ende in die Luft und verschwand unter Wasser, senkrecht hinab. Der Vater setzte sich auf die hintere Ruderbank.

Es war ein friedlicher Abend. Nun wurden die Farben blaß und verloschen langsam in der Dämmerung, nur mitten über dem Gestrüppwäldchen war der Himmel ganz rot. Sie zogen das Boot in vergnüglichem Schweigen an Land und wanderten über die Insel nach Hause.

Als sie bis zu den Espen gekommen waren, drang ein schwacher, klagender Laut vom Wasser her zu ihnen. Mumintroll blieb stehen.

Das habe ich gestern auch gehört, sagte der Vater. Ein Vogel wahrscheinlich.

Mumintroll schaute über das Meer. Dort auf der Schäre sitzt etwas, sagte er.

Das ist ein Seezeichen, sagte der Vater und ging weiter.

Heute morgen war kein Seezeichen dort, dachte Mumintroll. Nichts war dort. Er stand ganz still und wartete.

Jetzt bewegte es sich. Sehr sehr langsam, glitt über den Berg und war verschwunden. Das war nicht der Fischer, der ist klein und schmal. Das war etwas anderes.

Mumintroll schüttelte sich und ging weiter nach Hause.

Er würde nichts sagen, bevor er sicher war. Im übrigen hoffte er, nie zu erfahren, wer da draußen saß und jeden Abend heulte.

Als Mumintroll in der Nacht aufwachte, lag er lange unbeweglich da und lauschte. Jemand hatte ihn gerufen. Aber er war nicht sicher, vielleicht hatte er nur geträumt. Die Nacht war genauso still wie der Abend und erfüllt von blauweißem Licht, der zunehmende Mond stand genau über der Insel.

Mumintroll stand so leise wie möglich auf, damit Vater und Mutter nicht aufwachten und trat ans Fenster, öffnete es behutsam und guckte hinaus. Jetzt hörte er das schwache Geräusch von den Wellen am Ufer, weit weg einen Vogel; die Felsinseln schwammen leer und dunkel im Meer. Die Insel schlief.

Nein, unten am Strand geschah etwas. Entferntes Trappeln von schnellen Füßen, Wasserplätschern – dort geschah etwas.

Mumintroll wurde von heftiger Spannung ergriffen. Er war ganz sicher, was dort unten geschah, ging ihn an, nur ihn und niemanden von den anderen. Er mußte hin. Er fühlte es überall, es war wichtig, er mußte in die Nacht hinausgehen und nachsehen, was am Sandstrand geschah. Jemand hatte ihn gerufen, und er durfte keine Angst haben.

An der Tür erinnerte er sich an die Treppe und zögerte. Nachts die Wendeltreppe, das war ein ziemlich schrecklicher Gedanke – am Tage lief man sie hinunter und dachte nicht nach. Mumintroll trat zurück und nahm die Sturmlaterne, die auf dem Eßtisch stand. Die Streichhölzer fand er auf dem Herd.

Jetzt schloß sich die Tür hinter ihm und der Turm öffnete sich unter ihm wie ein tiefer, schwindelerregender Brunnen. Er sah ihn nicht, aber er ahnte ihn. Die Flamme in der Laterne flackerte und stieg, jetzt brannte sie ruhiger. Er schloß das Glas und wagte, sich umzusehen.

Das Licht hatte alle Schatten aufgescheucht; schlaftrunken flatterten sie umher, als er die Lampe aufhob. So viele Schatten, so viele phantastische Formen und Gestalten, die durch das ausgehöhlte Innere des

Leuchtturms auf und niederflatterten. Es sah schön aus. Die Treppe wendelte sich nach unten, tiefer und tiefer hinab, grau und zerbrechlich, gleich dem Skelett eines vorhistorischen Tieres, das das Dunkel dort unten entgegennahm. Bei jedem Schritt, den Mumintroll machte, flogen die Schatten auf und tanzten ihm an den Wänden etwas vor. Es war zu schön, als daß er sich fürchten konnte.

Mumintroll ging nach unten, Schritt für Schritt. Er hielt die Laterne sehr fest, und sie half ihm bis nach unten in den weichen Lehm des Leuchtturmbodens. Die Tür knarrte wie sie es immer tat, sie war schwer. Und nun stand er draußen auf dem Berg, und die Insel nahm ihn im kalten und unwirklichen Mondschein in Empfang.

Wie aufregend das Leben ist, dachte Mumintroll. Alles kann eben genau umgekehrt sein – ohne Ursache. Die Treppe wird plötzlich wundersam, und die Lichtung wird etwas, woran ich nicht mehr denken will. Es wird nur so, man weiß nicht wie.

Er hielt den Atem an, während er ging – über den Berg, hinab in die Heide, durch den kleinen Espenwald. Die Bäume waren jetzt ruhig, es war nicht windig. Dann verlangsamte er seine Schritte und lauschte. Am Sandstrand war es ganz still.

Vielleicht erschrecke ich sie, dachte Mumintroll und bückte sich, um das Sturmlicht auszulöschen. Was es hier nachts gibt, ist sicher sehr scheu. Eine Insel, die nachts lebt, ist vorsichtig.

Nun war das Licht ausgelöscht, und die Insel kam sofort näher. Er spürte sie von der einen Landzunge zur anderen, sie war unbeweglich im Mondschein und sehr nahe. Er hatte keine Angst, er lauschte nur.

Dann kam das stampfende Geräusch von Schritten wieder. Hinter den Espen lief jemand im Sand, lief hin und her, hinaus ins Wasser, es plätscherte, und weißer Schaum flog auf ...

Dort waren sie. Die Seepferde, seine Seepferde. Nun war alles klar.

Das silberne Hufeisen, das er im Sand gefunden hatte, der Wandkalender mit der hohen, aufsteigenden Welle, dort wo der Mond seinen Fuß eintauchte, ein Ruf, den er vernommen hatte, während er schlief. Mumintroll blieb zwischen den Espen stehen und sah, wie die Seepferde tanzten.

Sie liefen hin und zurück über den Sand, mit erhobenem Kopf und fliegenden Haaren, die Schwänze flossen hinter ihnen in langen leuchtenden Wogen. Sie waren unbeschreiblich schön und behend, und sie wußten es. Sie kokettierten ohne Hemmung und ganz selbstverständlich – vor einander, für einander, für sich, für die Insel oder das Meer, ganz gleich wofür. Zuweilen machten sie einen plötzlichen Satz ins Wasser hinaus, das hochspritzte und im Mondschein Regenbögen warf. Dann liefen sie durch ihre eigenen Regenbögen hindurch und zurück, sie machten einander Augen und beugten die Köpfe, um die Kurve über Hals und Rücken zum Schwanz hin hervorzuheben. Es schien, als tanzten sie vor einem Spiegel.

Jetzt standen sie still, rieben ihre Leiber gegeneinander, während sie ganz deutlich nur an sich selbst dachten, beide waren in grauen Samt gekleidet, man sah, daß er weich und warm war und nicht naß werden konnte. Vielleicht war er sogar geblümt.

Während Mumintroll sie betrachtete, geschah etwas Lustiges, was vielleicht ganz natürlich war. Ihm kam plötzlich der Gedanke, daß auch er hübsch war. Er fühlte sich leicht, verspielt und überlegen. Er lief hinab ans Ufer und rief, was für ein Mondschein! Und so warm! Man möchte ja fliegen!

Die Seepferde scheuten, bäumten sich auf und galoppierten wild davon. Sie flogen an ihm vorbei mit aufgerissenen Augen und die Mähnen strömend wie Wasser. Die Hufe trommelten aufgeregt, aber man wußte dennoch, alles war Spiel. Mumintroll wußte, daß sie Erschrecken spielten, und daß sie das genossen, aber er wußte nicht, ob er Beifall klatschen oder sie beruhigen sollte. Er wurde wieder klein und dick und plump, und gerade als sie an ihm vorbei und ins Meer liefen, schrie er, Ihr seid so schön! Ihr seid so schön! Geht nicht weg!

Das Wasser spritzte hoch, der letzte Regenbogen sank, und das Ufer war leer.

Mumintroll setzte sich in den Sand und wartete. Er war sicher, daß sie zurückkommen würden, sie mußten zurückkommen, wenn er nur Geduld zum Warten hatte.

Die Nacht wurde immer länger, und der Mond sank.

Vielleicht wollten sie gern ein Licht am Strand haben, ein Licht, das sie wieder herlockte zum Spielen.

Mumintroll zündete die Sturmlaterne an. Er stellte sie vor sich in den Sand, und er starrte ununterbrochen hinaus auf das dunkle Wasser. Nach einer Weile stand er auf, nahm die Laterne und begann sie langsam hin- und herzuschwenken. Es war ein Signal. Er versuchte an freundliche, beruhigende Dinge zu denken. Er schwenkte das Licht hin und her, er hatte sehr sehr viel Geduld.

Am Ufer wurde es kalt. Vielleicht war es der Morgen, der kam. Die Kühle floß vom Meer heran, jetzt froren seine Pfoten. Mumintroll schauderte und blickte auf. Vor ihm, im Wasser, saß die Morra.

Ihre Augen folgten den Bewegungen der Sturmlaterne, sie war ganz still. Er wußte, daß sie nicht näher kommen würde. Er wollte weg von ihrer Kälte und Regungslosigkeit, weg von ihrer Einsamkeit. Doch er konnte nicht weglaufen. Er blieb stehen und schwenkte das Sturmlicht, immer langsamer und langsamer. Keiner von ihnen rührte sich, und die Zeit wurde sehr lang.

Schließlich begann Mumintroll rückwärts zu gehen, ganz vorsichtig. Die Morra blieb draußen auf ihrer Insel aus Eis. Er ging weiter, ohne den Blick von ihr zu lassen, über den Sand hinauf, ins Espenwäldchen. Er löschte das Licht.

Jetzt war es sehr dunkel, der Mond war hinter der Insel untergegangen. Vielleicht war es ein Schatten, der dort trieb, zu den Felsinseln hin – er war nicht sicher.

Mumintroll ging zum Leuchtturm zurück, gedankenschwer. Das Meer war jetzt ganz still, nur drinnen zwischen den Espen flüsterten die Blätter vor Entsetzen. Aus dem kleinen Gestrüppwäldchen kam ihm starker Petroleumgeruch entgegen. Der gehörte nicht zur Nacht.

Darüber will ich morgen nachdenken, sagte Mumintroll zu sich. Dafür hat mein Kopf jetzt keinen Platz mehr.

Nordostwind

Kurz vor Sonnenaufgang begann es, von Osten her zu wehen, giftig und eigensinnig. Die Familie wachte gegen acht Uhr auf, und da hatte der Ostwind bereits Regen herangebracht, der in Böen um den Leuchtturm fuhr.

Jetzt gibt es Wasser, sagte die Mutter. Gottseidank, daß ich einen Topf gefunden habe und ihn noch scheuern konnte.

Sie legte Holz in den Herd und machte Feuer. Mumintroll lag noch im Bett, er hatte keine Lust zum Reden. Oben an der Decke war ein runder Fleck mit einem Wassertropfen in der Mitte. Der Tropfen wurde immer schwerer. Und jetzt fiel er herab auf den Eßtisch.

My kam durch die Tür gefahren. Kein Wetter heute für den Fahrstuhl, sagte sie und wrang das Wasser aus dem Haarschopf. Der bläst genau von der Turmwand weg.

Ist der Kaffee fertig? fragte die Kleine My. Ich habe brüllenden Hunger, das macht das Unwetter. Das Meer schlägt geradenwegs in den Kolk, und die Landzunge vom Querkopf ist eine Insel geworden. Selbst hat er linkswärts Leine gezogen und liegt unter dem Boot und zählt Regentropfen.

Die Netze, sagte der Vater und sprang aus dem Bett. Wir haben ja die Netze im Wasser. Er schoß ans Fenster und guckte hinaus, konnte die Schwimmkugel aber nicht entdecken. Der Ostwind zog genau über die Landzunge hinein. Das würde eine Arbeit werden, sie hochzuziehen, während der Wind darauflag. Und dann der Regen!

Sie bleiben eben drin, bestimmte der Vater. Dann gibt es nur noch mehr Fisch. Nach dem Kaffee gehe ich in die Kuppel und werde mir ein Bild vom Sturm machen. Der legt sich sicher bis zum Abend, paßt mal auf.

Der Sturm sah eine Treppe höher ungefähr genauso aus. Der Vater stand da und beschaute die Leuchtturmlampe, er schraubte eine Mutter los und schraubte sie wieder fest, öffnete und schloß das Lampengehäuse. Es hatte keinen Sinn, er wußte doch nicht, wie es funktionierte. Es war ja auch eine Schlamperei sondergleichen, daß es für solch einen Leuchtturm keine Gebrauchsanweisung gab. Unverzeihlich.

Der Vater setzte sich auf einen der Gasbehälter und lehnte den Rücken gegen die Wand. Über ihm schlug der Regen gegen die Glasscheiben, es flüsterte und schäumte, wenn die Böen kamen. Die grüne Scheibe war kaputt. Darunter, auf dem Fußboden, sammelte sich langsam ein kleiner See. Der Vater betrachtete ihn abwesend, er spielte darin herum, verwandelte ihn in ein Delta mit langen, sich schlängelnden Flüssen und ließ den Blick über die Wände gleiten. Dort hatte jemand mit Bleistift geschrieben, etwas, das einem Vers glich. Der Vater beugte sich etwas vor und las:
Der blasse Mond am Himmel
schaut auf das leere Meer
vier lange Jahre gingen
kein Segel kam daher.

Das hat der Leuchtturmwärter geschrieben, dachte der Vater. Das

hat er sich bestimmt ausgedacht, als er sich einmal richtig elend fühlte. Nein, für Schiffe leuchten, die niemals vorbeifahren ...

Der Vater begann an den Wänden entlangzukriechen und die Gedanken des Leuchtturmwärters zu suchen. Dort gab es eine Menge Aufzeichnungen über Windstärke. Der stärkste Sturm hatte Windstärke 10 erreicht, bei südwestlichem Wind. An einer anderen Stelle hatte der Leuchtturmwärter wieder einen Vers geschrieben, aber der war mit vielen schwarzen Strichen durchgestrichen. Das einzige, was der Vater entziffern konnte, war, daß es etwas über Vögel war.

Ich muß mehr über ihn wissen, dachte der Vater. Sobald das Wetter besser wird, werde ich den Fischer aufsuchen. Sie kannten sich ja, sie wohnten auf derselben Insel. Jetzt mache ich die Bodenluke zu und gehe nicht mehr hierher, ich werde nur traurig.

Der Vater kletterte ein paar Stufen hinab und sagte, er habe sich etwas nach Nordost gedreht. Vielleicht nimmt er ab. Und ich habe mir überlegt, ob man den Fischer nicht mal zum Kaffee einladen sollte.

Der trinkt sicher keinen Kaffee, meinte die Kleine My. Der ißt bestimmt nur Seegras und rohen Fisch. Möglicherweise siebt er Plankton durch die Vorderzähne.

Nein, ist nicht wahr, rief die Mutter. So ein merkwürdiger Geschmack!

Doch, Seegras, wiederholte die Kleine My. Genauso sieht er aus. Das würde mich gar nicht wundern. Aber er ist selbständig und bittet um nichts, fügte sie anerkennend hinzu.

Und erzählen tut er auch nichts? fragte der Muminvater.

Nicht ein bißchen, sagte die Kleine My. Sie sprang auf den Herd hinauf und rollte sich an der warmen Mauer zusammen, um das Regenwetter zu verschlafen.

Jedenfalls ist er unser Nachbar, sagte die Mutter unbestimmt. Ich meine, einen Nachbarn muß man immer haben. Sie seufzte ein wenig und fügte hinzu, ich glaube, es regnet hinein.

Ich werde das in Ordnung bringen, sagte der Vater. Später. Wenn ich Zeit habe. Aber er dachte, vielleicht hört es auf. Ich habe keine Lust hinaufzugehen. Dort oben sitzt der Leuchtturmwärter.

Der lange, regnerische Tag ging vorbei, und gegen Abend flaute der Wind so weit ab, daß der Vater sich entschloß, die Netze einzuholen.

Ihr seht, wie gut es ist, etwas Ahnung vom Meer zu haben, sagte er und war sehr zufrieden. Wir kommen dann zum Tee zurück und bringen die größten Fische mit. Auf den Rest pfeifen wir.

Die Insel war naß und kraftlos und im Regen ohne Farbe. Das Wasser war so hoch gestiegen, daß von dem Sandstrand nicht mehr viel übriggeblieben war, und das Boot rollte mit dem Heck im Wasser auf seinen Rennlatten hin und her.

Wir müssen es hinaufziehen bis zu den Espen, sagte der Vater. Hier siehst du, was das Meer im Herbst zustandebringen kann. Wenn ich mit den Netzen bis morgen gewartet hätte, hätten wir kein Boot mehr. Man kann nie vorsichtig genug sein am Meer. Ich möchte wissen, fügte der Vater ernsthaft hinzu, ich möchte wissen, warum das Meer steigt und fällt. Es muß einen Grund geben ...

Mumintroll blickte umher, es war ein ganz neuer Strand. Das Meer sah aus, als sei es geschwollen. Es hob sich mühsam und mürrisch, und es hatte einen Wall von Tang ans Ufer geworfen. Das war kein Strand für Seepferde mehr. Nein, wenn sie nun nur Sand mochten und nie mehr zurückkämen! Wenn die Morra sie verjagt hatte ...

Mumintroll warf einen schüchternen Blick zu den Felsinseln hin, doch sie waren im Regennebel versteckt.

Gib acht beim Rudern, rief der Vater. Guck nach der Schwimmkugel und paß auf die Wellen auf, sonst gehen wir auf Grund.

Mumintroll hängte sich an das linke Ruder und zog so sehr er konnte. Das ABENTEUER drehte sich die ganze Zeit zur Leeseite, und in den Wellentälern stampfte es auf der Stelle.

Nach außen, nach außen, schrie der Vater am Heck. Drehen. Nein, nach der anderen Seite. Zurück, zurück. Er lag mit dem Bauch auf der hinteren Ruderbank und versuchte, die Schwimmkugel zu fassen. Nein, nein, hierher. Dorthin, meine ich. So, ja. Jetzt habe ich sie. Jetzt ruderst du nach außen, gerade und nach außen.

Der Vater bekam die obere Leine zu fassen und begann, die Netze einzuholen. Der Regen peitschte ihm in die Augen, und das Netz schien furchtbar schwer zu sein.

So viel Fisch können wir niemals aufessen, dachte der Vater verwirrt. Was für ein Leben. Aber hat man Familie, dann hat man eben Familie …

Mumintroll lag auf den Rudern und ruderte wie ein Besessener, er sah etwas Dunkles mit dem Netz heraufkommen, es war Tang. Das Netz war dick voll Tang wie eine Decke, auch voll mit gelbem Seegras, Meter für Meter.

Der Vater sagte kein Wort mehr. Er holte das Netz nicht mehr mit den Pfoten ein, sondern er lag verschränkt über der Reling und versuchte es mit beiden Armen hereinzubekommen, ganz gleich wie.

Einen Arm nach dem anderen voll mit braungelber dicker Pelzdecke wurde über die Reling geworfen, nicht ein Fisch. Mit allen drei Netzen war es das gleiche, und sogar auf dem Netzspan saß ein Büschel Seegras.

Mumintroll drehte mit dem Boot und ließ es gegen das Sandufer gehen, während er am rechten Ruder hing ohne zu rudern, ein paar Augenblicke später stieß das ABENTEUER mit der Spitze an Land, und mit der nächsten Welle schlug es mit der Seite ans Ufer. Es kenterte. Jetzt kam Leben in den Vater.

Spring ins Wasser und zieh am Bug, schrie er. Zieh es hinaus und halte fest.

Mumintroll stand bis zum Bauch im Wasser und hielt ABENTEUER an der Fangleine fest. Das Boot bäumte sich auf wie ein Mustang, und jede Welle, die kam, ging Mumintroll über die Schnauze. Das Wasser war so kalt, daß es schmerzte. Über das Heck schleppte der Vater die ganze Ausrüstung an Land, er kämpfte und arbeitete, mit dem Hut über den Augen, die Ruder waren in den Sand gerollt und verhakten sich mit den Netzen und seinen Beinen, alles war so verrückt, wie nur möglich. Nachdem sie ABENTEUER endlich auf die Rennlatten bekommen hatten, kam eine neue Regengardine übers Meer gefahren, die Landschaft wurde dunkel und verhängt, langsam kam der Abend.

Das ist ja noch einmal gut gegangen, sagte Mumintroll und linste vorsichtig zum Vater hinüber.

Findest du, sagte der Vater zögernd. Er starrte eine Weile den riesigen Berg aus Netzen und Seegras an und beschloß, Mumintroll recht zu geben. Er sagte, ja, das ist es. Ein Kampf mit dem Meer. So wird es draußen auf dem Meer gemacht.

Als My die ganze grandiose Schilderung gehört hatte, legte sie ihr Butterbrot hin und sagte: Mahlzeit, da habt ihr ja was vor! Drei bis vier Tage Fummelei. Das gelbe Seegras sitzt da drin wie ein Vielfraß. Wenn man die Netze den ganzen Tag drinläßt ...

Mh, ach so, begann der Vater.

Wir haben ja Zeit, sagte die Mutter rasch. Es macht auch einmal Spaß, Seegras zu sortieren, wenn das Wetter schön ist ...

Der Fischer kann die Netze ja sauberessen, schlug My vor. Dem schmeckt das Seegras. Hah!

Der Vater sank in sich zusammen. Dies mit dem Seegras kam nun noch zu dem Elend mit dem Blinklicht hinzu. Das war ungerecht. Da schuftete man und rackerte sich ab und alles glitt einem nur so unter der Hand weg. Entwickelte sich einfach anders ...

Vaters Gedanken wurden verschwommen. Er rührte mit dem Löffel in der Tasse herum, immer rundum, obwohl der Zucker schon längst geschmolzen war. Mitten auf dem Tisch stand der kleine Kochtopf. Die Tropfen von der Decke fielen mit gedankenvollen Pausen hinein und sagten Plips auf dem Boden des Kochtopfes.

Mumintroll starrte den Wandkalender an, während er lustlos Knoten in seinen Schwanz knüpfte.

Jetzt zünden wir die Lampe an, sagte die Mutter fröhlich. Heute abend können wir sie ans Fenster hängen, da es stürmt.

Nein, nein, nicht ans Fenster, rief Mumintroll und sprang auf. Bitte Mutter, nicht ans Fenster.

Die Mutter seufzte. Es war genauso, wie sie befürchtet hatte. Das Regenwetter machte sie genauso wunderlich wie auf ihren Ausflügen. Und natürlich würde es furchtbar viel regnen. Wenn es zu Hause regnete, konnte man drinnen viel tun, aber hier ... Die Mutter ging zur Kommode und öffnete die oberste Schublade.

Ich habe sie mir heute morgen angesehen, sagte sie. Sie ist fast leer. Aber könnt ihr euch denken, was ich drin gefunden habe? Ein Puzzle. Mindestens tausend Stückchen, und keiner weiß, was die ganze Sache wird, wenn sie fertig ist. Das ist doch ein Spiel, das Spaß macht.

Sie schüttete das Legespiel zwischen den Teetassen aus, es war ein sehr großer Haufen. Die Familie betrachtete ihn schlechtgelaunt.

Mumintroll drehte eines der Stückchen um, es war schwarz. Schwarz wie die Morra. Oder die Schatten im Gestrüppwäldchen – oder die Pupillen der Augen des Seepferdchens. Oder eine Million anderer Dinge. Alles konnte es sein. Und niemand wußte, wo es hineinpaßte, bevor nicht das ganze Bild beinah fertig war.

In jener Nacht sang draußen auf dem Meer die Morra. Niemand war mit der Lampe an den Strand gekommen. Sie hatte lange gewartet. Anfangs winselte die Morra nur ruhig. Doch allmählich wurde ihr Einsamkeitslied stärker. Es war nicht mehr nur einsam, es wurde trotzig. Es gibt keine andere Morra, nur mich, ich bin die einzige. Ich bin die kälteste in der Welt. Ich werde niemals warm.

Das sind die Seehunde, murmelte der Vater in seine Kissen.

Mumintroll zog die Decke über die Ohren. Er wußte, daß die Morra auf die Laterne wartete. Aber er wollte deswegen kein schlechtes Gewissen haben. Sie mochte heulen, so viel sie wollte, er kümmerte sich nicht darum, nicht ein bißchen. Und im übrigen hatte die Mutter gesagt, daß schrecklich viel Petroleum verbraucht worden sei. Mehrere Liter. Also bitte.

Die Tage vergingen, und das Wasser stieg in dem eigensinnigen Ostwind. Die Wellen fegten tosend um die Insel. Die Landzunge des Fischers war jetzt ganz isoliert, aber laut My war er nur froh darüber, daß er seine Ruhe hatte. Es hatte aufgehört zu regnen, und die Familie ging hinab an den Bootsstrand.

So viel Tang, rief die Mutter und freute sich. Jetzt kann ich einen viel größeren Garten anlegen.

Sie sauste hinauf und über den Berg und blieb wie angewurzelt stehen: Der Garten war weg, vollkommen weg. Das Meer hatte alles fortgeschwemmt.

Natürlich, es war zu dicht am Wasser, dachte die Mutter enttäuscht. Ich muß den Tang viel höher hinauftragen und einen neuen machen.

Sie schaute sich besorgt den überschwemmten Strand an, wo die Wellen in weißen schäumenden Bögen heranspülten. Sie fuhren bis unter das Boot, das sich in die Espensträucher hineindrückte. Sie klatschten gegen den Bug, und jedes Mal hüpfte es beleidigt hoch. Der Vater stand weit im Wasser drin und suchte seine Mole. Er lief hin und her, immer bis zum Bauch im Wasser, drehte sich um und schrie etwas.

Was hat er gesagt, fragte die Mutter.

Sie ist weg, sagte Mumintroll unten am Ufer. Alle Steine sind weggerollt.

Jetzt war es ernst. Die Mutter stürzte über den feuchten Sand und, um ihr Mitgefühl zu beweisen, hinaus ins Wasser. Das war besser als irgend etwas zu sagen.

Vater und Mutter standen nebeneinander und froren in den Wellen. Sie dachte, aber sein Meer ist ja ein böses Meer ...

Komm, wir gehen hinauf, sagte der Vater abwesend. Vielleicht waren die Steine nicht so groß, wie ich annahm.

Sie ließen den ganzen Schlamassel liegen und gingen am Boot vorbei zu den Espen, wo der Vater stehenblieb und sagte: Hier kann man keinen ordentlichen Weg anlegen. Ich habe es versucht. Die verdammten Steine sind zu groß. Der Leuchtturmwärter hätte sonst schon längst einen Weg gebaut, und eine Mole auch.

Vielleicht kann man auf solch einer Insel doch nicht viel ändern, sagte die Mutter. Sie ist eben so. Zu Hause war so etwas irgendwie leichter... Aber ich will trotzdem versuchen, einen Garten zu machen, etwas weiter oben.

Der Vater sagte nichts.

Und im Leuchtturm gibt es ja wirklich viel zu tun, fuhr die Mutter fort. Man kann kleine Regale bauen! Ein paar hübsche Möbel, nicht wahr?! Diese schreckliche Treppe reparieren ... und die Decke, du weißt ja ...

Ich will nicht reparieren, dachte der Vater. Ich will nicht Seegras sammeln ... Ich will große und vernünftige Sachen bauen, ich will so viel, und so gern – aber ich weiß nicht ... es ist furchtbar schwer, Vater zu sein.

Sie gingen weiter in Richtung Leuchtturm. Mumintroll sah Vater und Mutter hinter dem Abhang verschwinden, sie ließen die Schwänze hängen. Über dem Leuchtturmberg glühte ein abgebrochener Regenbogen in all seinen durchsichtigen Farben. Noch während Mumintroll ihn anschaute, verblichen die Farben langsam, und mit einem Male wußte er, daß es furchtbar wichtig war, auf die Lichtung zu kommen, bevor der Regenbogen ganz erlosch. Er stürzte hinauf ins Gestrüppwäldchen, warf sich auf den Bauch und kroch hinein.

Jetzt gehörte die Lichtung ihm. Sie war bei trübem Wetter genauso schön. Zwischen den Zweigen sah er das Spinngewebe, Wassertropfen versilberten es. Hier war es ganz still, obwohl es stürmte. Und keine Pisiameisen. Nicht eine einzige.

Vielleicht hatten sie sich nur vor dem Regen versteckt ... Mumintroll begann mit beiden Pfoten ungeduldig die Grasnarbe aufzureißen. Da war er wieder, der Geruch nach Petroleum. Doch, dort waren sie, zu Dutzenden, doch jede einzelne war tot und vergammelt, jämmerlichster Jammer, hier hatte ein großes Massakrieren stattgefunden, und nicht eine einzige Pisiameise war mit heiler Haut davongekommen. Sie waren in Petroleum ertränkt worden.

Mumintroll stand auf, und es überlief ihn heiß. Das ist meine Schuld.

Das hätte ich wissen müssen. My überredet nicht erst. Sie handelt auf der Stelle oder sie geht davon. Was soll ich nur machen ...

Mumintroll saß in der Lichtung, die ihm ganz und gar und für immer und ewig gehörte und schaukelte hin und her in dem Petroleumgeruch, der von allen Seiten in ihn hineinkroch. Auch auf dem Heimweg saß er in ihm, und er wußte ganz genau, daß er nie mehr verschwinden würde.

Aber mein Lieber, sagte die Kleine My. Pisiameisen sind wie Mücken, es ist nur gut, wenn man sich von ihnen befreit. Und im übrigen wußtest du ganz genau, wie ich die Sache deichseln würde. Du wußtest es, aber du hast gehofft, ich würde nichts sagen, du betrügst dich nur selbst!

Darauf gab es nicht viel zu antworten.

An jenem Abend entdeckte My, wie Mumintroll durch das Heidekraut kroch, und es war deutlich zu sehen, daß er versuchte, unsichtbar zu sein. Sie folgte ihm natürlich und sah, wie er rund um das Wäldchen Zucker streute. Danach verschwand er mit seiner Büchse im Dickicht.

Hah, dachte die Kleine My. Jetzt versucht er, sein Gewissen zu beruhigen. Das hätte ich ihm sagen können, daß Pisiameisen keinen Zucker essen. Und daß er schmilzt, denn der Boden ist feucht. Und daß die Pisiameisen, die ich nicht gekriegt habe, sich für die ganze Geschichte überhaupt nicht interessieren und überhaupt nicht getröstet werden müssen. Aber ich habe keine Lust dazu. Soll er.

Dann kamen zwei Tage, in denen die Mutter und Mumintroll nichts anderes taten als aus den Netzen Seegras zu sammeln.

Jetzt regnete es wieder. Der Fleck an der Decke war viel größer, es tropfte, plips, plips, plips in den kleinen Kochtopf hinein und glocks glocks in den großen. Oben in der Kuppel saß der Vater und sann unwillig über das zerbrochene Fenster nach. Seine Phantasie wurde müde und schwach je mehr er an dieses Fenster dachte. Es müßte von außen her vernagelt werden. Oder auch von innen mit Sackleinen und Leim abgedichtet werden. Das war Mumintrolls Vorschlag.

Der Vater wurde immer müder. Schließlich legte er sich auf den Fußboden und ließ die grüne Fensterscheibe zu Farbe werden, zu einer schönen, smaragdgrünen Farbe. Nun fühlte man sich besser, und nach einer Weile kam ihm ein ganz eigener Gedanke. Wenn man einen festen breiten Streifen Leinwand zurechtschnitt. Und darauf Leim strich, und das grüne Glas in eine Menge Smaragde zerbrach und diese in den Leim drückte. Der Vater richtete sich auf, sehr interessiert.

Zwischen die Edelsteine konnte man feinen weißen Sand streuen, bevor der Leim trocknete. Nein, Reiskörner. Man konnte kleine weiße Reiskörner hineindrücken, wie Perlen, tausende davon. Ein Gürtel von Smaragden und Perlen.

Der Vater richtete sich ganz auf und schlug den Hammer in das zerbrochene Fensterglas. Er brach es vorsichtig auf. Ein großes Stück fiel zu Boden und zersplitterte. Der Vater wählte eine Pfote voll aus und fing mit unendlicher Geduld an, die Scherben hübsch und ebenmäßig zu zerstückeln.

Am Nachmittag kam der Vater durch die Bodenluke hinab, der Gürtel war fertig.

Ich habe ihn selbst ausprobiert, sagte er. Und dann habe ich ein gutes Stück abgenommen. Es muß für dich gerade richtig sein.

Die Mutter bekam den Gürtel über den Kopf, er glitt hinab auf ihren runden Bauch und blieb da sitzen, genau wo er sollte.

Nein, das ist nicht zu glauben, das Schönste, was ich je besessen habe. Sie freute sich so sehr, daß sie ernst wurde.

Wir konnten einfach nicht verstehen, warum du Reis haben wolltest, rief Mumintroll. Aber die Körner quellen ja, wenn sie naß werden, deswegen dachten wir, du wolltest vielleicht damit das Fenster abdichten, irgendwie ...

Phantastisch, sagte die Kleine My mit gewisser Bewunderung. Nicht zu glauben. Sie stellte die Waschschüssel an eine neue Stelle, an der der Deckentropfen weder plips noch glocks sagte, sondern glupps, und sie fügte hinzu: und damit ist der Reis also zu Ende.

Ich bin ziemlich breit in der Taille, sagte die Mutter vorwurfsvoll. Wir können genauso gut Haferflockenbrei essen.

Der Haferflockenbrei wurde schweigend entgegengenommen, wobei der Vater plötzlich eine Dreiton-Tropfenmelodie hörte, die nur für ihn komponiert war. Und er hatte sie nicht gern.

Liebling, wenn man zwischen Schmuck und Reisbrei zu wählen hat, fing die Mutter an, aber der Vater unterbrach sie und fragte, wieviel Essen haben wir verbraucht?

Eine ganze Menge, sagte die Mutter ängstlich. Du weißt, Seeluft ...

Ist noch etwas übrig? fuhr der Vater fort.

Die Mutter machte eine unbestimmte Geste, die hauptsächlich Haferbrei bedeutete, doch gleichzeitig auch, daß es nicht so wichtig sei.

Daraufhin tat der Vater das einzige Denkbare, er nahm die Spinnrute von der Wand und setzte sich den Hut des Leuchtturmwärters auf. Stolz schwieg er, während er sich den schönsten Köder aussuchte. Die Familie wartete voller Respekt, und der Deckentropfen tropfte und fiel.

Ich gehe jetzt ein bißchen angeln, sagte der Vater ruhig. Es ist Hechtwetter.

Der Nordostwind hatte sich ausgestürmt, aber es war immer noch Hochwasser. Es nieselte, und die Berge hatten dieselbe Farbe wie das Wasser, eine graue eintönige Welt in großer Verlassenheit.

Der Vater saß eine Stunde am Kolk. Nicht ein einziges Mal bissen sie an. Man sollte nie von Hechten sprechen, wenn man sie noch nicht geangelt hat!

Natürlich fischte der Vater gern, das tun wohl die meisten Väter von einem bestimmten Schlag. Aber ohne Fisch nach Hause zu kommen, das hatte er gar nicht gern. Er hatte die Spinnrute vor einem Jahr zum Geburtstag bekommen, und sie war sehr schön. Aber zuweilen hing sie an ihrem Haken in einer ganz bestimmten, etwas unangenehmen Art. Wie eine Herausforderung.

Der Vater schaute hinab in das schwarze Wasser, und das große ernste Auge des Kolks starrte zurück. Er holte die Schnur ein und steckte seine erkaltete Pfeife hinters Hutband. Dann wollte er auf die Leeseite der Insel gehen. Dort könnte es auch Hechte geben. Vielleicht kleinere, aber wenigstens etwas, was er mit nach Hause nehmen konnte.

Dicht am Ufer saß der Fischer und angelte.

Ist hier eine flache Stelle? fragte der Vater.

Nein, sagte der Fischer.

Der Vater setzte sich auf den Berg und suchte nach einem Anfang. Ihm war noch nie jemand begegnet, mit dem es sich so schwer sprechen ließ. Alles wurde verkehrt und unbestimmt.

Im Winter ist man hier wohl recht einsam, versuchte er und bekam natürlich keine Antwort.

Noch einmal: Aber da wart ihr ja zwei, natürlich. Wie war er, dieser Leuchtturmwärter?

Der Fischer murmelte etwas und rückte am Heck unruhig hin und her.

War er gesprächig? Hat er etwas von sich erzählt?

Das tun sie alle, sagte der Fischer plötzlich. Sie reden alle über sich selbst. Er hat immer über sich selbst geredet. Aber ich habe vielleicht nicht so genau zugehört. Ich habe vergessen, wie es war.

Aber was war los, als er wegfuhr? Ging das Leuchtfeuer aus, bevor er fuhr oder erst, nachdem er weg war.

Der Fischer zuckte mit der Schulter und zog die Angel heraus, der Haken war leer. Ich habe es vergessen, sagte er.

Der Vater versuchte es wieder mit großer Verzweiflung. Aber was hat er tagsüber getan? Hat er etwas gebaut? Netze gelegt?

Der Fischer warf seine Angel aus, in einer langen schönen Bewegung. Der Ring im Wasser war vollkommen, er weitete sich langsam und verschwand in der Leere des Wasserspiegels. Der Angler wandte sich dem Meer zu.

Da stand der Vater auf und ging weiter. Er trug einen gesunden Zorn in sich, und das war befreiend. Er warf seine Angelschnur weit aus, ohne sich darum zu kümmern, ob er den taktvollen Abstand einhielt, der sich zwischen zwei Herren gebührt, die beim Angeln sind. Sie bissen sofort an.

Der Vater holte einen Einpfundbarsch herein, und davon machte er viel Aufhebens. Er plätscherte und keuchte, er schlug den Barsch gegen die Klippen, um den Fischer so viel wie möglich zu ärgern. Er schielte zu ihm hinüber, die graue Gestalt saß still und schaute hinaus auf das Wasser.

Dieser Hecht hier hat bestimmt mehr als acht Pfund, sagte der Muminvater laut und versteckte den Barsch hinter dem Rücken.

Schockschwerenot, das wird eine Arbeit mit dem Räuchern!

Der Fischer bewegte sich nicht.

Jetzt hab ich es ihm aber gegeben, murmelte der Vater. Nein, so etwas! Wenn man sich den armen Wärter vorstellt, erzählt und erzählt von sich, und diese – diese Tanggarnele hört nicht einmal zu!

Er machte sich auf den Weg zum Leuchtturmberg mit dem Barsch fest in der Pfote. Die Kleine My saß auf der Treppe und sang eines von ihren monotonen Regenliedern.

Hej, sagte der Vater, ich bin zornig.

Das ist gut, sagte die Kleine My anerkennend. Du siehst aus, als ob du einen geeigneten Feind gefunden hättest, das kann die Dinge erleichtern.

Der Vater warf den Barsch auf die Treppe. Wo ist sie? fragte er.

Rafistuliert in ihrem neuen Garten, antwortete die Kleine My. Ich werde ihr den Fisch geben.

Der Vater nickte und ging weiter zur westlichen Landzunge. Aber jetzt, sagte er sich. Jetzt werde ich genau vor der Nase seines Zementkastens angeln. Alle verdammten Fische werde ich angeln, ich werde denen schon zeigen ...

Die zerrissenen Netze wurden im Leuchtturm unter der Wendeltreppe aufgehängt und mit einer gewissen Erleichterung vergessen. Die Mutter redete nicht mehr von kleinen Regalen und Möbeln, und der Fleck an der Decke wurde jedes Mal, wenn es regnete, ein bißchen größer. Die Dachluke blieb geschlossen.

Der Vater kümmerte sich plötzlich um nichts anderes mehr als ums Angeln. Er war jeden Tag draußen und angelte von morgens bis abends, und in den Turm kam er nur zum Essen. Schon früh am Morgen ging er weg, und niemand durfte mitkommen. Mit dem Fischer ärgerte er sich nicht mehr herum. Es macht keinen Spaß, sich mit jemandem zu zanken, der zu klein ist und der nicht böse werden kann. Der Vater hatte nur noch den einen Gedanken im Kopf: Essen für seine Familie! Der Fang lag immer auf der Leuchtturmtreppe.

Wenn es gute Fische waren, nahm der Vater sie an den Bootsstrand hinunter und räucherte sie. Er saß im Wind vor dem Räucherofen und stopfte langsam einen Ast nach dem anderen hinein, damit das Feuer gleichmäßig blieb. Er dichtete mit Sand und kleinen Steinen ab. Er sammelte Wacholderreiser und machte Spanholz von Espen, damit der Fisch eingebettet war, wie es sich gehörte. Man sah nicht viel von ihm.

Gegen Abend warf er die Angel dreimal im Kolk aus, aber dort bissen sie nie an. Und beim Tee sprach der Vater nur von Fisch. Er prahlte nicht in seiner alten, gemütlichen Art, er hielt unerhörte Vorträge, die sich die Mutter erstaunt und etwas geniert anhörte, ohne besonders viel von den Gewohnheiten der Fische und Fischer zu lernen.

Sie dachte, das ist nicht mehr Spiel bei ihm. Jetzt haben wir in allen Büchsen und Töpfen, die wir besitzen, gesalzenen Fisch, und er angelt immer weiter. Es ist ja ganz schön, daß wir so viel zu essen haben, aber es war irgendwie fröhlicher als wir weniger hatten. Ich glaube, das Meer ist nicht nett zu ihm.

Die Mutter hatte jeden Tag den Smaragdgürtel um, weil sie dem Vater zeigen wollte, wie gern sie den Gürtel hatte. Obwohl es ganz entschieden ein Sonntagsschmuck war. Und es war ja ein bißchen schade, daß die Glasstückchen überall hängenblieben und daß die Reiskörner abfielen, wenn man sich nicht sehr vorsichtig bewegte.

Mutters neuer Garten war fertig, ein glänzender Kreis aus Tang am Fuße des Leuchtturmberges. In der Mitte stand die mitgebrachte Rose in ihrer richtigen Erde. Sie war kurz vor dem Aufblühen, wenn auch sehr zögernd. Natürlich, denn sie waren schon weit im September.

Die Mutter träumte oft von allen Blumen, die sie pflanzen würde, wenn es wieder Frühling wurde. Sie malte sie alle auf dem nördlichen Fensterbrett auf. Jedes Mal, wenn die Mutter an ihrem Fenster saß und über das Wasser blickte, zeichnete sie eine neue Blume, zerstreut, mit den Gedanken irgendwo anders. Zuweilen wunderte sie sich über ihre Blumen, es war, als wären sie von allein gewachsen, und sie wurden immer schöner.

Der Fensterplatz war jetzt ein wenig leer, die Schwalben waren nach Süden gezogen. Sie hatten einen windigen Tag gewählt, an dem es nieselte, niemand hatte ihren Abflug bemerkt. Die Insel war jetzt merkwürdig still, die Mutter hatte sich an ihr Kreischen und ununterbrochenes Geschwätz unter dem Dachfirst gewöhnt. Nun waren es nur die Möwen, die an ihrem Fenster vorbeiglitten, mit gelben unbeweglichen Augen, und manchmal der schwache Ruf von Kranichen, die auf der Fahrt waren, weit weit weg.

Eigentlich brauchte man sich nicht wundern, daß weder die Mutter noch der Vater merkten, was mit ihren Trollen geschah. Sie hatten andere Dinge im Kopf. Sie wußten nichts von dem Gestrüppwäldchen und der Lichtung, sie hatten keine Ahnung davon, daß Mumintroll jede Nacht, wenn der Mond aufgegangen war, mit der Sturmlaterne an den Sandstrand ging.

Was die Kleine My merkte und dachte, wußte niemand. Meistens trieb sie sich in der Nähe des Fischers herum, aber sie sprachen kaum miteinander. Sie betrachteten einander mit amüsierter Toleranz und respektierten die Selbständigkeit des anderen. Sie dachten nicht einmal an einen Versuch, einander zu verstehen oder auf einander Eindruck zu machen, auch das kann ja eine angenehme Umgangsform sein!

So standen die Dinge auf der großen herbstlichen Insel in jener Nacht, als die Seepferde zurückkamen.

Mit der Sturmlaterne an den Sandstrand hinabgehen, das war kein Abenteuer mehr. Mumintroll hatte sich an die Morra gewöhnt, sie war eigentlich eher beschwerlich als gefährlich. Er wußte kaum, ob er ihretwegen hinabging oder ob er immer noch auf die Rückkehr der Seepferde wartete. Es war einfach so. Wenn der Mond aufging, wachte er auf und mußte hinaus.

Die Morra kam immer. Sie stand etwas vom Ufer entfernt im Wasser, und ihre Augen folgten den Bewegungen des Lichtes. Wenn er die Laterne löschte, floß sie lautlos wieder hinaus ins Dunkel, und Mumintroll ging nach Hause.

Doch jede Nacht kam sie näher. Und in dieser Nacht saß sie im Sand und wartete.

Mumintroll blieb bei den Espen stehen und stellte die Sturmlaterne auf den Boden. Die Morra hatte gegen die Regeln verstoßen, indem sie an Land gekommen war, das war verkehrt. Sie hatte auf der Insel nichts zu suchen. Sie war für alles, was wuchs und lebendig war, gefährlich.

Schweigend standen sie einander gegenüber, wie sie es immer taten. Doch die Augen der Morra wanderten langsam von dem Licht zu Mumintroll hin, und sie schaute ihn an. Das hatte sie noch nie getan. Was für kalte Augen, und wie angstvoll! Der Mond glitt zwischen die Wolken, er leuchtete auf und verlosch, der Strand war voll fliehender Schatten.

Dort, von der Landspitze her, kamen die Seepferdmädchen angelaufen. Sie kümmerten sich kein bißchen um die Morra, sie jagten einander im Mondschein, sie spannten ihre Regenbögen auf, und mit kleinen harten Hufen liefen sie zwischen ihnen hindurch. Mumintroll sah, daß eines von ihnen sein Hufeisen verloren hatte. Es hatte nur drei.

Das Seepferdmädchen war wirklich geblümt, Blumen, die an Margeriten erinnerten und zum Hals und zu den Beinen hin kleiner wurden. Oder vielleicht sollten es Seerosen sein, das wäre poetischer. Jetzt lief es auf die Windlaterne zu, sie fiel um.

Du störst meinen Mondschein. Meinen Mondschein, rief das kleine Pferdchen.

Oh, verzeih, sagte Mumintroll und löschte das Licht aus, so schnell er konnte. Ich habe dein Hufeisen gefunden ...

Das Seepferdmädchen blieb stehen und legte den Kopf auf die Seite.

Aber ich habe es leider meiner Mutter geschenkt, fuhr Mumintroll fort.

Das Mondlicht verschwand, die stampfenden Hufe kamen zurück, und Mumintroll hörte die Seepferdchen lachen.

Hast du gehört? Gehört? riefen sie sich zu. Er hat es seiner Mutter geschenkt. Seiner Mutter. Seiner Mutter.

Sie galoppierten auf ihn zu und strichen dicht an ihm vorbei, die Mähnen flogen ihm über die Schnauze, weich und ein bißchen stickig wie Wollgras.

Ich kann sie bitten, es zurückzugeben. Ich kann es holen, rief Mumintroll ins Dunkel.

Der Mond kam wieder zum Vorschein. Er sah, wie die Seepferde hinaus ins Meer schritten, Seite an Seite, ihr Haar flatterte um sie herum. Sie waren beide ganz gleich. Das eine drehte den Kopf und rief von weitem, eine andere Nacht ...

Mumintroll setzte sich in den Sand. Sie hatte mit ihm gesprochen. Sie hatte versprochen zurückzukommen. Mondschein würde es noch viele lange Nächte geben, wenn es sich nicht bewölkte. Und er würde aufpassen und nicht die Sturmlaterne anzünden.

Mumintroll spürte plötzlich, daß er am Schwanz fror, und er sah, daß der Sandstrand um ihn herum gefroren war. Hier hatte die Morra gesessen.

In der nächsten Nacht ging er ohne das Sturmlicht an den Strand. Der Mond war jetzt im Abnehmen. Bei Neumond würden die Seepferdchen ihren Spielplatz woandershin verlegen. Das wußte er, er fühlte es.

Mumintroll hatte das silberne Hufeisen mit. Es war nicht leicht gewesen es zurückzubitten. Seine Schnauze war rot geworden, und er war schrecklich verlegen gewesen. Die Mutter hatte das silberne Hufeisen vom Nagel genommen und hatte nichts gefragt.

Ich habe es ordentlich mit Scheuerpulver geputzt, sagte sie. Guck mal, wie blank es geworden ist.

Nichts weiter und mit ganz gewöhnlicher Stimme.

Mumintroll hatte gemurmelt, sie würde dafür irgend etwas anderes bekommen, und war mit eingezogenem Schwanz davongegangen. Er *konnte* es ihr doch nicht erklären, das mit dem Seepferdmädchen, irgendwie ging das nicht. Wenn er nur ein paar Muscheln auftreiben könnte! Eine Mutter mag sicher lieber Muscheln als Hufeisen. Für ein Seepferdchen mußte es einfach sein, auf dem Meeresboden ein paar große schöne Muscheln zu finden. Wenn einem Seepferdchen Mütter nun aber gleichgültig sind? Vielleicht war es am sichersten, wenn er nicht fragte ...

Es kam nicht.

Der Mond sank, und keine Seepferde kamen. Gewiß, es hatte gesagt «eine andere Nacht», nicht «nächste Nacht». Eine andere Nacht konnte jederzeit sein. Mumintroll saß da und ließ den Sand durch die Finger gleiten. Er war furchtbar müde.

Und dort kam die Morra, natürlich. Sie kam in ihrem Kältenebel über das Wasser gesegelt wie ein schlechtes Gewissen, und sie kroch hinauf auf den Strand.

Mumintroll wurde plötzlich furchtbar böse.

Mach, daß du fortkommst, rief er, mach, daß du fortkommst. Du störst uns. Ich habe keine Zeit für dich.

Die Morra glitt höher auf den Strand hinauf.

Er ging rückwärts in das Espengebüsch und schrie, ich habe keine Lampe für dich. Ich habe keine Lust, sie anzuzünden. Du darfst nicht herkommen, das ist Vaters Insel.

Er ging langsam rückwärts, drehte sich um und fing an zu laufen. Die Espen zitterten und rauschten wie bei Sturm. Sie spürten, daß die Morra auf die Insel hinaufgekommen war.

Als Mumintroll in seinem Bett lag, hörte er, wie sie heulte, viel näher in dieser Nacht.

Wenn sie nur nicht herkommt, dachte er. Wenn sie die Morra bloß nicht entdeckten. Als Nebelhorn läßt sie sich zwar gebrauchen ... Ich kenne jemanden, der sagt, ich sei albern, und das ist das Schlimmste von allem ...

Am Rande des Gestrüppwäldchens lag die Kleine My unter einer Zwergtanne und lauschte. Sie zog das Moos dichter um sich herum, pfiff und überlegte.

Jetzt hat er sich was eingebrockt, sagte sie. So geht es, wenn man Kinderfrau für Morras spielt und meint, man könne sich mit einem Seepferdchen anfreunden. Der Arme.

Sie erinnerte sich plötzlich an die Pisiameisen und lachte lange und herzlich.

Nebel

Eigentlich hatte die Mutter gar nichts Dummes gesagt, und schon gar nicht, um den Vater traurig zu machen. Aber trotzdem.

Er konnte sich nicht genau darauf besinnen, was sie gesagt hatte. Aber es handelte sich darum, daß die Familie nicht noch mehr Fisch brauchte.

Zunächst hatte sie den Hecht nicht genug bewundert. Sie hatten ja keine Waage, aber man sah deutlich, daß der Hecht über drei Kilo wog, in jedem Fall zwei. Wenn man nur mit halbem Herzen einen Barsch nach dem anderen angelt, weil man versucht, seine Familie zu versorgen, dann bedeutet ein Hecht etwas, er ist ein Ereignis! Und dann kam das mit Fisch überhaupt:

Sie hatte wie gewöhnlich an ihrem blumenüberfüllten Fensterbrett gesessen und gezeichnet, das ganze Fensterbrett war mit Blumen überstreut. Und plötzlich sagte die Mutter einfach ins Blaue hinein, daß sie nicht wisse, was sie mit all dem Fisch machen sollten, den er angelte. Oder auch so etwas wie, daß sie nicht mehr Töpfe zum Einsalzen habe!

Oder vielleicht, daß Haferflockenbrei zur Abwechslung ganz schön wäre. Irgendso etwas.

Der Vater hatte seine Angelrute gegen die Wand gelehnt und war hinausgegangen. Er wollte spazierengehen und machte im Uferwasser eine Runde um die Insel, aber nicht hinaus auf die Landzunge des Fischers.

Es war ein bewölkter, vollkommen stiller Tag. Der Wind kam von Osten, der Wasserspiegel hob sich unmerklich in langen Dünungen. Er war genauso grau wie der Himmel und sah aus wie Seide.

Dicht über dem Wasser flogen Eiderenten vorbei, sehr schnell und offensichtlich in persönlichen Angelegenheiten. Dann war wieder alles unbewegt. Der Vater ging mit der einen Pfote auf dem Strand, der anderen im Wasser, der Schwanz schleppte im Wasser nach, den Hut des Wärters hatte er tief über die Schnauze gezogen, und er dachte, wenn es doch einen richtigen Sturm geben möchte! Einen wilden! Man würde herumrennen und Sachen retten und achtgeben, daß die Familie nicht weggeweht würde. Man würde in den Turm hinaufsteigen und die Windstärke beurteilen ... hinabkommen und sagen Windstärke 13. Jetzt nehmen wir es mit der Ruhe. Es gibt keinen Grund zur Aufregung.

Die Kleine My war damit beschäftigt, in einer Salzwasserpfütze Stichlinge zu fangen.

Warum angelst du nicht, fragte sie.

Ich habe aufgehört zu angeln, antwortete der Vater.

Vermutlich recht angenehm für dich, bemerkte die My. Das war doch auf die Dauer ziemlich mäusig für dich.

Du sagst es, meinte der Vater heftig. Es war wirklich schrecklich mäusig. Daß ich das nicht selbst gemerkt habe.

Er ging weiter, um sich auf das Einsamkeitsgesims des Leuchtturmwärters zu setzen und dachte, ich will etwas anderes tun, etwas ganz Neues. Irgend etwas Unerhörtes!

Indes der Vater wußte nicht, was er wollte. Er war verwirrt und völlig aus dem Geleise geraten. Wie damals, vor langer Zeit, als Gafsas Tochter ihm den Teppich unter den Pfoten weggezogen hatte. Oder als ob er sich neben einen Stuhl in die Luft gesetzt hätte. Nein, auch das nicht. Aber als ob man ihn um etwas betrogen hätte.

Während der Vater das graue Seidenmeer anstarrte, das nicht stürmen wollte, wurde das Gefühl, hintergangen zu sein, immer stärker. Warte nur, murmelte er zu sich selbst. Ich werde dir schon auf die Schliche kommen.

Ob er das Meer meinte oder die Insel oder den Kolk, das wußte er nicht. Vielleicht meinte er den Leuchtturm oder den Wärter. Auf alle Fälle drohte der Vater. Er schüttelte seinen Kopf und ging, um sich an den Kolk zu setzen. Dort überlegte er weiter, die Schnauze in die Pfoten gestützt. Hin und wieder spülte die Dünung über die Schwelle des Meeres und sank zurück in den blanken Wasserspiegel.

Hier hatten nun die Stürme die Wellen viele hundert Jahre lang um die Insel gespült, dachte der Vater. Schwimmer und Borkenstücke und kleine Hölzer waren über die Landspitze in den Kolk geschwemmt und von den Wellen wieder hinausgezogen worden, immer in der gleichen Weise ... bis eines schönen Tages ...

Der Vater hob die Schnauze, und ein merkwürdiger Gedanke durchzuckte ihn. Wenn eines schönen Tages etwas Schweres über den Meeresboden anrollte und hineingewälzt wurde, irgend etwas, das dort versank und für ewige Zeiten liegenblieb?

Der Vater stand auf. Eine Schatztruhe? Eine Kiste Schmuggelwhisky? Ein Seeräuberskelett? Alles, was man sich denken konnte. Der Kolk konnte ja voll sein von den unglaublichsten Dingen!

Der Vater freute sich wahnsinnig. Sofort begann sich alles in ihm zu bewegen, alles, was geschlafen hatte, erwachte, unter der Haut juckte es, es war, als sei in seinem Bauch eine Spirale losgeschnellt, die ihn in Bewegung brachte. Er raste nach Hause, nahm die Treppe in einem Satz, riß die Tür auf und rief: Hört mal! Ich bin auf eine Idee gekommen.

Nein, ist nicht wahr! rief die Mutter am Herd. Ist sie groß?

Sie ist groß, antwortete der Vater. Sehr groß. Setz dich mal hierher, ich werde es dir erzählen.

Die Mutter setzte sich auf eine der leeren Kisten, und dann begann der Vater zu erzählen, was er sich ausgedacht hatte. Als er fertig war, sagte die Mutter, es sei unglaublich. So etwas kannst nur du dir ausrechnen. Dort gibt es ganz bestimmt alles, was man sich nur denken kann.

So ist es, sagte der Vater. Was man sich nur denken kann.

Sie schauten einander an und lachten. Dann fragte die Mutter, wann fängst du an zu suchen?

Augenblicklich natürlich! sagte der Vater. Ich werde einen ordentlichen Draggen machen. Aber als erstes muß ich die Tiefe ausloten und erforschen. Wir müssen versuchen, das Boot auf den Kolk zu bekommen. Du kannst dir ja denken, wenn ich alles längs der Bergwand hinaufziehe, besteht die Gefahr, daß sich alles wieder löst und auf den Grund zurückfällt. Und wichtig ist, daß wir es auf die Mitte hinausbekommen, dort liegt natürlich das Beste.

Darf man mithelfen, fragte die Mutter.

Nein, nein, sagte der Vater, das ist meine Arbeit. Jetzt muß ich erst einen Strick für das Lot besorgen.

Der Vater sauste die Eisenleiter hinauf, ging durch die Leuchtturmkuppel, ohne auch nur einmal an das Blinkfeuer zu denken, und kletterte weiter hinauf in die niedrige dunkle Bodenkammer. Nach einem Weilchen kam er mit einem Seil herunter und fragte, hast du ein Lot?

Die Mutter stürzte an den Herd und gab ihm das Plätteisen.

Danke, sagte der Vater und rannte zur Tür hinaus.

Sie hörte, wie er die Wendeltreppe hinabstampfte, immer zwei Stufen auf einmal, und dann war es wieder ganz still.

Die Mutter setzte sich an den Tisch und lachte. Schön. Verdammt schön. Herrlich. Vermorrt und verdammt herrlich.

Sie drehte sich hastig um, aber dort war selbstverständlich niemand, der hören konnte, daß die Mutter ein häßliches Wort gebraucht hatte.

Mumintroll lag in seiner Lichtung und sah die Birken über sich winken. Sie fingen an gelb zu werden, das war noch hübscher.

Er hatte jetzt drei heimliche Tunnel, die in seine Behausung führten: die große Einfahrt, den Kücheneingang, zum Flüchten den Alarmtunnel. Er hatte die grünen Wände des Hauses mit einem dauerhaften Flechtwerk aus Zweigen abgedichtet und die Lichtung zu seinem Eigentum gemacht, indem er sie selbst gebaut hatte.

Mumintroll dachte nicht mehr an die Pisiameisen, die irgendwo unter seinem runden Leib langsam zu Erde wurden. Den Petroleumgeruch hatten die Winde fortgetrieben und einst würden neue Blumen kommen anstelle der ertränkten.

Er wiegte sich in der Vermutung, daß rund um das Gestrüppwäldchen tausende von Rasenameisen fröhlich im Zucker lebten. Alles war, wie es sein sollte.

Nein – Mumintroll dachte an die Seepferdchen. Etwas war in ihm vorgegangen, er war ein anderer Troll mit neuen Gedanken und er war jetzt gern allein. Nun spielte er drinnen im Kopf, und das war viel aufregender. Er spielte mit Gedanken, die ihn und die Seepferdchen betrafen, Mondscheingedanken. Die nur noch lieblicher wurden, da sie von dem Dunkel der Morra umgeben waren. Sie befand sich die ganze Zeit über dort, irgendwo, das ist wahr. Sie heulte in den Nächten. Aber das machte nichts. Glaubte er.

Mumintroll hatte für die Seepferdchen Geschenke gesammelt, hübsche Steine und Glasscherben, die das Meer zu Edelsteinen geschliffen hatte und ein paar kleine Senker aus Kupfer, die aus der Kommode des Wärters stammten.

Er stellte sich vor, was das Seepferdmädchen sagen würde, wenn es die Geschenke bekam, er dachte sich kluge und poetische Gespräche aus. Er wartete darauf, daß der Mond zurückkäme.

Die Muminmutter hatte längst alles, was sie von zu Hause mitgebracht hatten, eingeräumt. Saubermachen tat sie kaum, denn hier draußen konnte man kaum von Staub reden, und das Saubermachen als Idee gesehen soll man nicht übertreiben. Was das Kochen betrifft, so geht das ziemlich schnell, wenn man es sich ein bißchen einfach macht. Die Tage waren lang auf eine unrichtige Art.

Das Legespiel wollte die Mutter nicht vornehmen, denn dabei würde sie sich bewußt werden, daß sie einsam war.

Doch eines Tages hatte die Mutter angefangen, Holz zu sammeln. Sie nahm jedes kleine Stöckchen auf, das sie fand, sammelte alles, was das Meer angespült hatte, und bekam allmählich einen ziemlich großen Haufen Grubenholz und Reste von Brettern zusammen. Angenehm war, daß sie gleichzeitig die Insel aufräumte und hübsch machte. Es schenkte ihr das Gefühl, daß die Insel ein unschuldiger Garten war, den man in Ordnung bringen und schmücken konnte.

Die Mutter trug alles an eine windgeschützte Stelle, die sie unterhalb des Leuchtturmberges gewählt hatte, und dort nagelte sie einen Sägebock zusammen. Er war etwas schief, aber er funktionierte, wenn man sich mit der Pfote auf der rechten Hälfte aufstützte.

Die Mutter sägte und sägte, das Wetter war mild und trübe, sie maß die Stücke ab, damit sie alle gleich lang wurden und reihte sie hübsch in einem Halbkreis um sich auf.

Die Mauer aus Holz wuchs, und schließlich stand die Mutter auf einem kleinen Plätzchen, auf dem sie sich wunderbar geborgen fühlte. Die trocknen Stöcke schichtete sie unter dem Herd auf, aber das gute Holz wagte sie nicht zu zerhacken. Übrigens hatte sie mit der Axt noch nie besonders gut umgehen können.

Neben dem Holzberg wuchs eine kleine Eberesche, die die Mutter liebte. Sie hatte jetzt rote Beeren bekommen, eine Menge für so einen kleinen Baum. Unter der Eberesche sammelte die Mutter die schönsten Holzstückchen. Sie kannte sich in Holz ganz gut aus, sie wußte, was Eiche war, was Palisanderholz, sie erkannte Balsaholz und Pinienholz und Mahagoni. Jedes roch anders, fühlte sich verschieden an, alles war nach einer langen Reise zu ihr gekommen. Jakaranda und Palisander, murmelte die Mutter zutiefst befriedigt und sägte weiter.

Die anderen hatten sich an die sägende Mutter gewöhnt, von der man hinter dem Holzstapel immer weniger sah. Anfangs war der Vater empört und wollte den Holzstapel übernehmen. Doch daraufhin wurde die Mutter zornig und sagte, der gehört mir. Ich will auch was zum Spielen haben.

Schließlich war der Stapel so hoch geworden, daß man nur noch ihre Ohren sah. Aber sie sägte weiter, immer weiter, und jeden Morgen ging sie einmal um die Insel herum und sammelte neue Bretter und Planken.

An diesem grauen, vollkommen unbewegten Morgen fand die Mutter eine Muschel am Sandstrand. Es war eine große Tünchenmuschel, rosa innen und außen mattbraun mit dunkleren Flecken.

Die Mutter freute sich sehr und war überrascht. Da lag die Muschel oben am Ufer im Sand, obwohl doch seit einer Woche kein Hochwasser gewesen war. Und etwas weiter weg fand sie eine weiße, wie man sie für die Verzierung von Beeten benutzt. Plötzlich lagen also Muscheln über den Sandstrand verstreut, große und kleine, und das Sonderbarste war, daß auf einer von ihnen mit kleinen roten Buchstaben «Erinnerung an die Westküste» stand.

Die Mutter wunderte sich immer mehr und sammelte alle in ihre Schürze. Dann ging sie zum Vater, um sie ihm zu zeigen. Er suchte gerade den Kolk mit dem Draggen ab. Mit der Schnauze über der Reling sah er sehr klein aus, da unten im Boot, das umhertrieb. Die Ruder schleppten im Wasser nach.

Komm und sieh einmal, rief die Mutter.

Der Vater ruderte das Boot an die Landzunge heran.

Guck mal, richtige Muscheln, sagte die Mutter. Sie lagen ganz oben am Sandstrand, und gestern war dort überhaupt nichts zu finden.

Das ist höchst sonderbar, sagte der Vater und klopfte seine Pfeife am Fels aus. Das ist eines der Geheimnisse des Meeres. Manchmal bin ich ganz benommen, wenn ich an die geheimnisvollen Wege des Meeres denke. Hast du gesagt, daß sie hoch oben im Sand lagen, und gestern war dort nichts? Na, das bedeutet, daß das Meer innerhalb von ein paar Stunden einen Meter steigen und dann wieder sinken kann. Obwohl wir nicht Ebbe und Flut wie im Süden haben. Hat man doch gehört. Das ist sehr interessant. Und was diese Inschrift angeht, es eröffnet ungeahnte Möglichkeiten.

Ernst schaute er die Mutter an und dann sagte er, du weißt doch, das sind die Dinge, über die ich nachdenke, und über die ich vielleicht eine Abhandlung schreiben werde. Alles, was mit dem Meer zu tun hat, dem richtigen großen Meer. Ich muß das Meer verstehen lernen. Bootsbrücken und Wege und Fischfang und so etwas, das ist nur was für kleine Leute, die sich um die großen Zusammenhänge nicht kümmern. Er wiederholte feierlich, die großen Zusammenhänge, das hörte sich gut an. Und es ist dieser Kolk hier, der mich auf die ganze Idee gebracht hat.

Ist es dort tief? fragte die Mutter mit großen Augen.

Sehr, antwortete der Vater. Das Lot reicht kaum hinab. Heute habe ich einen Blechkanister hochgezogen. Das beweist, daß meine Theorien richtig sind.

Die Mutter nickte. Nach einer Pause sagte sie, vielleicht werde ich den Garten mit den Muscheln einzäunen.

Der Vater antwortete nicht, er war in Gedanken vertieft.

Ungefähr gleichzeitig verbrannte Mumintroll in Mutters Herd ein abgeschältes Muschelkästchen.

Es lohnte sich nicht, es aufzubewahren, jetzt, da er alle Muscheln abgeklaubt hatte. Mumintroll hatte das Kästchen in der untersten Kommodenschublade gefunden, an die die Mutter nicht hatte herangehen wollen, da es sich so offensichtlich um die persönlichen Sachen des Leuchtturmwärters handelte.

Der Blechkanister war rostig und zerlöchert, er hatte vermutlich nie interessantere Dinge als Terpentin oder Öl enthalten. Aber er war ein Beweis. Der Kolk war das Versteck des Meeres, ein Geheimfach. Der Vater wußte, dort unten lag alles und wartete auf ihn. Alles – alles was man sich nur denken konnte. Er war davon überzeugt, daß er, wenn er es nur nach oben bekäme, das Geheimnis des Meeres verstehen würde, alles fände seinen Platz. Auch er. Das fühlte er.

Aus diesem Grund arbeitete er eigensinnig weiter und senkte das Lot genau in die Mitte des Kolks, an die Stelle, die er DAS BODENLOSE nannte. Das Bodenlose, flüsterte er sich zu, und er spürte die Magie des Wortes durch sein Rückgrat kribbeln.

Meistens blieb das Lot in verschiedenen Tiefen haken. Aber es geschah auch, daß das Seil unendlich tief hinablief und nicht lang genug war, wieviel er es auch verlängerte. Das ganze Boot war voll von verknoteten Seilen, der Wäscheleine, den Fischerstricken, dem Ankerseil, jedem Stückchen Bindfaden, das er hatte auftreiben können (und das natürlich zu etwas ganz anderem vorgesehen war. Aber so ist das ja immer mit Bindfaden).

Der Vater entwickelte Theorien über ein tiefes Loch, das zum Mittelpunkt der Erde führte, er phantasierte von einem erloschenen Krater. Schließlich begann er, seine Überlegungen in einem alten Wachstuchheft, das er auf dem Boden gefunden hatte, niederzuschreiben. Auf einigen Seiten waren Aufzeichnungen des Leuchtturmwärters zu finden, kleine Wörter mit langen Zwischenräumen, es sah aus, als sei eine Spinne über das Papier gelaufen.

Die Welle ist einsam, der Mond steht im siebenten Haus, las der Vater. Saturn trifft Mars.

Vielleicht hatte der Leuchtturmwärter doch Gäste auf der Insel empfangen. Das hatte ihn sicher aufgemuntert. Doch der Rest waren meistens Zahlen. Der Vater verstand sie nicht. Er drehte das Wachstuchheft um und fing von hinten an zu schreiben. Hauptsächlich zeichnete er Karten vom Kolk, von oben und im Querschnitt, und er verlor sich in verwickelten perspektivischen Erklärungen und Berechnungen.

Der Vater sprach nicht mehr so viel über seine Untersuchungen. Allmählich hörte er auf zu loten und saß stattdessen auf dem Einsamkeitsgesims des Leuchtturmwärters und überlegte. Manchmal schrieb er etwas ins Wachstuchheft, über den Kolk oder über das Meer.

Er mochte schreiben, die Meeresströmungen sind eine wundersame und wunderbare Sache, der man bislang nicht genügend Aufmerksamkeit gewidmet hat. Die Bewegung der Welle ist etwas, das stets unser Staunen erwecken wird ... und dann ließ er das Heft sinken und verlor sich in Beobachtungen.

Der Nebel hatte sich über die Insel geschlichen. Er kam aus dem Meer gekrochen, ohne daß jemand merkte, wann. Plötzlich war alles in blasses Grau eingehüllt, und das Gesims des Leuchtturmwärters segelte einsam und verlassen in einem leeren Raum aus weicher Wolle.

Der Vater versteckte sich gern im Nebel. Er schlief ein bißchen – dann kreischte eine Fischmöwe, und der Vater fuhr heftig aus dem Schlaf, kletterte nach oben und schwankte um die Insel herum, während er hilflos über Strömungen und Wind grübelte, über das Entstehen der Stürme und des Regens und über die Tiefen des Meeres, die niemand erreichen konnte.

Die Mutter sah ihn eintauchen in den Nebel und wieder auftauchen, die Schnauze nachdenklich gegen den Bauch gesenkt. Sie dachte, er sammelt Material. Das hatte er gesagt. Vielleicht ist das ganze Heft voll von Material. Das wird aber schön, wenn er fertiggesammelt hat.

Auf eine Untertasse zählte sie fünf gestreifte Bonbons und stellte sie auf das Gesims des Vaters als eine Ermunterung bei der Arbeit.

Mumintroll lag in den Rauschbeerenzweigen mit der Schnauze über dem Trinkwassertopf der Mutter. Er tauchte das Hufeisen in das braune klare Wasser und sah, wie das Silber zu Gold wurde. Die Zweige und die Grasrispen spiegelten sich in dem Topf, eine kleine Landschaft, die auf dem Kopf stand. Die Zweige zeichneten sich fein und deutlich gegen den Nebel ab, und man konnte das kleinste Tierchen erkennen, das sich auf seinem Grashalm auf der Wanderung befand.

Das Bedürfnis, über das Seepferdchen zu sprechen, war immer stärker geworden. Nur beschreiben, wie es aussah. Oder wenigstens über Seepferde im allgemeinen reden.

Jetzt waren auf dem Halm zwei Krabbeltierchen. Mumintroll rührte im Topf um, die Miniaturlandschaft war verschwunden.

Er stand auf und schlenderte zum Gestrüppwäldchen hin. Gleich

am Rande war im Moos ein schmaler Pfad ausgetreten, hier wohnte vermutlich die Kleine My. Es raschelte, sie war zuhause.

Mumintroll machte einen Schritt, die gefährliche Lust, sich jemandem anzuvertrauen, saß ihm gleich einem Kloß im Halse. Er bückte sich und kroch unter die Tannen. Dort saß sie, klein und zusammengerollt wie ein Knäuel.

Wie ich sehe, bist du zu Hause, sagte Mumintroll ein wenig einfältig.

Er setzte sich ins Moos und starrte sie an.

Was hast du in der Pfote, fragte My.

Nichts, antwortete Mumintroll und zerstörte seine Eröffnungsfrage. Ich bin zufällig vorbeigegangen.

Hah, sagte die Kleine My.

Er schaute hin und her, um ihren klaren, kritischen Blicken zu entgehen. Dort an einem Ast hatte sie ihren Regenrock aufgehängt. Eine Tasse mit Zwetschgen und Rosinen, eine Flasche Saft ...

Mumintroll sprang auf und beugte sich nach vorn. Weiter innen, unter den Zwergtannen war der Boden mit blanken braunen Nadeln geebnet, und so weit man in dem grauen Nebel sehen konnte, standen dort Reihen von ganz kleinen Kreuzen. Sie waren aus abgebrochenen Stöckchen gemacht, die mit Segelschnur zusammengebunden waren.

Was hast du gemacht? rief Mumintroll.

Meinst du, ich hätte meine Feinde begraben? Was? sagte die Kleine My. Sie amüsierte sich königlich. Das sind Vogelgräber. Irgendjemand hat hier drinnen haufenweise Vögel begraben.

Woher weißt du das? fragte Mumintroll.

Ich habe nachgeguckt, antwortete My. Kleine weiße Skelette, genau wie die, die wir am ersten Tag unten im Leuchtturm fanden. «Die Rache der Vergessenen Gebeine», nicht wahr?!

Das war der Leuchtturmwärter, sagte Mumintroll nach einer langen Pause. Die Kleine My nickte, so daß der Haarschopf wippte.

Sie sind gegen das Feuer geflogen, fuhr Mumintroll langsam fort. Vögel tun das. Und dann haben sie sich zu Tode geschlagen. Der Leuchtturmwärter hat sie vielleicht jeden Morgen aufgesammelt. Ein Leuchtturmwärter, der immer trauriger wurde, eines schönen Tages löschte er das Feuer und ging davon ...

Aber das ist ja entsetzlich, rief Mumintroll.

Das ist lange her, sagte die Kleine My und gähnte. Und jetzt brennt es ja nicht.

Mumintroll schaute sie mit gerunzelter Schnauze an.

Dir muß nicht immer alles so leid tun, sagte My. Geh jetzt, ich muß schlafen.

Als Mumintroll aus dem Gestrüpp kam, machte er die Pfote auf und betrachtete das Hufeisen. Nichts war gesagt worden. Er hatte das Seepferdchen behalten.

Die Nächte waren mondlos, und die Sturmlaterne brannte nicht. Mumintroll ging aber sicherheitshalber an den Sandstrand, weil er es einfach nicht lassen konnte. Das Hufeisen und die Geschenke hatte er bei sich. Der Troll hatte bessere Nachtaugen bekommen, und er sah das Seepferdmädchen, als es aus dem Nebel kam gleich einem unwirklichen Wesen in einer Erzählung. Er legte das Hufeisen in den Sand, er wagte kaum zu atmen.

Die dunkle Silhouette kam mit kleinen, tänzelnden Schritten näher, den Hals gewölbt. Es trat in sein Hufeisen und war zerstreut wie eine Dame, es wartete mit abgewandtem Kopf, während das Hufeisen sich schloß und festwuchs.

Locken in der Stirn, das ist hübsch, sagte Mumintroll vorsichtig. Ich habe eine Freundin mit Stirnlocken. Vielleicht kommt sie mal her und besucht uns ... ich habe viele Freunde, die dir gefallen würden.

Das Schweigen des kleinen Pferdchens war uninteressiert.

Mumintroll versuchte wieder: Inseln sind in der Nacht so hübsch. Dies ist Vaters Insel, aber ich weiß nicht, ob wir unser ganzes Leben hier wohnen werden. Manchmal habe ich das Gefühl, als ob uns die Insel nicht gern hat, aber das geht vielleicht vorüber. Das Wichtigste ist, daß sie anfängt, den Vater gernzuhaben ...

Es hörte nicht zu. Es kümmerte sich nicht um Mumintrolls Familie. Daraufhin schüttete Mumintroll seine Geschenke in dem Sand aus. Das Seepferdchen kam näher und schnupperte daran, sagte aber immer noch nichts.

Endlich fand er das rechte Wort: Du tanzt wunderbar.

Findest du? antwortete das Seepferdchen. Hast du auf mich gewartet? Hast du gewartet?

Und wie ich gewartet habe, rief Mumintroll. Ich habe gewartet und gewartet, und ich habe mich gesorgt, als es stürmte ... Ich wollte, ich könnte dich aus entsetzlichen Gefahren retten. Ich habe ein Haus, das mir gehört, und dort habe ich dein Bild aufgehängt. Dort darf es nichts anderes geben, als ...

Das Seepferdchen lauschte aufmerksam.

Du bist die Schönste, die ich je gesehen habe, fuhr Mumintroll fort, und gerade in dem Augenblick begann die Morra zu heulen.

Sie saß draußen im Nebel und heulte nach ihrer Laterne. Das kleine Pferdchen warf sich zur Seite und war fort. Übrig blieb nur eine lange Perlenkette aus Lachen, es kullerte wie Perlen, während das Seepferdmädchen wieder hinaus ins Meer stieg.

Die Morra kam entschlossen aus dem Nebel angerutscht, geradenwegs auf Mumintroll zu. Er kehrte um und lief. Doch heute nacht blieb die Morra nicht am Ufer, sie folgte dem Troll hinauf über die Insel, in die Heide hinein und bis an den Fuß des Leuchtturmberges.

Er sah sie antrotten, wie einen großen grauen Fleck, er sah, wie sie sich unter dem Berg zusammenrollte, um zu warten.

Mumintroll warf die Tür hinter sich zu, lief die Wendeltreppe hinauf, mit einer brennenden Leere im Magen – jetzt war es geschehen, jetzt war die Morra oben, mitten auf der Insel. Vater und Mutter waren nicht aufgewacht, der Raum war ruhig. Aber durch das geöffnete Fenster strömte starke Unruhe hinein. Er hörte, wie das Laub der Espen vor Entsetzen rauschte, nun begannen die Möwen zu kreischen.

Kannst du nicht schlafen, fragte die Mutter.

Mumintroll schloß das Fenster.

Ich bin aufgewacht, sagte er und kroch in sein Bett, die Schnauze war ganz steif.

Es wird kälter, sagte die Mutter. Wie gut, daß ich den Stamm noch zersägt habe ... Frierst du?

Nein, sagte Mumintroll.

Dort unter dem Leuchtturm saß sie und fror. Sie fror so schrecklich, daß der Boden unter ihr zu Eis wurde ... Nun ging es wieder los. Es kam auf ihn zugekrochen und ließ sich nicht abschütteln. Man konnte sich viel zu leicht jemanden vorstellen, der niemals warm werden konnte und den niemand gernhatte, jemand, der nur alles zerstörte, wohin er auch geriet. Es war ungerecht. Warum sollte die Morra gerade ihn belasten. Er war der einzige. Sie *konnte* nicht warm werden.

Macht dich etwas traurig, fragte die Mutter.

Nein, sagte Mumintroll.

Morgen ist ein neuer langer Tag, sagte die Mutter. Der gehört einem ganz allein und ganz und gar von Anfang bis Ende. Das ist doch ein schöner Gedanke.

Nach einem Weilchen wußte Mumintroll, daß die Mutter schlief. Er fegte rasch alle Gedanken weg und nahm stattdessen sein Abendspielchen vor. Einen Augenblick schwankte er zwischen dem Abenteuerspiel und dem Rettungsspiel, dann wählte er das Rettungsspiel, das fühlte sich richtiger an. Er schloß die Augen und machte seinen Kopf leer. Dann nahm er einen Sturm vor. Oh! An einer öden felsigen Küste, die ziemlich der Insel ähnelte, stürmte es heftig. Man lief am Ufer hin und her und rang die Pfoten – da draußen war jemand in *Seenot*. Niemand wagte sich hinaus, um zu retten, es war ganz unmöglich, die Schiffe würden in einem Augenblick *zerschellen*.

Mumintroll rettete jetzt nicht mehr die Mutter, er rettete das Seepferdmädchen.

Es war das kleine Pferd mit dem Silberhuf, das da draußen kämpfte, vielleicht gegen eine Seeschlange. Nein, nein. Nur gegen den Sturm, das reichte.

Der Himmel war gelb. Ein Sturmhimmel. Und jetzt, jetzt kam er selber über den Strand, er sprang *entschlossen* in eines der Boote ... alle schrieen auf, nein, hindert ihn daran, das schafft er nie, das Meer *verschlingt* ihn. Er stieß sie weg, er bekam das Boot hinaus, er ruderte und ruderte, rund um ihn herum ragten die Felsen aus dem Meer wie schwarze Zähne ... doch er hatte *überhaupt keine* Angst. Hinter ihm am Ufer rief die Kleine My: jetzt erst begreife ich, wie *mutig* er ist. Oh, wie ich es *bereue,* jetzt, da es zu spät ist ...

Der Mumrik biß in seine Pfeife und murmelte, Alter Freund ... Lebwohl ... Doch er kämpfte weiter, bis er das kleine Seepferdchen erreichte, das gerade dabei war zu sinken – er hob sie ins Boot, da lag sie, ein Häuflein in ihrem gelben nassen Haar. Er führte es sicher ans Ufer, an ein einsames Ufer weiter weg, und er hob sie an Land. Sie flüsterte, wie *mutig* du bist. Du hast dein Leben für mich aufs Spiel gesetzt ... Und er lächelte zerstreut und sagte, hier muß ich dich verlassen. Mein

Weg ist einsam. Lebwohl. Das Seepferdchen blickte ihm nach, verwundert und *beeindruckt*.

Aber? sagte sie. Und er, Mumintroll, winkte ein wenig und ging.

Einsam ging er über die Klippen im Sturm, dann wurde er immer kleiner ...

Alle am Ufer waren erstaunt, und der eine sagte zum anderen ...

Doch hier schlief Mumintroll ein. Er seufzte glücklich und sank in Schlaf, zusammengerollt unter der warmen roten Decke.

Wo ist denn der Wandkalender, fragte der Vater. Ich muß meinen Strich machen, das ist wichtig!

Warum, fragte die Kleine My und kam durchs Fenster geklettert.

Wir müssen ja wissen, welcher Tag heute ist, erklärte der Vater. Die Wanduhr ist nicht mitgekommen, schlimm genug. Aber nicht wissen, ob Sonntag ist oder Mittwoch, das ist ja unmöglich. So kann niemand leben.

Die Kleine My zog Luft durch die Nase ein und pfiff sie durch die Zähne in ziemlich gemeiner Weise wieder aus, was so viel wie so-was-Albernes-hab-ich-mein-Lebtag-nicht-gehört, bedeutet.

Der Vater begriff, was sie meinte, und war also auf Bösesein vorbereitet, als Mumintroll sagte, ich habe ihn mir ein bißchen ausgeliehen.

Es gibt bestimmte Dinge, die auf einer öden Insel sehr wichtig sind, sagte sein Vater. Ganz besonders Beobachtungen. Man muß über alles eine Art Logbuch führen, muß alles beobachten, nichts darf man dem Zufall überlassen. Zeit, Windrichtung, Wasserstand, alles. Du wirst den Wandkalender sofort wieder aufhängen.

Gut, gut, sagte Mumintroll mißvergnügt. Er schüttete den Kaffee hinunter, stampfte die Wendeltreppe hinab und hinaus in den kühlen Herbstmorgen. Der Nebel lag noch. Wie ein riesiger Pfeiler stieg der Leuchtturm empor ins Graue, man sah nicht, wo er endete. Dort oben war nur wallender Nebel, und drinnen saß die Muminfamilie und war verständnislos. Mumintroll war böse und müde und vollständig uninteressiert an Morras und Seepferden und Eltern. Jetzt.

Unten am Leuchtturmberg wachte er etwas mehr auf. Aha, typisch. Die Morra hatte von allen Plätzen Mutters Garten zum Sitzen gewählt.

Er überlegte, ob sie dort wohl mehr als eine Stunde gesessen habe. Hoffentlich nicht. Doch die Rose war ganz braun. Einen Augenblick lang zuckte ihm das Gewissen durch den Schwanz, dann wurde er zornig und dann wieder müde. Väter. Wandkalender. Striche am Rand. Aber wie sollte auch ein alter Troll jemals begreifen, daß das Bild vom Seepferdmädchen ein Bild der *Schönheit* war, das nur er zu sehen vermochte.

Mumintroll kroch ins Gestrüppwäldchen und nahm den Wandkalender von seinem Ast. Der Nebel hatte ihn völlig verbuckelt. Er warf den Rahmen aus verwelkten Blumen weg und saß eine Weile und starrte vor sich hin, halbfertige Gedanken im Kopf.

Und mit einem Male kam ihm eine Idee: ich ziehe hierher. Die können allein in ihrem alten Turm wohnen mit dieser schrecklichen Treppe und sich ausrechnen, welcher Tag gerade ist.

Es war ein aufregender Gedanke, neu, gefährlich, hinreißend. Er veränderte alles, er zog um ihn einen großen einsamen Kreis, ein Feld aus Melancholie und unbekannten Möglichkeiten.

Er war steif in den Beinen und fror ein wenig, als er mit dem Kalender nach Hause kam. Er stellte ihn wieder auf die Kommode. Der Vater ging sofort hin und machte am oberen Rand ein Kreuz.

Mumintroll nahm Anlauf, dann sagte er ins Blaue hinein, ich habe vor, ein bißchen allein zu wohnen, irgendwo auf der Insel.

Draußen?

Ja, natürlich ja, sagte die Mutter abwesend.

Sie saß am Nordfenster und zeichnete eine Blütenranke. Das geht gut. Du kannst ja wieder den Schlafsack nehmen.

Sie zeichnete Jelängerjelieber, es war fein und kompliziert mit allen seinen Blättern. Die Mutter hoffte, daß sie sich richtig erinnerte. Geißblatt kann am Meer nicht wachsen, es braucht Wärme und eine geschützte Stelle.

Mutter, sagte Mumintroll, und der Hals wurde ihm trocken, irgend etwas ist nicht wie sonst.

Aber die Mutter hörte nicht zu, sie gab nur einen kleinen ermunternden Laut von sich und zeichnete weiter.

Der Vater stand da und zählte seine Kreuze. Über einen Freitag war er unsicher. Möglicherweise hatte er an dem Tag zwei Kreuze gemacht, weil der Donnerstag überhaupt kein Kreuz bekommen hatte. Irgend etwas hatte ihn gestört und unsicher gemacht. Was hatte er an jenem Tage getan? Es verschwamm für ihn, alle Tage drehten sich ununterbrochen im Kreise um eine Insel, auf der man am Ufer immer weiter geht und niemals ankommt.

Gut, sagte Mumintroll. Ich nehme den Schlafsack und das Sturmlicht.

Vor ihrem Fenster rollte der Nebel vorbei, es war, als sei der Raum mit ihnen unterwegs.

Ich könnte ein bißchen blaue Farbe gebrauchen, sagte die Mutter zu sich. Sie hatte ihr Geißblatt über das Fenster und die weiße Wand hinaufranken lassen, wo eine große, genau gezeichnete Blüte sich kühn entfaltete.

Der Mond nimmt ab

Eines Nachts, kurz vor der Morgendämmerung, wurde die Mutter von der Stille um den Turm herum geweckt. Es hatte plötzlich zu stürmen aufgehört, wie es manchmal der Fall ist, wenn der Wind dreht. Sie lag lange da und lauschte.

Weit draußen im Meeresdunkel fing langsam ein neuer Wind zu wehen an. Die Mutter hörte ihn kommen, er schritt auf dem Wasser, kein Geräusch von Wellen, nur der Wind. Er nahm gleichmäßig zu, jetzt erreichte er die Insel. Das offene Fenster knarrte.

Die Mutter fühlte sich sehr klein. Sie bohrte die Schnauze ins Kissen und versuchte zum Beispiel an einen Apfelbaum zu denken. Stattdessen sah sie nur das Meer mit seinen Winden, ein Meer, das sich über die Insel erhob, wenn das Licht nicht brannte, und das überall und immer vorhanden war. Es nahm das Ufer und die Insel und das Haus in Besitz. Ihr schien, als sei die ganze Welt aus blankem, gleitendem Wasser, und als finge der Raum langsam und ganz selbstverständlich zu segeln an.

Wenn sich nun die Insel aus ihrer Verankerung losriß und plötzlich – an einem Morgen läge sie zu Hause am Bootssteg und stieß plätschernd dagegen ... Oder wenn sie weiter hinaussegelte, viele Jahre lang, bis sie über den Rand der Welt rutschte, wie eine Kaffeetasse auf einem glatten Teebrett ...

My würde das zu schätzen wissen, dachte die Mutter und kicherte. Ich möchte wissen, wo sie nachts schläft. Und Mumintroll ... schade, daß sich Mütter nicht auch davonmachen können, wenn sie gerade Lust dazu haben, und draußen schlafen. Besonders Mütter könnten das manchmal gebrauchen! Sie schickte ihrem Troll einen zerstreuten und liebenden Gruß. Mumintroll fühlte ihn, während er in seiner Lichtung wachlag, und er winkte mit dem einen Ohr eine Antwort.

Die Nacht war mondlos und sehr dunkel.

Niemand hatte recht Notiz davon genommen, daß Mumintroll von zu Hause weggezogen war, und er wußte nicht, ob ihn das erleichterte oder enttäuschte.

Jeden Abend nach dem Tee zündete die Mutter auf dem Tisch zwei Kerzen an und gab ihm die Sturmlaterne mit hinaus. Der Vater sagte der Ordnung halber noch, aber zünde nicht das Wäldchen an und denke dran, sie auszulöschen, bevor du einschläfst.

Immer dasselbe. Sie hatten auch nicht ein bißchen verstanden.

Mumintroll lauschte dem neuen Wind und dachte, der Mond nimmt ab. Das Seepferdchen kommt lange nicht zurück.

Vielleicht war er auch darüber mehr erleichtert als enttäuscht. Sich jetzt ein schönes Gespräch vorstellen und sich daran erinnern wie es aussah! Und er brauchte nicht mehr auf die Morra böse zu sein. Sie konnte sich die Laterne anschauen, soviel sie Lust hatte. Mumintroll redete sich ein, daß er in den Nächten mit der Sturmlaterne aus rein praktischen Gründen an den Strand ging. Es war, weil er die Morra daran hindern wollte, bis zum Leuchtturm hinaufzukommen, damit die Rosen der Mutter nicht erfroren. Es war, weil die Familie sie nicht entdecken sollte. Und schließlich, weil er ihr Heulen nicht hören wollte.

Jede Nacht stellte Mumintroll die brennende Laterne in den Sand, stand und gähnte, bis die Morra mit dem Ansehen fertig war. Sie folgte jetzt ihrem eigenen Ritual, das mit der Lampe zusammengehörte. Nachdem sie eine Weile gestarrt hatte, begann sie zu singen. Es mußte ein Lied vorstellen. Ein Jaulen, ein jammernder dünner Ton, der überall eindrang, bis man meinte, man habe ihn im Kopf, hinter den Augen, im Bauch. Gleichzeitig wiegte sie sich hin und zurück, langsam und schwer, flatterte mit ihren Röcken auf und ab, die zerknüllten Fledermausflügeln glichen: Die Morra tanzte.

Es war deutlich, daß die Morra sehr zufrieden war. Das etwas lächerliche Ritual war für Mumintroll irgendwie wichtig geworden. Er hatte vor, es beizubehalten, mochte die Insel tun, was sie wollte.

Und die Insel wurde immer unruhiger. Die Bäume flüsterten und zitterten, Schauer liefen durch das Rauschbeerenlaub gleich Meereswogen. Der Strandhafer raschelte und legte sich flach hin, er versuchte, sich selbst zu entwurzeln und zu fliehen. Und gerade heute nacht hatte Mumintroll etwas gesehen, was ihm Furcht einflößte.

Es war der Sand. Der Sand begann zu wandern. Er sah es ganz deutlich, er kroch vor der Morra weg. Er kroch ängstlich in glitzerndem Gedränge, weg von ihren großen tanzenden Pfoten, die den Boden zu Eis stampften.

Da nahm Mumintroll seine Lampe und stürzte Hals über Kopf in sein Gestrüppwäldchen durch den Alarmtunnel. Er fuhr in den Schlafsack hinein, zog den Reißverschluß hoch und versuchte zu schlafen. Aber wie fest er die Augen auch schloß, er sah immer wieder, wie der Sand ins Wasser hinabkroch.

Am nächsten Tag grub die Mutter aus dem harten sandigen Boden vier wilde Rosenbüsche aus. Es waren Sträucher, deren Wurzeln sich mit erschreckender Geduld zwischen den Steinen entlangwanden, und die ihre Blätter in einem untertänigen Teppich über den Berg gebreitet hatten.

Rosa Rosen an einem grauen Berg, das würde wunderbar aussehen, meinte die Mutter. Vielleicht hatte sie es sich nicht so genau überlegt, als sie die Sträucher in ihren braunen Garten setzte. Dort standen sie in Reihen und sahen beunruhigt aus. Die Mutter gab jedem eine Hand voll Erde von zu Hause, begoß sie und setzte sich ein Weilchen neben sie.

Gerade da kam der Vater angelaufen, mit Augen, die schwarz waren vor Erregung, und er schrie, der Kolk. Er atmet. Beeil dich. Komm und sieh ihn dir an. Dann kehrte er um und rannte zurück. Die Mutter stand auf und folgte ihm verständnislos. Doch der Vater hatte Recht. Der dunkle Wasserspiegel hob und senkte sich langsam, der Kolk atmete.

Die Kleine My kam über den Berg gerannt. Aha, sagte sie, jetzt geht

es los. Die Insel ist lebendig geworden, das habe ich schon lange gewußt.

Sei nicht kindisch, sagte der Vater. Kann eine Insel lebendig werden?... Es ist das Meer, das Meer ist lebendig... Er schwieg und schlug beide Pfoten vor die Nase.

Was ist los, fragte die Mutter ängstlich.

Ich weiß nicht recht, sagte der Vater. Ich habe nicht zu Ende gedacht... mir kam nur eine Idee – jetzt ist sie wieder weg. Er nahm das Wachstuchheft und wanderte mit gerunzelter Stirn über den Berg.

Die Mutter schaute mit tiefem Unbehagen in den Kolk hinab. Ich glaube, sagte sie, ich glaube, jetzt ist es allmählich an der Zeit für einen richtigen Ausflug irgendwohin. Mit Butterbrotpaketen.

Sie ging schnurstracks zum Leuchtturm zurück, um den Ausflug vorzubereiten. Nachdem die Mutter alles Nötige eingepackt hatte, öffnete sie das Fenster und schlug den Gong. Sie stand oben und sah, wie sie alle angerannt kamen, und sie schämte sich nicht ein bißchen, obwohl sie wußte, daß der Gong der Insel nur als Alarmsignal benutzt werden durfte.

Nun standen der Vater und Mumintroll dort unten und wandten die Schnauzen nach oben, sie sahen aus wie große Birnen. Die Mutter stützte sich mit den Pfoten auf das Fensterbrett und beugte sich hinaus.

Immer mit der Ruhe, rief sie fröhlich. Es brennt nicht, aber wir machen einen Ausflug, so schnell wie möglich.

Einen Ausflug, schrie der Vater. Wie kannst du bloß ...

Es hängt an einem seidenen Faden, schrie die Mutter zurück. Wenn wir nicht auf der Stelle einen Ausflug machen, werden wir alle verrückt.

Und der Ausflug ging vonstatten. Die Familie holte unter großen Anstrengungen das ABENTEUER aus dem Kolk, sie ruderten gegen den Wind und bei wolkigem Wetter zu der größten nördlichen Schäre.

Sie setzten sich zähneklappernd auf den nassen Fels, und die Mutter baute zwischen den Steinen eine Feuerstelle und kochte Kaffee. Sie tat alles genauso, wie sie es früher immer getan hatten. Die Tischdecke mit Steinen auf allen vier Ecken, die Butterdose mit dem Deckel, die Becher, die Bademäntel wie Riesenblumen auf dem Fels und natürlich der Sonnenschirm. Als der Kaffee fertig war, fing es an zu regnen.

Die Mutter war bester Laune und redete die ganze Zeit von alltäglichen Dingen, sie wühlte im Korb, sie strich Butterbrote. Zum ersten Mal hatte sie ihre Handtasche dabei.

Die kleine Schäre war kahl, ohne einen Halm, sogar der Tang und das Strandholz waren von ihr abgerutscht – sie war einfach ein graues Nichts, das sich zufällig oberhalb des Wasserspiegels befand.

Während sie dort saßen und Kaffee tranken, hatten sie plötzlich das Gefühl, als ob sich wieder etwas eingerenkt hätte. Sie begannen miteinander über alles mögliche zu reden, was ihnen gerade einfiel, nur nicht über das Meer und die Insel, und nicht über das Mumintal.

Von hier sah die Insel mit ihrem riesigen Leuchtturm fremd aus, regengrau und fern wie ein Schatten. Nach dem Kaffee spülte die Mutter die Becher im Seewasser und packte wieder alles in den Korb. Der Vater stellte sich ins Uferwasser und schnupperte im Wind. Dann sagte er, ich glaube, jetzt fahren wir nach Hause, bevor der Wind zunimmt.

Genau, wie er es immer auf allen ihren Ausflügen getan hatte. Sie kletterten ins Boot, und die Kleine My rollte sich am Bug zusammen, auf dem Heimweg hatten sie günstigen Wind im Rücken.

ABENTEUER wurde an Land gezogen. Die Insel hatte sich verändert, als sie nach Hause kamen. Sie fühlten es alle, ohne daß sie darüber sprachen oder wußten, was sich verändert hatte. Irgend etwas. Weil sie weggefahren und dann zurückgekommen waren. Sie gingen sofort zum Leuchtturm hinauf, und an diesem Abend nahmen sie das Lege-

spiel vor, und der Vater nagelte neben dem Herd ein kleines Küchenregal zusammen.

Der Ausflug hatte der Familie vielleicht gut getan, nur die Mutter wurde melancholisch. In der Nacht träumte sie, daß sie zu Hause einen Ausflug zu der Insel der Hatifnatten vor der Küste machten, zu der lauschigen freundlichen Sommerinsel, und als sie danach morgens aufwachte, war sie melancholisch.

Als die Mutter nach dem Kaffee allein war, saß sie still am Tisch und schaute ihre Geißblattranken an, die über das Fensterbrett hinauswuchsen. Der Bleistift war beinah verbraucht, und den kleinen Stummel brauchte Vater, um über die Tage Buch zu führen und um ins Wachstuchheft zu schreiben. Die Mutter stand plötzlich auf und ging auf den Turmboden. Als sie wieder hinunterkam, hatte sie drei Tüten Netzfarbe gefunden, braun, blau und grün, eine Büchse mit Bootsmennige, ein bißchen Kienruß und zwei alte Pinsel.

Und dann begann sie, die Leuchtturmwand mit Blumen zu bemalen. Sie wurden groß und prächtig, denn die Pinsel waren groß, der Kalk sog die Netzfarbe sofort ein, sie wurde tief und durchsichtig – oh, es wurde prachtvoll. Das war tausend Mal schöner als Holzsägen. Eine Blume nach der anderen erblühte auf der Wand, Rosen, Teeblumen, Stiefmütterchen, Päonien ...

Die Mutter erschrak fast, weil sie so schön malen konnte. Unten am Fußboden hatte sie grünes langes wehendes Gras gemalt. Sie dachte an eine Sonne hoch oben, aber es gab ja keine gelbe Farbe, also mußte man darauf verzichten.

Als die Familie zum Mittagessen kam, hatte die Mutter im Herd noch nicht einmal Feuer gemacht. Sie stand auf einer Kiste und malte eine kleine braune Biene mit grünen Augen.

Mutter, rief Mumintroll aus.

Wie findest du es? fragte die Mutter zufrieden, während sie vorsichtig das andere Auge der Biene malte. Der Pinsel war zu groß, sie mußte etwas erfinden und eine neue malen. Die Biene konnte schlimmstenfalls übermalt und ein Vogel werden.

Ähnlich, sagte der Vater. Alle Blumen sind wiederzuerkennen. Das dort ist eine Rose.

Nein, sagte die Mutter beleidigt. Das ist eine Päonie. Die roten, die vor der Tür wuchsen.

Darf ich einen Igel malen, fragte die Kleine My.

Doch die Mutter schüttelte den Kopf, nein, das ist meine Wand. Aber ich kann dir einen Igel malen, wenn du artig bist.

Beim Mittagessen ging es sehr fröhlich zu.

Leih mir bitte ein bißchen von dem roten Mennige, sagte der Vater. Ich werde das Niedrigwasserzeichen auf dem Leuchtturmberg einzeichnen, bevor das Wasser wieder steigt, und den Wasserstand ernstlich kontrollieren. Wißt ihr, ich möchte herausfinden, ob das Meer ein System hat oder ob es sich benimmt, wie es will ... das ist wichtig.

Hast du viel Material zusammenbekommen, fragte die Mutter.

Massenweise. Aber ich brauche mindestens noch einmal soviel, bevor ich mit meiner Abhandlung anfangen kann. Der Vater beugte sich plötzlich vertrauensvoll über den Tisch: Ich möchte wissen, ob das Meer tatsächlich bösartig ist, oder ob es nur zu gehorchen hat.

Wem denn? fragte Mumintroll und sperrte die Augen auf.

Doch der Vater vertiefte sich in seine Suppe.

Irgendwem, irgendwas, irgendwelchen Gesetzen, sagte er.

Er bekam ein bißchen rotes Mennige in eine Tasse und zog los, um nach Mittag den Niedrigwasserstand einzuzeichnen.

Nun war das Espenwäldchen ganz rot, und in der Lichtung lagen die Birkenblätter wie ein gelber Teppich auf dem Boden. Rot und Gelb flogen sie mit dem Südwestwind auf das Meer hinaus.

Mumintroll hatte sein Lampenglas auf drei Seiten mit Kienruß angestrichen, genau wie ein Spitzbube, der etwas im Schilde führt. Er machte einen Umweg um den Leuchtturm, der ihm lange mit seinen leeren Augen nachschaute. Es war wieder Abend, die Insel war aufgewacht. Er spürte, wie sie sich bewegte, auf den Landzungen kreischten die Seevögel.

Da ist nichts zu machen, dachte Mumintroll. Vater würde verstehen, wenn er wüßte. Aber heute nacht will ich nicht sehen, wie der Sand davonkriecht. Ich gehe lieber zur östlichen Landzunge.

Mumintroll setzte sich auf den Berg und wartete mit dem brennenden Fenster der Sturmlaterne. Die Dunkelheit sank über die Insel, doch keine Morra kam.

Nur die Kleine My sah ihn. Sie sah auch die Morra. Doch die Morra saß am Sandstrand und wartete.

My zuckte die Schultern und kroch ins Moos zurück. Sie hatte schon oft jemanden gesehen, der auf den anderen am falschen Ort wartete, einfältig und verzweifelt. Da ist nichts zu machen, es gehört vielleicht dazu.

Die Nacht war bewölkt. Mumintroll hörte unsichtbare Vögel vorbeiflattern. Im Kolk hinter ihm plätscherte es, und er kehrte sich hastig um. Das Auge der Laterne erleuchtete einen Streifen schwarzes Wasser. Es waren die Seepferde. Sie schwammen dort unten den Bergwänden entlang, vielleicht waren sie jede Nacht hier gewesen, und er hatte es nicht gewußt.

Die Pferdchen kicherten und bespritzten sich mit Wasser, sie warfen ihm unter ihren Stirnfransen Blicke zu. Mumintroll schaute von einem zum anderen, beide hatten die gleichen Augen, die gleichen Blumen am Halse, ihre kleinen unverschämten Köpfe waren ganz gleich. Er wußte nicht, welches von den beiden sein Pferdchen war.

Bist du es? fragte Mumintroll.

Die Seepferde schwammen heran und erhoben sich am Ufer des Sees, das Wasser reichte ihnen bis zu den Knien.

Ich bin es, ich bin es, antworteten beide und kicherten sich halbtot.

Willst du mich nicht retten? fragte das eine. Liebe, kleine dicke Seegurke, schaust du dir jeden Tag mein Portrait an? Tust du das wirklich?

Er ist keine Seegurke, sagte das andere vorwurfsvoll. Er ist ein ganz

kleiner Eierpilz, der versprochen hat, mich zu retten, wenn es stürmt. Er ist ein kleiner Eierpilz, der für seine Mutter Muscheln sammelt. Ist das nicht reizend? Reizend?

Mumintrolls Augen wurden heiß.

Die Mutter hatte das Hufeisen mit Scheuerpulver geputzt. Er wußte, daß eines der Hufeisen viel blanker war als die anderen. Und er wußte, daß sie ihre Hufe nicht aus dem Wasser heben würden, er würde nie zu wissen bekommen, welches sein Pferdchen war.

Jetzt wateten die Seepferdchen hinaus ins Meer. Er hörte ihr Gelächter weiter und weiter entfernt, zum Schluß war es nur noch der Wind, der über das Ufer strich.

Mumintroll legte sich auf den Fels und schaute in die Luft. Er konnte nicht mehr an das Seepferdchen denken. Sobald er es tat, sah er zwei Pferdchen, zwei lachende Pferdchen, die beide gleich aussahen. Sie sprangen immerzu aus dem Meer und wieder hinein, seine Augen wurden davon ganz müde. Schließlich wurden es viele, ganze Herden, er konnte sie nicht mehr zählen. Er wollte schlafen und Ruhe haben.

Das Wandgemälde der Mutter wurde immer schöner. Sie war jetzt beinah bis zur Tür gekommen, sie hatte große grüne Apfelbäume gemalt, die voller Blüten und voller Früchte waren, auch im Gras lagen Äpfel. Überall wuchsen Rosensträucher, meistens mit roten Rosen, Gartenrosen. Um jeden Strauch herum lagen weiße Muscheln. Der Brunnen war grün, der Holzschuppen braun.

Und eines Abends, als der Sonnenuntergang über die Wand strömte, malte die Mutter eine Ecke der Veranda.

Der Vater kam hinein und schaute zu. Malst du keine Berge, fragte er.

Es gibt keine Berge, antwortete die Mutter abwesend.

Sie malte gerade das Geländer, es war sehr schwierig, daß es gerade wurde.

Ist das dort der Horizont, fuhr der Vater fort.

Die Mutter blickte auf. Nein, das wird die blaue Veranda, sagte sie. Hier gibt es kein Meer.

Der Vater schaute lange und sagte nichts. Dann ging er und setzte Teewasser auf.

Als er sich wieder umdrehte, hatte die Mutter einen großen blauen Fleck gemalt und obendrauf etwas, das anscheinend ein Boot vorstellen sollte. Es wirkte keineswegs überzeugend.

Hör mal, sagte der Vater, das ist nicht sehr gelungen.

Es ist nicht so geworden, wie ich wollte, gab die Mutter kleinlaut zu.

Aber es war sicher ein schöner Gedanke von dir, meinte der Vater tröstend. Ich glaube beinah, du solltest es doch lieber in eine Veranda ändern. Man kann wohl nur das malen, wozu man Lust hat.

Nach jenem Abend begann Mutters Wandgemälde mehr und mehr dem Mumintal zu ähneln. Die Perspektive machte ihr Mühe, und zuweilen mußte sie irgendein Detail aus seinem richtigen Zusammenhang reißen und es allein darstellen. Zum Beispiel den Herd und Teile des Wohnzimmers. Es war einfach unmöglich, für alle Zimmer Platz zu finden. Man konnte ja immer nur eine Wand malen, und das sah unnatürlich aus.

Die Mutter malte am besten kurz vor Sonnenuntergang. Dann war der Turm leer und einsam, und sie sah das heimatliche Tal viel deutlicher vor sich.

Eines Abends brannte der Himmel im Westen im schönsten und heftigsten Sonnenuntergang. So etwas hatte die Mutter noch nie gesehen. Flammen in Rot und Orange schlugen nach oben, in Rosa und Neapelgelb. Die Wolken tropften brennende Farben in das dunkle stürmische Meer. Der Wind kam jetzt von Südwesten, er kam genau auf die Insel zu von einem kohlschwarzen und sehr scharf gezeichneten Horizont.

Die Mutter stand auf dem Eßtisch und malte mit roter Mennige Äpfel auf eine Baumspitze. Wenn sie die Farben von draußen zum Malen gehabt hätte! Nein, was für Äpfel! Und welche Rosen!

Während sie den Himmel betrachtete, kroch das Abendlicht die Wände hinauf und zündete die Blumen in ihrem Garten an. Sie wurden lebendig und begannen zu glänzen. Der Garten öffnete sich, der geharkte Weg wurde in seiner wunderlichen Perspektive jetzt ganz richtig und führte genau zur Veranda. Die Mutter legte die Pfoten auf den

Baumstamm, er war warm von der Sonne, sie fühlte, daß der Flieder blühte.

Plötzlich flog über die Wand ein Schatten, blitzschnell, etwas Schwarzes sauste am Fenster vorbei. Ein großer schwarzer Vogel flog um ihren Leuchtturm herum, er tauchte in einem Fenster nach dem anderen auf, im westlichen, dem südlichen, dem östlichen, dem nördlichen ... er flog und flog, gleich einem Rasenden, mit langen pfeifenden Flügelschlägen.

Jetzt sind wir umzingelt, dachte die Mutter verwirrt. Es ist ein Zauberkreis, ich fürchte mich. Ich will nach Hause ... ich will endlich nach Hause, weg von dieser schrecklichen leeren Insel und dem boshaften Meer.

Sie schlang die Arme um ihren Apfelbaum und schloß die Augen. Die Borke war rauh und warm. Das Tosen der Brandung verschwand. Die Mutter war in ihren Garten gegangen. Nun war der Leuchtturm leer. Die Farbtöpfe waren auf dem Tisch stehengeblieben, und vor dem Fenster flog die Sturmschwalbe weiter ihre einsamen Kreise. Als der Westhimmel erlosch, segelte sie geradenwegs hinaus aufs Meer. Es war Teezeit, die Familie kam nach Hause.

Wo ist Mutter, fragte Mumintroll.

Vielleicht ist sie Wasser holen gegangen, sagte der Vater. Die Kleine My ging zur Wand. Sie hat schon wieder einen neuen Baum gemalt.

Die Mutter stand hinter dem Apfelbaum und sah, wie sie Tee kochten. Alle waren etwas verschwommen, als ob sie sich unter Wasser bewegten. Die Mutter war nicht überrascht von dem, was geschehen war, sie war endlich in ihrem eigenen Garten, wo alles war und wuchs wie es sollte. Das eine oder andere war ein wenig falsch gezeichnet, aber das machte nichts. Sie setzte sich in das hohe Gras und lauschte dem Kuckuck, der irgendwo hinter dem Fluß rief.

Als das Teewasser kochte, war die Mutter, den Kopf an ihren Apfelbaum gelehnt, fest eingeschlafen.

Südwestwind

In der Dämmerung fühlte es der Fischer deutlich: nun würden die schönen Wellen kommen. Er zog sein Boot hoch hinauf auf seine Landzunge, drehte es um und band seine Angeln fest. Dann kroch er ins Zementhaus, rollte sich zu einem grauen, zerknitterten Ball zusammen und ließ die Einsamkeit bei sich vollkommen werden.

Am meisten von allen Winden liebte der Fischer den Südwestwind, der sich jetzt eingestürmt hatte und bis zur Nacht nicht abnehmen würde. Es war der Südwest des Herbstes, der viele Wochen lang stürmen konnte, bis die Wellen große graue Berge wurden.

Der Fischer saß in seinem Haus und sah die Wogen wachsen. Es war zu schön, daß er sich darum nicht mehr zu kümmern brauchte. Niemand, der erzählte oder fragte, niemand und nichts, was man bedauern mußte. Nur die unbegreifliche und unnahbare Größe des Meeres, die über ihn hinweg- und an ihm vorbeispülte, und die ihn niemals enttäuschen konnte.

Es war beinah schon dunkel, als die Vollkommenheit durch Mumintroll gestört wurde, der über den Berg geschlittert kam. Der Troll winkte und lamentierte, und fing schließlich an, gegen das Fenster zu klopfen und zu schreien, daß seine Mutter verlorengegangen sei. Der Fischer lächelte und schüttelte den Kopf. Die Scheibe war viel zu dick. Mumintroll flatterte mit dem Wind weiter, watete in der Brandung zurück über die Landspitze und wollte in die Heide und dort suchen.

Nun hörte Mumintroll den Vater rufen, und er sah, wie das schaukelnde Licht der Sturmlaterne sich über den Berg tastete. Die Insel war heute nacht von Furcht und Flüstern und Rufen erfüllt. Beim Laufen bewegte sich der Boden unter den Füßen.

Mutter ist verschwunden, dachte Mumintroll. Sie war so einsam, daß sie verlorengegangen ist.

Die Kleine My saß zusammengekauert auf dem Steinacker. Hast du gesehen, die Steine bewegen sich?

Das ist mir gleichgültig, rief Mumintroll. Mutter ist weg.

Ach nicht doch, so einfach kommen Mütter nicht weg, sagte die Kleine My. Die gibt es immer in irgendeiner Ecke, man muß nur nachgucken. Jetzt gehe ich und schlafe, bevor die ganze Insel davonkriecht. Hier gibt es ein teuflisches Pandämonium, das kannst du mir glauben.

Nun befand sich die Sturmlaterne am Kolk. Mumintroll ging dorthin, der Vater drehte sich um und hob die Lampe hoch. Sie kann doch da nicht hineingefallen sein ...

Mutter kann schwimmen, sagte Mumintroll.

Sie standen eine Weile schweigend und sahen sich an, das Meer toste hinter dem Leuchtturmberg.

Hör mal, sagte der Vater plötzlich, wo hast du dich eigentlich in letzter Zeit herumgetrieben ...

Oh, ein bißchen hier und ein bißchen dort, murmelte Mumintroll und guckte weg.

Ich habe furchtbar viel zu tun gehabt, sagte der Vater unbestimmt.

Mumintroll hörte, wie sich die Steine auf dem Acker umdrehten, sie rieben sich aneinander, und das gab ein eigentümlich trockenes Geräusch.

Jetzt gehe ich im Gestrüppwäldchen suchen, sagte er.

Doch gerade in diesem Augenblick wurden im Fenster des Leuchtturms zwei Lichter angezündet, die Mutter war nach Hause gekommen. Als sie hereinkamen, war sie dabei, ein Handtuch zu flicken.

Wo bist du gewesen, sagte der Vater heftig.

Ich? fragte die Mutter unschuldig. Ich habe nur einen kleinen Spaziergang gemacht und wollte ein bißchen Luft schnappen.

Du darfst uns nicht so einen Schrecken einjagen, sagte der Vater. Du mußt bedenken, wir sind gewöhnt, dich abends im Hause zu haben.

Das ist ja das Schreckliche, seufzte die Mutter. Man braucht Abwechslung. Man gewöhnt sich zu sehr aneinander, und alles ist immer dasselbe nicht wahr, Liebling?

Der Vater starrte sie unsicher an, doch sie lachte nur und nähte weiter. Daraufhin ging er zu dem Wandkalender, machte ein Kreuz, das bedeutet Freitag, darunter schrieb er: 5 Beaufort.

Mumintroll fand, daß sich das Bild mit dem Seepferdchen verändert hatte. Das Meer war nicht mehr so blau und der Mond etwas übertrieben. Er setzte sich an den Tisch und sagte so leise er vermochte, Mutter, ich wohne in einer Lichtung im Gestrüppwäldchen.

So? sagte die Mutter. Ist sie hübsch?

Sehr sehr hübsch. Ich dachte, vielleicht hast du mal Lust, sie dir anzusehen.

Das möchte ich sehr gern, sagte die Mutter. Wann wollen wir hin?

Mumintroll schaute hastig auf, der Vater war in sein Wachstuchheft vertieft. Dann flüsterte er, jetzt, sofort. Heute nacht.

Na ja, meinte die Mutter. Wäre es denn nicht netter, wenn wir morgen, am Tage hingehen, alle zusammen?

Das ist nicht das Gleiche, sagte Mumintroll.

Die Mutter nickte und nähte weiter.

Doch der Vater schrieb in sein Heft: ist es denkbar, daß sich gewisse Dinge verändern, bloß weil es Nacht ist? Ist zu untersuchen.

Was tut das Meer in der Nacht. Beobachtung. Meine Insel war im Dunkeln anders, d. h. A bestimmte merkwürdige Laute und B zweifelsohne Bewegungen.

Der Vater hob die Feder und war unsicher. Dann fuhr er fort. In Klammern: ist es möglich, daß ein starkes Gefühl, also bei einem selbst, die ganze Umgebung verändern kann? Z. B. war ich wirklich sehr beunruhigt, wegen der Muminmutter. Ist zu untersuchen.

Er las durch, was er geschrieben hatte und versuchte weiterzudenken. Es ging nicht. Daraufhin schlich er zu seinem Bett. Bevor der Vater die Decke über die Nase zog, sagte er, macht aber das Licht ordentlich aus, bevor ihr schlafengeht.

Ja, natürlich, Liebling, sagte die Mutter.

Als der Vater eingeschlafen war, nahm Mumintroll das Sturmlicht und leuchtete seiner Mutter über die Insel. Im Heidekraut blieb die Mutter stehen und lauschte.

Ist es nachts immer so? fragte sie.

Nachts ist es immer ein bißchen unruhig, sagte Mumintroll. Aber darum brauchst du dich nicht zu kümmern. Die Insel wacht nur auf, während wir schlafen.

Der Troll kroch voraus durch den Haupteingang. Er drehte sich manchmal um, weil er sehen wollte, ob seine Mutter nachkam. Sie blieb manchmal an den Zweigen hängen, kam aber allmählich doch hindurch und hinaus auf die Lichtung.

Also hier wohnst du, rief die Mutter aus. Das ist aber wirklich schön.

Das Dach ist jetzt ein bißchen entlaubt, erklärte Mumintroll. Aber du solltest es sehen, wenn es grün ist ... Sieht es nicht wie eine Grotte aus, jetzt wenn hier das Licht brennt?

Genau wie eine Grotte, stimmte die Mutter zu. Wir müssen einen Teppich herbringen und eine kleine Kiste, zum Sitzen ...

Sie hob den Kopf und sah die Sterne zwischen den Wolken dahinsegeln. Weißt du was, sagte sie, manchmal habe ich das Gefühl, als schwimme die Insel mit uns fort. Wir treiben irgendwohin ...

Mutter, sagte Mumintroll plötzlich, ich habe die Seepferdchen getroffen, aber sie haben mich nicht beachtet. Ich wollte ja nur ein Weilchen neben ihnen herlaufen, lachen und laufen, weißt du ... sie waren so hübsch.

Die Mutter nickte. Ich glaube kaum, daß man mit einem Seepferdchen richtig Freundschaft schließen kann, sagte sie ernst. Und es lohnt sich nicht, daß man sich von ihnen enttäuschen läßt. Ich glaube, man sollte sie nur anschauen und sich über sie freuen, so wie man einen schönen Vogel betrachtet oder eine Landschaft.

Vielleicht hast du recht, sagte Mumintroll.

Sie lauschten dem Wind, der über das Wäldchen fegte. Die Morra hatte er ganz vergessen.

Mumintroll sagte, ich hätte etwas zum Anbieten haben sollen.

Das können wir ja morgen tun, sagte die Mutter. Wir können ein kleines Fest veranstalten und vielleicht die anderen einladen, wenn wir Lust dazu haben. Fein, daß ich sehen durfte, wie du wohnst. Jetzt gehe ich zurück zum Leuchtturm.

Nachdem er seine Mutter nach Hause begleitet hatte, machte Mumintroll die Laterne aus, um mit sich selbst zur Ruhe zu kommen. Der Wind hatte zugenommen. Er ging über die Insel, und die Dunkelheit, das Brausen des Meeres und irgend etwas, das die Mutter gesagt hatte, machte, daß er sich geborgen fühlte.

Hier senkte sich der Berg zum Kolk hinab. Unterhalb des Steilhanges plätscherte es. Mumintroll hatte es gehört, aber er blieb nicht stehen, sondern stromerte weiter, er war leicht wie ein Ballon und kein bißchen müde.

Und dann erblickte er sie. Die Morra war auf die Insel hinaufgekommen. Sie ging umher und schnupperte am Fuß des Leuchtturmberges. Ging schaukelnd hin und her, sie schnüffelte im Heidekraut, starrte kurzsichtig umher und irrte weiter hinab ins Moor.

Sie sucht mich, dachte Mumintroll. Aber nun muß sie ein bißchen warten. Sie verbraucht zu viel Petroleum.

Er blieb eine Weile stehen und sah zu, wie die Morra über die Insel irrte, und er fühlte nichts anderes, als daß er es mit gewissem Wohlwollen übersah. Morgen darf sie tanzen, sagte sich Mumintroll. Aber jetzt nicht. Heute ist ein Abend, an dem man zu Hause bleibt.

Er kehrte allen den Rücken und machte einen Umweg zurück zu seiner Lichtung.

Mumintroll erwachte bei Sonnenaufgang mit einem Gefühl von Panik. Er war in seinem Schlafsack eingeschnürt und nahe am Ersticken durch die feuchte Hitze. Etwas hielt ihn fest, und er bekam die Pfoten nicht frei. Alles war verkehrt, um ihn herum herrschte ein eigentümliches, braunes Zwielicht, und es roch, als befände er sich tief in der Erde. Jetzt bekam er den Reißverschluß auf. Nadeln und Erde wirbelten ihm um die Nase, die ganze Welt war verändert, und er war ihr völlig ausgeliefert.

Braune Wurzeln kletterten und krochen quer über den Schlafsack. Die Bäume standen jetzt unbeweglich, doch im Dunkeln waren sie einfach über ihn hinweggegangen.

Der ganze Wald hatte seine Wurzeln aus der Erde gezogen und war über ihn hinweggegangen, als sei er ein Stein.

Dort lag die Streichholzschachtel an ihrem Platz und daneben die Flasche mit dem Blaubeersaft. Aber die Lichtung war verschwunden, es gab sie nicht mehr. Seine Tunnel waren zugewachsen. Es war nur noch ein Urwald flüchtender Bäume, in dem er immer weiter kroch. Den Schlafsack zog er hinter sich her, denn es war ein sehr schöner Schlafsack und außerdem hatte er ihn geschenkt bekommen.

Nun sah er die Sturmlaterne. Sie hing an ihrem Baum, doch der Baum war weitergegangen.

Mumintroll setzte sich auf seinen Schwanz und schrie wie am Spieß. Er rief die Kleine My. Sie antwortete sofort, eine lange Reihe von Rettungssignalen. Ihre Stimme war wie eine kleine helle Trompete.

Oder wie eine Glockenboje im Diskant. Mumintroll kroch in die Richtung, aus der ihre Stimme gekommen war.

Endlich kam er ins Tageslicht, und der Sturm fegte ihm entgegen. Mumintroll erhob sich mit zitternden Beinen und betrachtete erleichtert die Kleine My. Er fand sie beinah hübsch.

Ein paar von den kleineren Sträuchern, die ihre Wurzeln leichter lösen konnten, waren bereits weit draußen in der Heide, ungekämmt und verwirrt. Das Moos war in die Erde hineingekrochen und zu einer tiefen grünen Schlucht geworden.

Wo laufen sie hin, rief Mumintroll, warum ziehen sie ihre Wurzeln heraus, ich verstehe überhaupt nichts mehr ...

Sie fürchten sich, sagte die Kleine My und schaute ihm ins Gesicht. Sie fürchten sich so sehr, daß sich jede Nadel sträubt, sie fürchten sich sogar mehr als du. Wenn ich nicht wüßte, daß es umgekehrt ist, würde ich glauben, daß eine gewisse Morra hier in der Nähe herumwankt, was?

Mumintroll spürte eine Leere im Magen und setzte sich. Das Heidekraut war Gott sei Dank wie immer, es blühte unberührt. Es hatte sich entschlossen zu bleiben.

Eine Morra, fuhr die Kleine My nachdenklich fort, eine große kalte Morra, die umherirrt und sich hier und da ein bißchen hinsetzt ... Und weißt du, was da geschieht, wo sie sich hingesetzt hat?

Natürlich wußte er es, dort konnte nichts wachsen. Niemals. Nicht ein Hälmchen.

Warum gaffst du mich so an? rief Mumintroll.

Habe ich dich angegafft? fragte die Kleine My unschuldsvoll. Wieso? Vielleicht habe ich etwas angegafft, was hinter dir steht ...

Mumintroll sprang auf und drehte sich blitzschnell um.

Hah. Ich habe dich angeführt, schrie die Kleine My begeistert. Wovor fürchtest du dich? Ist es nicht komisch, daß sich eine ganze Landschaft aufregt und einfach losrennt. Mich interessiert das kolossal.

Doch Mumintroll fand das nicht lustig. Das Gestrüppwäldchen war auf dem Weg zum Leuchtturm, auf der Wanderung quer über die Insel, zur Leuchtturmtreppe hin. Jede Nacht würde der Wald ein wenig näher kommen, bis sich die erste Zwergtanne gegen die Tür preßte, um hineingelassen zu werden.

Wir machen nicht auf, sagte er und sah der Kleinen My plötzlich gerade in die Augen. Sie waren fröhlich und spöttisch und wußten um alle seine Geheimnisse. Das war fast eine Erleichterung.

Gleich nach dem Morgenkaffee ging der Vater hinab und setzte sich auf das Gesims des Leuchtturmwärters. Er versank in Spekulationen. Das Wachstuchheft war fast voll von Überlegungen über das Meer. Jetzt hatte er ein ganz neues Kapitel angefangen: «Die Veränderungen des Meeres während der Nacht», und darunter einen Strich gezogen.

Der Vater starrte lange das leere Papier an, das der Sturm ihm aus den Pfoten zu zerren versuchte. Er seufzte und blätterte zurück auf Seite 5, für die er eine große Schwäche hatte.

Dort hatte er ausgerechnet, wie der Kolk in der Tiefe durch einen Tunnel mit dem Meer verbunden war, vgl. Bild, und durch diesen waren Schatztruhen, Whisky, Skelette hinabgesunken. Leider. Der rostige Kanister war aus Versehen am Rand bei A gelandet. Wenn jetzt jemand, den wir mit X benennen, unten auf dem Grund bei B stünde und blies oder das Wasser in sich hineinsöge, dann müßte das Wasser ja steigen und sinken, so daß es aussah, als ob das Meer atme. Wer war X? Ein Meerungeheuer. Das jedoch ließ sich nicht beweisen. Die Erklärung über das Wasser wurde also in das Kapitel «Vermutungen» aufgenommen, das immer länger wurde.

In dem Kapitel «Tatsachen» hatte der Vater festgestellt, daß das

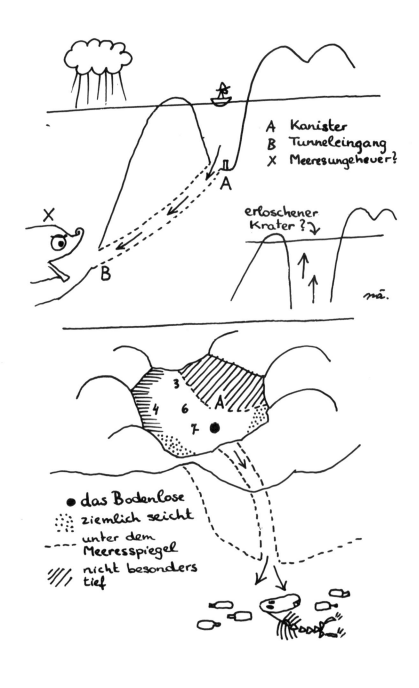

Wasser in der Tiefe kälter war. Das hatte er ja schon vorher gewußt, man brauchte nur die Beine ins Wasser zu stecken, doch ließ sich dies mit einer sinnreich konstruierten Flasche beweisen. Der Korken wurde durch den Druck des Wassers in den Flaschenhals gedrückt, wenn man die Flasche wieder hochzog. Weiter, das Wasser ist schwer und salzig. Weiter unten ist es schwerer, aber an der Oberfläche salziger. Beweis: die flachen Salzwasserpfützen. Sind sehr salzig. Und die Schwere spürt man beim Tauchen.

Der Tang wird an der Leeseite angeschwemmt und nicht luvwärts. Wenn man vom Leuchtturmberg bei Sturm eine alte Planke ins Wasser wirft, treibt sie nicht an Land, sondern schwimmt ein Stück vom Ufer entfernt um die Insel herum.

Wenn man ein Brett gegen den Horizont hält, sieht es aus, als runde sich der Horizont. Das Wasser steigt, wenn es schlechtes Wetter gibt, aber manchmal auch umgekehrt.

Jede siebente Welle ist riesengroß, aber manchmal kann es auch die neunte sein, manchmal herrscht überhaupt keine Ordnung. Wohin führen die breiten Sturmwege aus weißem Schaum und wie entstehen sie? Warum? Für all das und eine Menge anderer Dinge versuchte der Vater eine Erklärung zu finden, aber das war sehr schwer. Er war müde, und er wurde unwissenschaftlich und schrieb, eine Insel hat keine Brücken und keine Zäune, man kann also weder hinausgelassen noch eingesperrt werden. Das bedeutet also, man hat das Gefühl, als ob ...

Der Vater zog über diese Aufzeichnung einen schwarzen Strich. Er ging zu dem mageren Kapitel «Tatsachen» über. Und nun kam er wieder, der schwindelerregende Gedanke, daß das Meer überhaupt keinen Gesetzen gehorchte. Er wies ihn rasch ab. Er wollte verstehen. Er mußte das Meer verstehen, damit er es lieben und vor sich selbst Respekt haben konnte.

Während der Vater grübelte, war die Mutter immer tiefer in ihren Garten hineingegangen. Sie hatte eine Menge entdeckt, was frisch gestrichen werden mußte. Allmählich wurde sie beherzter und versteckte sich erst hinter den Baumstämmen, wenn sie die Wendeltreppe knacken hörte. Da die Mutter gemerkt hatte, daß sie nicht größer als eine Kaffeekanne wurde, wenn sie in die Wand hineinging, malte sie eine Menge kleiner Mütter hier und dort im Garten. Falls jemand von den anderen sie erblickte. Wenn sie sich ruhig verhielt, konnten sie kaum feststellen, welches die richtige Mutter war.

Das ist der reinste Mittelpunktwahnsinn, fand die Kleine My.

Könntest du denn nicht auch uns zeichnen, und nicht nur dich selbst.

Ihr seid ja auf der Insel, sagte die Mutter.

Sie hatte Mumintroll wegen des Familienfestes in seiner Lichtung gefragt, der hatte aber nur etwas gemurmelt und war wieder hinausgelaufen. Das ist das Seepferdmädchen, dachte die Mutter. Jaja, die

Zeit rennt. Und sie malte eine neue kleine Mutter, die es sich unter einem Fliederbusch bequem gemacht hatte.

Mumintroll ging langsam die Wendeltreppe hinab und auf den Berg hinaus. Nun gab es keine Lichtung mehr und auch keine Seepferdchen.

Er stand da und schaute hinab auf Mutters Gartenland dort unten am Berghang. Alle wilden Rosenbüsche waren verwelkt, weil es ihnen plötzlich zu gut ging und sie nicht den sicheren Widerstand von Sand und Steinen um sich herum hatten.

Nun hatte die Mutter mitten im Beet einen kleinen Zaun errichtet, der anscheinend etwas besonders Kostbares umgab. Sie hatte einen neuen Versuch unternommen. Was es wohl sein mochte!

Über den Berg kam die Kleine My geweht, hej, sagte sie. Kannst du raten, was es ist? Dreimal darfst du raten.

Sag es selbst, sagte Mumintroll.

Ein Apfel, verkündete My. Sie hat einen Apfel in die Erde gelegt. Er wurde an Land geschwemmt. Sie meint, die Kerne könnten wachsen und daraus könnte ein Baum werden.

Ein Apfel, wiederholte Mumintroll überrascht. Aber das dauert ja wer weiß wieviele Jahre.

Darauf kannst du Gift nehmen, sagte die Kleine My und stürmte weiter.

Mumintroll blieb stehen und betrachtete den Zaun. Er war sehr sorgfältig errichtet und glich entfernt dem Verandageländer im Mumintal. Er begann vor sich hin zu lachen. Lachen tat gut! Es gab nichts eigensinnigeres auf der Erde als seine Mutter. Und er fragte sich, ob aus diesem Apfel nicht trotzdem ein Baum werden würde. Sie war es wert. Und da fiel ihm ein, ob eine Hütte nicht noch schöner wäre als eine Lichtung. Eine Hütte, die er sich selbst baute. Er könnte hübsche runde Steine ins Fenster legen.

Erst am Nachmittag entdeckten Vater und Mutter, daß der Wald einen entschlossenen Schritt näher an den Leuchtturm heran gemacht hatte. Die Erlen hatten die größte Eile gehabt. Sie waren den halben Weg vom Strand her gekrochen; nur die Erle, an der ABENTEUER vertäut war, stand immer noch da und reckte sich so, daß sie beinah erwürgt wurde. Die entlaubten Espen, die sich ihr Entsetzen nicht mehr abrauschen konnten, hatten sich in ängstlichen Haufen über das Heideland verstreut.

Die Bäume glichen Insekten, ihre langen tastenden Wurzeln umklammerten die Steine und hielten sich im Heidekraut fest, um trotz des Südwestwindes dazubleiben.

Aber was wollen sie, flüsterte die Mutter und schaute den Muminvater an. Warum tun sie das?

Der Vater biß auf seinen Pfeifenstiel und suchte verzweifelt nach einer Erklärung. Es war so schrecklich, «ich weiß nicht» zu sagen. Er hatte es satt, nichts zu verstehen.

Schließlich sagte er, so was geschieht, wenn es Nacht ist, die Veränderungen der Nacht, weißt du.

Die Mutter blickte ihn ungläubig an.

Möglicherweise, fuhr der Vater nervös fort. Ich meine, irgendwelche heimlichen Verwandlungen draußen im Dunkeln, und wenn wir dann auch noch kommen und alles noch größer machen, ich meine die Verwirrung, dann wird das Ganze so groß, daß alles noch da ist, wenn man aufwacht.

Aber Liebling, sagte die Mutter besorgt.

Der Vater wurde krebsrot.

Nach langem genierten Schweigen murmelte Mumintroll: sie fürchten sich.

Meinst du, sagte der Vater dankbar. Du sagst da etwas...

Er sah sich um und schaute den aufgerissenen Erdboden an. Jeder Baum war vom Wasser weggewandert.

Jetzt begreife ich, rief der Vater. Sie fürchten sich vor dem Meer. Das Meer hat sie erschreckt. Ich habe es gefühlt, als ich heute nacht draußen war, daß irgend etwas los war ...

Er öffnete das Wachstuchheft und begann zu blättern. Hier ist etwas, ich habe es heute morgen geschrieben ... warte mal. Diese Sache muß ich durchdenken.

Meinst du, es dauert lange, fragte die Mutter.

Doch der Vater war schon auf dem Wege zum Leuchtturmberg mit der Nase in seinen Aufzeichnungen. Er stolperte über einen Strauch, nun verschwand er zwischen den Tannen.

Mutter, sagte Mumintroll. Ich glaube nicht, daß man deswegen beunruhigt sein muß. Die laufen ein Stückchen, dann stecken sie ihre Wurzeln wieder woanders in den Boden und wachsen weiter.

Meinst du, sagte die Mutter mit schwacher Stimme.

Vielleicht bilden sie eine Hecke um deinen Garten, versuchte es Mumintroll. Das wird hübsch, kleine Birken mit hellgrünen Blättchen.

Die Mutter schüttelte den Kopf und wollte zum Leuchtturm gehen.

Lieb von dir, sagte sie. Ich finde es aber nicht natürlich, daß sich eine Landschaft so benimmt. Zu Hause hat sie das nie getan.

Sie beschloß, in ihren Garten zu gehen, um sich zu beruhigen.

Mumintroll befreite die Erle von der Vertäuung. Unter einem klaren, durchsichtigen Herbsthimmel hatte der Südwestwind zugenommen, und die Brandung an der Westspitze war höher und weißer als je zuvor. Mumintroll stromerte über die Insel und legte sich in die Heide, er war friedlich und gut gelaunt.

Sie hatten endlich die *Veränderung* bemerkt, und Mumintroll fühlte sich befreit.

Eine vergessene Hummel taumelte freundlich im Heidekraut umher. Die Heide fürchtete sich nicht, sie wuchs, wo sie wuchs. Wenn er hier seine Hütte bauen würde. Sehr niedrig. Und vor der Tür flache Steine.

Mumintroll wachte davon auf, daß der Sonnenschein hinter einem breiten Schatten verschwand. Neben ihm stand der Vater und hatte sorgenvolle Augen. Wie steht es? fragte Mumintroll.

Überhaupt nicht, antwortete der Vater und setzte sich ins Heidekraut. Diese Geschichte mit den Bäumen macht alles zunichte. Ich verstehe das Meer immer weniger. Es gibt keine Ordnung in dem Ganzen.

Er nahm den Hut des Wärters ab und zerbeulte ihn.

Sieh mal, sagte der Vater. Die Idee des Ganzen ist, die geheimen Gesetze des Meeres zu finden. Ich muß es verstehen, wenn ich es lieben soll. Ich kann auf dieser Insel nicht glücklich sein, wenn ich das Meer nicht gern habe.

Das ist so wie mit Trollen, sagte Mumintroll eifrig und richtete sich auf. Mit dem Gernhaben, meine ich.

Das Meer benimmt sich ständig anders, fuhr der Vater fort. Irgendwie, mal so, mal so. Heute nacht hat es der ganzen Insel einen Schrecken eingejagt. Warum? Was ist geschehen? Es ist kein System darin. Und wenn, dann kann ich es nicht erkennen.

Er schaute Mumintroll fragend an.

Ich glaube bestimmt, du würdest es erkennen, wenn es eines gäbe, sagte Mumintroll. Er fühlte sich ungeheuer geschmeichelt, weil der Vater mit ihm so große, wichtige Dinge besprach und strengte sich mächtig an, um zu begreifen, worum es ging.

So, meinst du, sagte der Vater. Es gibt kein System?

Bestimmt nicht, sagte sein Sohn und hoffte verzweifelt, daß es die richtige Antwort sein möchte.

Auf der Landzunge erhoben sich ein paar Möwen und begannen kreischend über der Insel zu kreisen. Man spürte unter sich im Boden die Brandung, wie einen Atemzug.

Aber dann muß das Meer ja lebendig sein, grübelte der Vater. Möglich. Es benimmt sich genau wie es Lust hat ... man kann es nicht verstehen ... Wenn der Wald sich vor dem Meer fürchtet, muß es ja bedeuten, daß das Meer lebendig ist.

Mumintroll nickte, ganz trocken im Hals vor Aufregung.

Der Vater schwieg eine Weile. Dann stand er auf und sagte, dann ist es das Meer, das im Kolk atmet. Das Meer zerrt an dem Lot. Alles ist klar ... Es hat meine Mole zerstört, um mich zu ärgern und hat mir

Seegras in die Netze gefüllt und versucht, mir das Boot wegzunehmen ...

Er stand da und starrte mit faltiger Schnauze zu Boden. Plötzlich glättete sie sich wieder, und er sagte erleichtert, dann brauche ich ja nichts zu verstehen. Das Meer hat eben nur einen schlechten Charakter ...

Mumintroll fühlte, daß der Vater jetzt zu sich selbst redete und antwortete nicht. Er sah den Vater zum Leuchtturmberg gehen, das Wachstuchheft war im Heidekraut liegengeblieben.

Nun waren neue Seevögel dazugekommen. Eine große Wolke von Vögeln flatterte über der Insel, und sie schrien wie besessen. Mumintroll hatte noch nie so viele Vögel auf einmal gesehen. Es waren auch kleine Vögel dabei, sie flatterten in hysterischen Sturzflügen hin und her, neue Scharen kamen von den kleinen Felsinseln angeflogen.

Mumintroll betrachtete sie und wußte, nun flohen auch die Vögel vor der Kälte der Morra. Aber er konnte nicht helfen. Und was bedeutete es schon ... Der Vater hatte mit ihm gesprochen, anders als früher, er war ungeheuer stolz.

Am Leuchtturm standen die anderen und beobachteten die Vögel, die den ganzen Himmel mit ihrem Entsetzen bedeckten. Und mit einem Schlage flohen sie zum Meer hin. Die Vögel verschwanden, sie flogen geradenwegs aufs Meer hinaus, und einen Augenblick später waren sie verschwunden.

Nun war nur noch die Brandung da.

Das Tosen war sehr stark, der Schaum flog auf die Insel wie Schnee, bei der Westspitze erhoben sich die Wellen gleich weißen Drachen mit weit aufgesperrten Rachen. Jetzt ist der Fischer zufrieden, dachte Mumintroll. Er sah es, als es geschah: das Betonhaus des Fischers kenterte. Die nächste Welle sprengte die Wände.

Der Fischer hatte die Tür aufgestoßen und sprang wie ein hüpfender Strich durch den Schaum. Er kroch unter sein Boot, das umgekehrt auf dem Berg lag. Draußen auf der Landzunge war der Fels glatt und rein, nur die Eisenkrampen ragten wie ein paar übriggebliebene Zähne in die Höhe.

Bei meinem ewigen Schwänzchen, dachte Mumintroll. Vater hat recht. Das Meer hat wirklich einen sehr schlechten Charakter ...

Aber er ist ja ganz naß, rief die Mutter. Er hat womöglich Glasscherben geschluckt, als das Fenster zerbrach ... wir müssen uns seiner annehmen, er hat ja kein Haus mehr.

Ich werde hingehen und nachsehen, wie es steht, sagte der Vater. Ich werde meine Insel verteidigen.

Aber die Landspitze ist beinah ganz überschwemmt, das ist gefährlich, rief die Mutter. Wenn die Wellen dich nun mitreißen.

Der Vater lief nach dem Lot, das unter der Wendeltreppe hing. Er war in bester Laune, sein Kopf fühlte sich an wie eine Wolke.

Keine Angst, sagte er. Das Meer benimmt sich, wie es ihm paßt. Aber darum kümmere ich mich nicht. Wer auf der Insel wohnt, den beschütze ich. Jeden einzelnen. Ich weiß jetzt.

Der Vater ging den Berg hinab, die Kleine My tanzte um ihn herum wie ein Floh. Sie schrie irgend etwas, das der Wind entführte. Mumintroll war in der Heide stehengeblieben und starrte die Landzunge des Fischers an.

Du kannst mitkommen, sagte der Vater. Es ist Zeit, daß du lernst, wie man sich benimmt, wenn man einen Gegner hat.

Sie liefen hinab und über die Insel und kamen an die überschwemmte Landspitze. Die Kleine My hüpfte hoch vor Begeisterung, ihr Haarknoten hatte sich im Sturm aufgelöst, und die Haare flogen gleich einer Glorie aus Draht um sie herum.

Der Vater betrachtete das zornige Meer, das in seiner ganzen Gewalttätigkeit auf die Insel zugebraust kam, es erhob sich im Schaum und sog sich in einem langen schwindelerregenden Schlucken zurück ins Wasser. Doch über die Landzunge schickte das Meer eine Welle nach der anderen. Und hier sollten sie hinüber. Der Vater machte einen Achtknoten um den Bauch und reichte das Seil seinem Sohn.

Halt es mal mit ganzer vermorrter Kraft fest, sagte er. Mach eine ordentliche Achterschlinge und folge mir mit gespanntem Seil. Jetzt werden wir dem Meer eins auswischen. Es ist Windstärke sieben. Sieben!

Der Vater wartete, bis eine große Welle vorbeigerollt war, dann ging er hinaus auf die glatten Steine mit einer Klippe als Ziel, die etwas vom Land entfernt war.

Als die nächste Welle heranstürzte, war der Vater schon an der Klippe vorbei. Das Seil zwischen ihm und Mumintroll spannte sich gegen die Felswand, die See schlug ihnen die Pfoten weg, und sie überschlugen sich in der Brandung. Doch das Seil hielt.

Als die Welle vorbei war, rutschten sie weiter über die Steine und wiederholten das gleiche Manöver am nächsten Felsblock.

Wart, ich werde dich Mores lehren, dachte der Vater verbissen und meinte das Meer. Das schlägt doch dem Faß den Boden aus ... uns kannst du schikanieren, wir halten das schon aus. Aber sich an den Fischer heranmachen, an diese dürre Tanggarnele, die dich immer nur bewundert – das ist unerhört.

Nun kam wieder ein Wellenberg und ertränkte Vaters Zorn. Er war fast am Ziel. Das Seil spannte sich am Bauch. Er konnte den Klippenrand erreichen und hielt sich mit allen vier Pfoten fest. Neue grüne Dunkelheit überspülte ihn, und das Seil wurde schlaff. Als der Vater die Schnauze wieder über Wasser bekam, krabbelte er hastig hinauf auf die Landzunge. Seine Pfoten zitterten. Er fing an, seinen Sohn heranzuziehen, der irgendwo hilflos auf- und niederhüpfte.

Sie saßen nebeneinander auf dem Berg und froren. Auf der anderen Seite hüpfte die Kleine My wie ein Ball, und sie verstanden, daß sie ihnen hurra zuschrie. Der Vater und Mumintroll schauten einander an und lachten. Sie hatten dem Meer eins ausgewischt.

Wie geht es, rief der Vater und steckte die Nase unter das Fischerboot.

Der Fischer wandte ihm seine klaren blauen Augen zu. Er war sehr naß. Aber Glasstückchen hatte er nicht geschluckt.

Wie wäre es mit einem bißchen Kaffee, schrie der Vater durch den Sturm.

Ich weiß nicht, das ist lange her, kam die Stimme des Fischers wie ein ausgeblasenes, weggeflogenes Piepsen.

Der Vater bedauerte ihn plötzlich sehr. Er war so klein. Er würde nie allein nach Hause kommen.

Der Vater richtete sich auf und guckte Mumintroll an. Er zuckte mit den Schultern und machte ein Gesicht, als wolle er sagen, so ist es eben, da ist nicht viel dran zu ändern. Mumintroll nickte.

Sie schlugen den Weg zur äußersten Landspitze ein, der Sturm legte ihnen die Ohren platt gegen den Kopf, und die Augen brannten von dem Salz.

Als der Vater und der Troll nicht weiterkamen, blieben sie stehen und schauten in die stolze Säule aus Schaum, die sich mit jeder Welle vor ihnen erhob, langsam, beinah feierlich, und die dann wieder ins Meer zurücksank.

Es ist jedenfalls ein guter Feind, schrie der Vater durch die Brandung.

Mumintroll nickte. Er hatte nicht gehört, was der Vater sagte, aber verstanden, was er meinte.

Jetzt kam mit den Wellen etwas angefahren, es war eine Kiste. Sie trieb an der Längsseite der Landzunge und wurde in rasender Fahrt auf die Leeseite geführt, und sie lag schwer im Wasser.

Merkwürdig, wie gut man zuweilen einander versteht, ohne zu reden. Mumintroll ließ sich mit einer Welle weiter hinaustreiben, sie trieb ihn an die Kiste heran, während sich am Ufer der Vater mit beiden Pfoten gegen den Fels stemmte.

Jetzt hatte Mumintroll die Kiste erreicht, sie war schwer, mit einem Hanfseil als Griff. Der Strick um Mumintrolls Bauch spannte sich, er wurde hineingeholt, es war das aufregendste und gefährlichste Spiel, das er je erlebt hatte. Voller Triumph. Und er spielte es mit seinem Vater!

Sie bekamen die Kiste auf den Berg hinauf, sie war unbeschädigt. Es war eine große schöne ausländische Kiste mit Whisky, und der Text außen war in Rot und Blau und mit Verzierungen aufgemalt.

Vaters Blicke gingen zum Meer. Er betrachtete sein Meer mit einer Mischung aus Staunen und Bewunderung. Die Wellen waren jetzt sehr grün und hatten in ihren Spitzen das rote Licht der Abendsonne.

Nachdem sich der Fischer mit einem Glas Whisky gestärkt hatte, wurde er hinüber auf die Insel geangelt. Die Mutter stand da und wartete mit den alten Kleidern des Leuchtturmwärters über dem Arm. Sie hatte sie in der untersten Kommodenschublade gefunden.

Diese Hosen mag ich nicht, sagte der Fischer und klapperte mit den Zähnen. Sie sind häßlich.

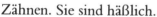

Jetzt gehen wir hinter einen Stein und ziehen uns um, sagte die Mutter bestimmt. Es ist völlig gleichgültig, ob die Hosen häßlich sind oder nicht. Sie sind warm, und sie haben einem ehrlichen Leuchtturmwärter gehört, für den man sich nicht zu schämen braucht. Auch wenn er melancholisch war.

Sie gab ihm die Kleider und schob ihn hinter einen Stein.

Wir haben eine Kiste Whisky gefunden, berichtete Mumintroll.

Fein, sagte die Mutter. Dann müssen wir einen Ausflug machen.

Der Vater lachte und sagte, du mit deinen Ausflügen.

Nach einer Weile kam der Fischer hinter seinem Stein hervor, in einer Kordjacke und sehr abgetragenen Hosen.

Na, die passen ja wie angegossen, rief die Mutter. Jetzt gehen wir nach Hause und trinken Kaffee.

Der Vater bemerkte, daß sie «nach Hause» sagte und nicht «Leuchtturm». Es war das erste Mal.

Nein, nein, nein, rief der Fischer. Nicht dahin.

Er starrte entsetzt seine Hosen an, und dann raste er los, inseleinwärts, so schnell die Beine ihn trugen.

Sie sahen ihn in dem flüchtenden Gestrüppwäldchen verschwinden.

Du mußt ihm eine Thermosflasche bringen, sagte die Mutter zu Mumintroll. Ihr habt die Kiste hoffentlich ordentlich nach oben gezogen?

Keine Bange, sagte der Vater. Es ist ein Geschenk des Meeres. Geschenke nimmt man nicht zurück.

An diesem Abend tranken sie etwas früher Tee. Hinterher wurde das Legespiel auf seiner Pappscheibe hervorgeholt, und die Mutter nahm die Bonbonbüchse vom Herd.

Jeder darf fünf nehmen, da heute ein ungewöhnlicher Tag ist, sagte sie. Ich möchte wissen, ob der Fischer Bonbons ißt.

Weißt du was, sagte der Vater, von den Bonbons, die du mir immer auf den Fels gelegt hast, habe ich stets schlechte Laune bekommen.

Wieso? fragte die Mutter erstaunt. Du hast doch gestreifte Bonbons gern?

Doch, sagte der Vater und lachte verlegen. Es war wohl, weil aus den Untersuchungen nichts wurde. Ich weiß nicht.

Du kamst dir vor wie ein Idiot, fiel die Kleine My ein. Zwei Bonbons, die zusammengeklebt sind, rechnen doch als eines? Und jetzt pfeifst du wohl aufs Meer?

Pfeif ich vielleicht auf dich? Keineswegs, rief der Vater, bloß weil ich nicht verstehe, warum du dich so albern benimmst.

Alle lachten.

Ihr wißt doch, sagte der Vater und beugte sich vor. Das Meer ist ein großes Wesen, das manchmal gute Laune hat und manchmal schlechte. Wir können ja nicht wissen, warum. Wir sehen nur die Oberfläche. Aber wenn wir das Meer gern haben, macht das nichts... man nimmt das eine mit dem anderen in Kauf.

Hast du denn jetzt das Meer gern? fragte Mumintroll scheu.

Ich habe das Meer immer gern gehabt, sagte sein Vater entrüstet. Wir alle haben das Meer gern. Deswegen sind wir ja hergefahren, oder etwa nicht? Er schaute die Mutter an. Sicher war es deswegen, sagte sie. Jetzt habe ich ein Stückchen gefunden, das hier an die schwere Stelle paßt.

Sie beugten sich über das Legespiel und bewunderten.

Es wird ein großer grauer Vogel, rief die Kleine My. Und dort ist die Visage von einem anderen, er ist weiß. Sie flattern davon, als hätten sie Ameisen im Po.

Jetzt, da sie wußten, worum es ging, fanden sie in kurzer Zeit vier Vögel.

Die Dämmerung kam, und die Mutter zündete das Sturmlicht an.
Schlaft ihr heute nacht draußen, fragte sie.

Nein, sagte die Kleine My. Unsere Behausungen sind zugewachsen.

Ich werde mir stattdessen eine Hütte bauen, erklärte Mumintroll. Irgendwann. Ihr dürft mich dann besuchen.

Die Mutter nickte. Sie betrachtete die Flamme. Sieh doch einmal nach, wie es draußen ist, sagte sie zum Vater.

Er ging ans Nordfenster und öffnete es. Nach einem Weilchen sagte er, man kann nicht sehen, ob sie sich bewegen. Es stürmt noch immer. Jetzt ist sicher Windstärke 8. Er machte das Fenster zu und kam an den Tisch zurück.

Sie wandern erst spät in der Nacht, sagte die My mit glänzenden Augen. Kriechen und klagen und ziehen sich den Berg hinauf – so.

Ihr glaubt doch wohl nicht, daß sie versuchen, hereinzukommen! rief Mumintroll.

Na klar, versuchen sie hereinzukommen, sagte die Kleine My und senkte die Stimme. Hörst du nicht, wie unten die Steine an die Pforte klopfen? Sie kommen von allen Seiten angerollt, auf der Treppe gibt es ein Gedränge ... und die Bäume kriechen um den Leuchtturm zusammen, immer dichter, immer dichter, und dann beginnen sie, an den Turmwänden hinaufzukriechen mit allen ihren Wurzeln und in jedes Fenster hineinzugucken – im Zimmer wird es dunkel ...

Nein, rief Mumintroll und schlug die Pfoten vor die Schnauze.

Meine liebe Kleine My, sagte die Mutter. So etwas geschieht nur in deinem Kopf.

Nun wollen wir uns einmal alle beruhigen, sagte der Vater. Es gibt keinen Grund zur Aufregung. Wenn sich ein paar arme Sträucher vor dem Meer fürchten, dann ist es am Schlimmsten für sie selbst. Ich sorge schon für die Geschichte.

Aus der Dämmerung wurde Finsternis, doch niemand ging schlafen. Sie fanden noch drei Vögel. Der Vater war in die Zeichnungen für einen Küchenschrank vertieft.

Der Sturm draußen machte das Leuchtturmzimmer sicher und geborgen. Manchmal erwähnte jemand den Fischer, fragte, wie es ihm wohl ginge und ob er die Thermosflasche gefunden und daraus getrunken habe.

Mumintroll begann unruhig zu werden. Es war Zeit, zur Morra hinabzugehen. Er hatte versprochen, daß sie heute nacht tanzen durfte. Er spielte sich ein bißchen auf und schwieg.

Die Kleine My schaute ihn mit blanken Schlehenaugen an, sagte plötzlich, du hast den Strick am Strand vergessen.

Den Strick? fragte Mumintroll, aber den habe ich doch ...

My stieß ihn unter dem Tisch ordentlich mit den Füßen.

Er stand auf und sagte dämlich: ach so ja, den muß ich noch holen. Wenn das Wasser steigt und er wegschwimmt...

Geh vorsichtig, sagte die Mutter. Es gibt überall so viel Wurzeln, und wir haben nur ein Lampenglas. Und sieh dich auch nach Vaters Abhandlung um, bitte.

Mumintroll gab My einen Blick, bevor er die Tür schloß. Sie aber suchte im Puzzle herum und pfiff unbesorgt zwischen den Vorderzähnen.

Der Leuchtturmwärter

Die ganze Nacht lang wanderte die Insel. Die Landzunge des Fischers zog sich unmerklich weiter hinaus ins Meer. Über die Bergrücken ging ein Schauer nach dem anderen gleich dunklen Wasserfällen, und der Kolk kroch tiefer in den Urberg hinab. Gurgelnd zog es ihn hinab und hinein, neue Wogen stürzten in einem blanken grünen Wasserfall vom Meer über die Landspitze. Doch der Kolk füllte sich nicht. Er wurde hinweggesogen, nun war das dunkle Spiegelauge tief drinnen in der Insel mit einer Wimper aus Seegras um den Rand.

Auf der Leeseite liefen Wühlmäuse und Waldmäuse am Wassersaum entlang, der Sand kroch unter ihren Pfoten weg. Die Steine drehten sich langsam und schwer um und legten die weißen Wurzeln des Strandhafers bloß.

In der Morgendämmerung schlief die Insel ein. Nun hatten die Bäume den Leuchtturmberg erreicht, der Steinacker war ein tiefes Loch, eine Armee von runden grauen Bummelsteinen lag in der Heide verstreut. Sie warteten auf die nächste Nacht, um weiter zum Leuchtturm zu rollen. Der große Herbststurm hielt an.

Ungefähr um sieben Uhr ging der Vater hinab, um nach dem Boot zu sehen. Das Wasser war wieder gestiegen, und der anhaltende Südwestwind wühlte das Meer auf. Er fand den Fischer, der sich im Hellegatt des ABENTEUERS zusammengerollt hatte. Dort lag er und spielte mit Steinchen, linste unter seinen Stirnfransen hervor, grüßte aber nicht. Und ABENTEUER lag da und rollte ohne Vertäuung im Hochwasser hin und her.

Siehst du denn nicht, daß das Boot gleich wegschwimmt, sagte der Vater. Es schlägt gegen die Steine. Sieh dir das doch nur einmal an. Noch ein bißchen mehr und alles ... Nein, jetzt steig aber aus, sagte er und hilf mir das Boot hochziehen.

Der Fischer schwang seine runzligen Beine über die Reling und hüpfte in den Sand. Seine Augen waren friedlich und milde, während er murmelte, ich habe nie etwas Böses getan ...

Ja, und auch nie etwas Gutes, sagte der Vater, und mit der Kraft des Zornes gelang es ihm, das Boot ganz allein hoch auf den Strand zu ziehen.

Er setzte sich in den Sand oder das, was vom Sand noch übrig war, und schnaufte. Das zornige Meer jagte anscheinend auch den Sandstrand, riß jede Nacht ein Stückchen davon weg. Er schaute den Fischer finster an und fragte, hast du den Kaffee gefunden?

Der Fischer lächelte nur.

Irgend etwas stimmt mit dir nicht, sagte der Vater zu sich. Du bist keine Person, du bist irgendein Gewächs, oder ein Schatten. Als ob du nie geboren wurdest.

Ich bin geboren, sagte der Fischer sofort. Morgen ist mein Geburtstag.

Der Vater war so überrascht, daß er lachen mußte.

Ach so, daran erinnerst du dich, sagte er. Du hast Geburtstag. Nein, so etwas! Und wie alt wirst du?

Doch der Fischer hatte ihm den Rücken gekehrt und schritt langsam am Ufer entlang.

Der Vater ging zum Leuchtturm zurück. Er machte sich um seine

Insel große Sorgen. Der verlassene Waldboden war voller Löcher, und durch die Heide liefen lange Furchen, in denen die Bäume zum Leuchtturmberg gewandert waren. Dort standen sie nun voller Schrecken in einem verwirrten Knäuel.

Ich möchte wissen, was man tut, um eine Insel zu beruhigen, überlegte der Vater. Es geht nicht, daß Meer und Insel nicht mehr Freunde sind, sie müssen sich einigen.

Der Vater war stehengeblieben. Mit dem Berg, auf dem der Leuchtturm stand, stimmte etwas nicht. Jetzt sah er es wieder. Ein kurzer Ruck, der Felsen zog sich zusammen, runzelte sich wie Haut. In der Heide kullerten ein paar graue Feldsteine. Die Insel war aufgewacht.

Der Vater lauschte. Der Nacken war ihm kalt vor Aufregung. Ein ganz schwaches, pochendes Geräusch, er fühlte es im ganzen Körper, es war überall, ganz nah. Es kam aus dem Erdboden.

Der Vater legte sich ins Heidekraut und drückte das Ohr gegen den Boden. Und nun hörte er das Herz der Insel schlagen. Weit in der Brandung, tief in der Erde klopfte ein Herz, dumpf und weich und regelmäßig.

Die Insel lebt, dachte der Vater. Meine Insel lebt genauso wie die Bäume und das Meer. Alles lebt.

Er erhob sich langsam.

Eine Krüppelkiefer kam friedlich durch die Heide gekrochen wie ein grüner schaukelnder Teppich. Der Vater ging ihr aus dem Weg, dann stand er mucksstill und fror. Er *sah* die Insel, die Insel, die lebte, die auf dem dunklen Grunde des Meeres kauerte und aus Angst vor dem Meer die Fassung verloren hatte. Angst ist gefährlich, sie kann plötzlich ausbrechen, kann sich der Länge lang hinwerfen oder um sich schlagen, und wer rettet dann alle kleinen Wesen, die gerade in der Nähe sind!

Der Vater begann zu laufen. Er kam nach Hause, er hängte den Hut an den Nagel.

Was ist los, fragte die Mutter. Ist das Boot ...?

Ich habe es auf den Strand gezogen, sagte der Vater.

Die Familie starrte ihn immer noch an, und er fügte hinzu, morgen hat der Fischer Geburtstag.

Nein, ist nicht wahr, rief die Mutter. Machst du deswegen so ein komisches Gesicht? Den müssen wir aber unbedingt feiern. Nein, sogar der Fischer hat einen eigenen Geburtstag.

Für den kann man sich leicht Geschenke ausdenken, sagte My. Kleine Päckchen mit Seegras. Ein Büschel Moos. Oder einen Stockfleck.

Bist du mal wieder boshaft, sagte die Mutter.

Nicht wahr! rief die Kleine My.

Der Vater stand am Westfenster und schaute über die Insel. Er hörte, wie die Familie die beiden großen Probleme diskutierte, wie man den Fischer in den Leuchtturm und die Whiskykiste über die Landzunge bekommen könnte. Er aber konnte an nichts anderes denken als an das furchtsame Herz der Insel, das tief innen in der Erde pochte. Er mußte mit dem Meer darüber reden.

Der Vater stieg hinab auf das Einsamkeitsgesims und segelte auf seiner Insel gleich einer Galionsfigur vorne am Bug. Dies war der große Sturm, auf den er gewartet hatte. Aber er war anders, als der Vater ihn sich vorgestellt hatte. Keine weißen schönen Schaumperlen, die gab es nicht bei Windstärke 8. Der Gischt wurde davongeweht und fuhr über das Meer als rasender grauer Rauch; das Wasser war zerfurcht und aufgewühlt wie ein wütendes Gesicht.

Der Vater drückte in seinem Kopf auf einen anderen Schalter, heute ging das ganz einfach. Und nun unterhielt er sich mit dem Meer, genauso ungezwungen wie es seine Ahnen getan hatten.

Du bist viel zu groß, als daß du es darauf anlegen mußt, Eindruck zu machen, sagte der Vater zum Meer. Das ist unwürdig. Mußt du denn unbedingt versuchen, einer kleinen jämmerlichen Insel solche Angst einzuflößen? Die sich sowieso kaum erhalten kann? Ist das so wichtig für dich? Du solltest froh sein, daß sie es gewagt hat, sich so weit hier draußen hinzulegen. Womit könntest du dich sonst messen? Was für ein Vergnügen hättest du sonst? Denk' einmal nach. Ohne deine Brandung. Hier sind nur ein kleines Stückchen Wald, der deinetwegen schief gewachsen ist, ein bißchen magere Erde, die du wegwehst, so schnell du kannst, und eine Pfote voll verbeulter Berge, die du abschleifst, bis von ihnen nichts mehr da ist. Und dann unterstehst du dich, ihnen auch noch Schrecken einzujagen.

Der Vater beugte sich vor und starrte streng das zürnende Wasser an. Eines hast du nicht verstanden, sagte er. Du solltest dich um diese Insel kümmern. Du solltest sie beschützen und trösten statt dich aufzuspielen. Verstehst du?

Der Vater lauschte in den Sturm hinaus, doch das Meer konnte ihm nicht antworten.

Du hast es mit uns versucht, sagte er. Du hast dir alle möglichen Schikanen ausgedacht, aber es ist dir nicht gelungen. Wir haben ausgehalten. Ich habe dich durch und durch studiert, und das gefiel dir nicht. Wir haben trotzdem weitergebaut. Übrigens, fuhr der Vater fort, der Gerechtigkeit halber, das muß ich sagen, das mit der Whiskykiste war anständig von dir. Ich weiß, was du damit gemeint hast. Eine Niederlage verstehst du zu tragen. Aber deine Überlegenheit dann ausgerechnet an der Insel zu beweisen, das war schäbig. Und das alles sage ich nur, oder beinah nur, weil ich dich gern habe.

Der Vater verstummte. Sein Kopf war sehr müde. Er lehnte gegen den Fels und wartete.

Das Meer sagte nichts. Doch auf dem Wellenrücken kam eine große zweizolldicke Planke angefahren.

Der Vater beobachtete sie gespannt.

Dann kam noch eine. Und noch eine. Es war eine ganze Ladung. Jemand hatte eine Ladung Planken ins Meer geworfen, um sein Schiff leichter zu machen.

Der Vater stürzte den Berg hinauf. Er lachte, während er lief. Das Meer hatte um Verzeihung gebeten, es wollte, daß sie blieben. Es wollte ihnen bauen helfen, weiterbauen, damit sie auf der Insel blieben und es aushalten konnten, damit sie sich wohlfühlten, auch wenn sie eingeschlossen und ausgeschlossen waren von einem riesigen, unveränderlichen Horizont.

Kommt, kommt schnell, schrie der Vater auf der Wendeltreppe. Strandgut, Treibholz. Wir müssen es an Land ziehen.

Die Familie stürzte hinaus und verteilte sich über die Insel.

Jetzt kamen die Planken an. Sie steuerten auf das windgeschützte Ufer zu, trieben in der Dünung umher, schwer und unförmig und bereit, jederzeit wieder weiterzuschwimmen, um andere Ufer zu beglücken. Man mußte vermorrt schnell sein. Niemand spürte das kalte Wasser.

Sie gingen geradewegs hinaus ins Wasser. Vielleicht hatten sie einmal einen alten Seeräuber zum Ahnen gehabt, der nun unrechtmäßiges Eigentum witterte und seinen Nachfolgern Mut verlieh. Das brauchten sie. Die ganze Wehmut der Insel und die ganze Einsamkeit des Meeres war in sie hineingekrochen, und nun sprühten sie alles wieder aus, indem sie retteten und bargen und trugen und stapelten. Sie schrien einander zu durch das Tosen des Meeres, nur um aus allen Kräften zu zeigen, daß sie lebten. Und immer noch funkelte ein wolkenloser Himmel über der stürmischen Insel.

Eine Zweizollplanke an Land zu bringen, das ist ein aufregendes Unterfangen, sie ist nicht zu zähmen, schwer von dem Wasser. Sie kann einem ordentlich eins auf die Pfoten geben und im Seegang gleich einem Mauerbrecher angefahren kommen. Dann ist sie gefährlich.

Und dann, wenn sie am Ufer liegt, außer Reichweite für das Meer, ist sie eine Kostbarkeit. Natürlich hauptsächlich deswegen, weil sie geraubt ist. Leuchtend und warm in der alten Teerfarbe, schwer und makellos und mit dem Namenszeichen des Eigentümers an der Querseite.

Man beschaut sie sich mit der stolzen Milde des Eroberers und denkt sofort an dreizollange Nägel und wie diese singen, wenn sie ins Holz dringen.

Nun haben wir bestimmt Windstärke 9, rief der Vater. Er holte tief Atem und sah aufs Meer. Das ist gut, sagte er. Nun ist alles klar zwischen uns.

Nachdem jede Planke über die Hochwassergrenze gebracht war,

ging die Familie nach Hause, um Fischsuppe zu kochen. Oberhalb des Leeuferstrandes, der im Windschatten lag, tobte der Sturm. Es war dicht an der Grenze, daß sich die Kleine My nicht auf den Beinen halten konnte.

Die Mutter blieb unterwegs stehen und betrachtete ihr Gartenland, das voller verschreckter Krüppelkiefern war. Sie kniete nieder und steckte die Nase schnuppernd unter die Zweige.

Ist der Apfelbaum aufgegangen, fragte Mumintroll.

Glaubst du, ich sei völlig befnattert? fragte die Mutter und lachte. Das kann neun Jahre dauern, ehe es einem Baum ähnelt. Ich wollte ihm nur ein bißchen Mut machen.

Sie grübelte über ihre toten Rosensträucher nach und dachte, es war dumm, sie woanders einzupflanzen. Aber es sind noch so viele da, die Insel ist voll von ihnen. Eine Landschaft ist vielleicht schöner als ein Garten?

Der Vater hatte ein paar von den Planken in die Leuchtturmkuppel hinaufgezogen und den Werkzeugkasten hervorgeholt. Ich weiß, daß sich Holz zusammenzieht, wenn es trocknet, sagte er. Aber ich kann nicht warten. Macht es was, wenn die Küchenregale Risse bekommen?

Nicht die Spur, sagte die Mutter. Nagle ruhig, man muß sich dranhalten, wenn man gerade Lust hat.

Sie malte heute nicht, sie schnitzte Blumenstöckchen und machte in der Kommode Ordnung. Auch in der Schublade des Leuchtturmwärters. Mumintroll zeichnete, er wußte genau, wie die Hütte aussehen sollte. Von dem Bleistift war nicht mehr viel übrig. Aber irgendwie fühlte er, daß Vaters Meer einen neuen schicken würde, wenn es nötig wurde.

Gegen Abend waren alle etwas müde. Sie sagten nicht viel, und es herrschte eine friedliche Stille. Das Meer toste rhythmisch um die

Insel herum, der Himmel war weiß und saubergewaschen. Die Kleine My war auf dem Herd eingeschlafen.

Die Mutter schaute jeden rasch einmal an und trat an ihr Wandgemälde. Sie preßte die Pfoten gegen den Stamm des Apfelbaumes. Nichts geschah. Es war nur eine Wand, eine gewöhnliche weißverputzte Wand.

Ich wollte es nur wissen, dachte die Mutter. Und es stimmte. Natürlich kann ich nicht mehr hineinkommen. Ich habe kein Heimweh mehr.

In der Dämmerung wollte Mumintroll die Sturmlaterne füllen. Der Petroleumbehälter stand unter der Wendeltreppe neben den zerrissenen Netzen. Der Troll stellte unter den Spund eine Blechbüchse und nahm den Korken heraus. Der Behälter tönte hohl, als er ihn aufhob und umkippte. Durch den Turm echote es dumpf. Er wartete. Schüttelte ihn. Dann stellte Mumintroll den Behälter nieder, stand und schaute lange Zeit auf den Boden. Es war kein Petroleum mehr da. Es war zu Ende. Die Laterne hatte jeden Abend im Leuchtturm und jede Nacht für die Morra gebrannt, und außerdem hatte My einige Liter über die Pisiameisen gegossen. Natürlich. Aber was sollte er tun? Was würde die Morra sagen? Mumintroll hatte keinen Mut und keine Kraft, sich ihre Enttäuschung vorzustellen. Er setzte sich mit der Schnauze in den Pfoten auf die Treppe. Er hatte ein Gefühl, als habe er einen Kameraden betrogen!

Weißt du ganz genau, daß der Behälter leer ist, fragte die Mutter und schüttelte die Laterne.

Sie hatten Tee getrunken, und vor ihren Fenstern begann es dunkel zu werden. Ganz leer, sagte Mumintroll jämmerlich.

Er muß ein Leck haben, sagte der Vater. Vielleicht durchgerostet. Es ist ganz unmöglich, so viel Petroleum können wir gar nicht verbraucht haben.

Die Mutter seufzte. Dann müssen wir mit dem Feuer im Herd auskommen, sagte sie. Wir haben nur noch drei Kerzen, und die sollen auf dem Geburtstagskuchen brennen. Sie legte mehr Holz auf und ließ die Luke offenstehen.

Es brannte knisternd und fröhlich, die Familie zog die Kisten heran und setzte sich im Halbkreis um das Feuer. Hin und wieder heulte der Sturm im Rauchfang unter der Decke, es klang wie Musik, und der Sturm war sehr einsam und dunkel.

Ich möchte wissen, sagte die Mutter, ich möchte wissen, was da draußen vor sich geht.

Das will ich dir sagen, antwortete der Vater. Die Insel geht schlafen. Ganz bestimmt, die Insel geht ungefähr gleichzeitig mit uns schlafen.

Die Mutter lachte ein wenig. Dann sagte sie sehr nachdenklich, wißt ihr, wenn wir so wohnen wie hier, dann habe ich die ganze Zeit das Gefühl, als seien wir auf einem Ausflug. Ich meine, alles ist anders, alles ist nur so nebenbei, als ob die ganze Zeit Sonntag wäre. Und nun möchte ich gern wissen, ob es schlimm ist, wenn man so ein Gefühl hat.

Die anderen warteten.

Wißt ihr, man kann ja nicht immerzu auf einem Ausflug sein, fuhr die Mutter zögernd fort. Er muß ja zu Ende gehen. Ich habe solche Angst, daß plötzlich wieder Montag ist, und dann werde ich nicht glauben können, daß dies alles richtig war ... Sie verstummte und schaute unsicher zum Vater hinüber.

Aber natürlich ist es richtig, sagte der Vater erstaunt. Es geht doch sehr gut, wenn jeden Tag Sonntag ist. Das war es ja, was uns immer mehr verlorenging.

Worüber redet ihr? fragte die Kleine My.

Mumintroll streckte die Beine aus, er war ganz kribblig, überall. Er konnte nur an die Morra denken. Ich glaube, ich gehe ein bißchen hinaus, sagte er.

Die anderen schauten ihn an.

Ja, ich will ein bißchen Luft schnappen, sagte Mumintroll ungeduldig. Ich will hier nicht sitzen und jammern, ich will mich bewegen.

Na, hör mal, begann der Vater. Doch die Mutter sagte, geh ruhig.

Was ist denn in ihn gefahren, fragte der Vater, als Mumintroll gegangen war.

In seinen Beinen kribbelt es, sagte die Mutter. Er weiß es selbst nicht. Du meinst, er sei immer noch klein.

Aber das ist er doch, sagte der Vater erstaunt. Natürlich ist er noch klein.

Die Mutter lachte und stocherte im Feuer. Eigentlich war es viel gemütlicher als das Kerzenlicht.

Die Morra wartete auf dem Sandstrand. Mumintroll kam der Morra ohne Sturmlicht entgegen, er blieb beim Boot stehen und schaute sie an. Er konnte nichts anderes tun.

Das bange Herz der Insel schlug im Boden, die Nacht war voll von Veränderungen. Er hörte die Steine und die Bäume, die flüsternde, stöhnende Wanderung über die Insel, und auch dagegen konnte er nichts tun.

Und plötzlich begann die Morra zu singen. Sie fing mit ihrem Freudenlied an und schaukelte mit wehenden Röcken hin und her, sie stampfte im Sand umher und zeigte auf jede Art, wie sie sich freute, daß er gekommen war.

Mumintroll tat einen Schritt vorwärts, er war äußerst überrascht. Kein Zweifel, die Morra freute sich, daß er gekommen war. Sie kümmerte sich nicht um die Laterne. Sie freute sich, weil Mumintroll gekommen war, um sie zu sehen.

Er stand ganz still, während die Morra zu Ende tanzte. Er sah, wie sie das Ufer entlangschlich und dann, wie sie verschwand. Danach ging Mumintroll durch den Sand, er fühlte ihn. Er war nicht mehr gefroren. Der Sand war wie sonst, und er kroch nicht davon. Er lauschte, aber er hörte nur die Brandung. Es war, als sei die Insel eingeschlafen, ganz plötzlich in tiefen Schlaf geglitten.

Mumintroll ging nach Hause. Die anderen hatten sich schlafen gelegt, und im Herd war nur noch wenig Glut. Er kroch in sein Bett und rollte sich zum Schlaf zusammen.

Was hat sie gesagt, flüsterte My.

Sie war froh und zufrieden, flüsterte Mumintroll zurück. Sie hat keinen Unterschied gemerkt.

Am Geburtstagsmorgen des Fischers war der Himmel immer noch so klar, und der Südwestwind hatte sich nicht ein bißchen gelegt.

Aufwachen, sagte der Vater. Alles ist wieder gut.

Die Mutter steckte die Nase aus den Decken. Ich weiß, sagte sie.

Du weißt überhaupt nichts, rief der Vater stolz. Die Insel hat sich beruhigt, sie hat keine Angst mehr. Die Büsche sind wieder nach Hause gegangen, und die Bäume folgen so schnell sie können. Was sagst du jetzt?

Nein, wie schön, sagte die Mutter und richtete sich auf. Weißt du, es wäre recht mühsam gewesen, Geburtstag zu feiern, während einem die Bäume um die Füße springen. Und wieviel Schmutz sie hereingebracht hätten ... Sie überlegte einen Augenblick und fügte dann hinzu, ich möchte wissen, ob sie zu ihren alten Plätzen zurückkehren oder sich neue suchen, da sie nun einmal unterwegs sind. Sobald sie sich entschieden haben, werde ich ihnen ein bißchen Tang um die Wurzeln legen.

Ihr seid so bürgerlich, klagte die Kleine My.

Sie stand mit enttäuschtem Gesicht am Fenster. Nun wird alles wieder wie gewöhnlich ... Ich war so sicher, daß die Insel sinken oder davonschwimmen würde oder in die Luft fliegen. Niemals geschieht etwas im Ernst.

Sie blickte Mumintroll vorwurfsvoll an. Er blickte zurück und lachte. Allerdings, sagte er, einen ganzen Wald wieder zurückbringen, das kann nicht jeder!

Da hast du etwas gesagt, rief der Vater begeistert. So etwas kann wirklich nicht jeder. Und noch schöner ist es, hinterher darüber nichts zu sagen.

Es gibt gewisse Leute, die reichlich guter Laune sind, sagte die Kleine My. Es wäre besser, wenn sie auf ihre Whiskykiste achtgäben.

Der Vater und Mumintroll stürzten ans Fenster. Sie lag noch draußen auf der Landzunge. Doch die Landzunge war noch ein Stück weiter ins Meer hinausgeglitten.

Ich möchte heute keinen Kaffee, sagte der Vater hastig und setzte den Hut auf. Ich muß hinunter und nach dem Wasserstand sehen.

Such bitte auch den Fischer, sagte die Mutter. Damit er rechtzeitig eingeladen wird.

Das tue *ich,* schrie die Kleine My dem Vater nach. Denn er könnte ja heute abend schon etwas vorhaben.

Doch der Fischer war verschwunden. Vielleicht hatte er sich im Gestrüppwäldchen versteckt, saß drinnen und war still und dachte daran, daß sein Geburtstag war!

Der Kuchen war fertig und stand mit seinen drei Kerzen auf dem

Tisch. An der Decke hatten sie Girlanden aus Ebereschen und Wacholderzweigen befestigt, und die Kleine My hatte einen großen schlampigen Strauß mit roten Hagebutten gepflückt.

Warum bist du so still, fragte sie.

Ich denke, sagte Mumintroll und umrandete den Kuchen mit kleinen weißen Steinen.

Was hast du gemacht, daß sie warm wurde? fragte My neugierig. Ich war später noch einmal unten. Der Sand war gar nicht gefroren.

Was weiß ich, sagte Mumintroll und errötete. Du verrätst hoffentlich nichts.

Hah. Meinst du, ich sei eine Klatschbase, sagte die Kleine My. Die Geheimnisse anderer interessieren mich viel zu wenig, als daß ich sie weitertrage. Im übrigen erzählt sie ja früher oder später jeder selbst. Auf dieser Insel gibt es viele Geheimnisse, das kannst du mir glauben. Ich kenne sie alle. Sie lachte aufreizend und lief davon.

Der Vater kam mit einem Armvoll Holz außer Atem die Treppe hinaufgerannt. Deine Mutter kann nicht mit der Axt umgehen, sagte er. Aber sägen, das kann sie! Ich muß wohl den Holzplatz etwas größer machen, damit wir dort beide arbeiten können.

Er ließ das Holz vor den Herd purzeln und fragte, findest du, ich könnte dem Fischer meinen alten schwarzen Hut geben? Ich gehe doch bestimmt nicht mehr mit einem Zylinder.

Tu das, sagte Mumintroll. Du hast ja den des Leuchtturmwärters.

Der Vater nickte und ging hinauf in die Kuppel, um nach Einwickelpapier zu suchen.

Er hob eine leere Kiste auf, die über den Gasbehältern lag und hielt mitten in der Bewegung inne. Hier war ein Vers, den der Vater bisher übersehen hatte. Die Spinnenworte des Leuchtturmwärters wanderten über die Wand mit langen einsamen Zwischenräumen:

Am dritten Oktober, las der Vater,
ist mein Geburtstagsfest
Doch niemand singt mir dazu Lieder
der Wind kommt von Südwest
Und Regenwetter ist es wieder.

Aber das ist ja heute, dachte der Vater überrascht. Auch der Leuchtturmwärter hatte heute Geburtstag ... wie merkwürdig.

Er kramte etwas Papier hervor und stieg die Eisenleiter hinab. Die anderen waren dabei, die Möglichkeiten zu diskutieren, wie sie den Fischer in den Leuchtturm lotsen könnten.

Der kommt nie, sagte die Kleine My. Er hat Angst vor dem Leuchtturm. Er macht lange Umwege, um nicht daran vorbeigehen zu müssen.

Können wir ihn nicht mit etwas locken, schlug Mumintroll vor. Habt ihr irgend etwas Hübsches? Wollen wir ihm etwas vorsingen?

Vermorrt noch mal, sagte die Kleine My. Dann haut er bestimmt ab.

Die Mutter stand auf und ging entschlossen an die Tür. Nein, wißt ihr was, sagte sie, ich gehe den armen Querkopf auf ehrliche Art und Weise einladen. Die Kleine My kann ihn erst einmal aus dem Gestrüppwäldchen locken.

Als sie hinkamen, saß der Fischer vor dem Wäldchen mit Stiefmütterchen im Haar. Er stand sofort auf und betrachtete sie erwartungsvoll.

Wir gratulieren zum Geburtstag, sagte die Mutter und knickste.

Der Fischer senkte ernst den Kopf: Ihr seid die ersten, die meinen Geburtstag nicht vergessen haben, sagte er. Ich fühle mich sehr geehrt.

Wir haben ein kleines Fest bei uns vorbereitet, sagte die Mutter.

Im Leuchtturm? fragte der Fischer und sein Gesicht wurde kleiner. Dort will ich nicht hin.

Nun hören wir uns das einmal schön an, sagte die Mutter ruhig.

Wir brauchen den Leuchtturm nicht einmal anzusehen, wir machen hübsch die Augen zu und reichen die Pfote. My, lauf vor und setze das Kaffeewasser auf, bitte. Und zünde die Kerzen an.

Der Fischer schloß fest die Augen und streckte die Pfote aus. Die Mutter nahm sie und führte ihn vorsichtig durch die Heide zum Leuchtturmberg hin.

Und hier machen wir einen großen Schritt, sagte sie.

Ich weiß, antwortete der Fischer.

Als die Tür knarrte, zuckte er zusammen und wollte nicht weiter.

Es gibt Kuchen, und wir haben Girlanden, sagte die Mutter. Es gibt Geschenke.

Sie bekam ihn über die Schwelle und sie gingen langsam die Wendeltreppe hinauf. Draußen donnerte der Südwestwind um den Turm, zuweilen heulte er in einer zerbrochenen Fensterscheibe auf. Die Mutter fühlte die Pfote des Fischers zittern und sagte, hier ist es nicht gefährlich. Das hört sich nur so an. Wir sind gleich da.

Sie öffnete die Tür zum Leuchtturmzimmer und rief, und jetzt dürfen wir die Augen aufmachen.

Der Fischer öffnete die Augen. Die Kerzen brannten, obwohl es noch nicht dämmerte. Der Geburtstagstisch war prächtig mit einer weißen Decke und kleinen grünen Zweigen am Rand. Die Familie hatte sich aufgestellt und wartete.

Der Fischer erblickte den Kuchen.

Wir hatten nur drei Kerzen, entschuldigte sich die Mutter. Wie alt sind wir denn?

Das habe ich vergessen, murmelte der Fischer. Seine Augen fuhren ängstlich von einem Fenster zum anderen und hinauf zur Dachluke.

Wir gratulieren, sagte der Vater. Bitte, Platz nehmen.

Doch der Fischer setzte sich nicht hin. Er rückte näher zur Tür.

Plötzlich gab die Kleine My einen zornigen Schrei von sich. Setz dich hin und sei normal, schrie sie.

Der Fischer erschrak so sehr, daß er zum Kaffeetisch flitzte und sich hinsetzte, und bevor er was zu sagen vermochte, goß die Mutter Kaffee ein und jemand packte den Hut für ihn aus und setzte ihn auf seinen verwirrten Kopf.

Der Fischer saß ganz still und versuchte, den Hut von unten her zu sehen. Kaffee wollte er aber nicht haben.

Versuch es mit einem bißchen Seegras, schlug My vor und gab ihm ein Geschenk, das in rote Blätter eingewickelt war.

Das kannst du selbst essen, sagte der Fischer höflich, und die ganze Familie mußte lachen, weil der Fischer etwas sagen konnte, was paßte und richtig war. Die Kaffeegesellschaft war sogleich viel ungezwungener, sie ließen ihn in Ruhe und redeten unbesorgt über den Sturm und die Insel, die sich mit dem Meer versöhnt hatte und eingeschlafen war. Allmählich probierte der Fischer auch den Kaffee und grinste komisch. Er tat acht Zuckerstückchen in den Kaffee und schüttete alles auf einmal in sich hinein.

Dann packte er das Päckchen von Mumintroll auf. Es waren die Geschenke, die das Seepferdchen am Strande liegengelassen hatte, Glasscherben, Steine, vier Kupfersenker. Der Fischer betrachtete die Senker lange und sagte «hah». Dann öffnete er das letzte Päckchen,

und zum Vorschein kam die Muschel mit «Erinnerung an die Westküste», und er sagte «hah, hah».

Das ist das schönste Geschenk, erklärte die Mutter. Das Meer hat es ans Ufer gelegt.

So? sagte der Fischer und schielte nach der untersten Kommodenschublade.

Er stand auf und schritt langsam zur Kommode. Die Familie folgte mit interessierten Blicken und war sehr erstaunt, daß er sich für die Geschenke nicht bedankte.

Die Dämmerung brach an, nur ein kleiner Fleck vom Sonnenuntergang zitterte hoch oben im Apfelbaum. Die drei Kerzen brannten weiter. Der Fischer erblickte das Vogelnest, das auf der Kommode liegengeblieben war.

Das sollte im Abzug des Schornsteins liegen, sagte er streng. Es hat dort viele Jahre gelegen.

Wir wollten es vor das Fenster hängen, entschuldigte sich die Mutter, aber wir sind noch nicht dazu gekommen.

Der Fischer stand vor der Kommode und schaute in den Spiegel. Er betrachtete den Hut des Muminvaters und dachte lange über seine eigene unbestimmte Visage nach. Dann wanderte sein Blick weiter zum Legespiel, das auf seiner Pappscheibe lag. Er nahm ein Stückchen und legte es da hin, wo es paßte, und dann legte er das Legespiel mit sehr schnellen Bewegungen weiter. Die Familie war aufgestanden und trat hinter ihn, um zuzusehen.

Das Bild war fertig: Die Vögel und der Leuchtturm. Die Vögel flogen genau auf den Leuchtturm zu. Der Fischer drehte sich um und blickte den Vater an.

Jetzt erinnere ich mich, sagte er. Wir haben den falschen Hut auf.

Er nahm seinen Hut ab und streckte die Pfote aus. Schweigend tauschten die beiden Herren die Hüte. Der Leuchtturmwärter war zurückgekommen.

Er knöpfte seine Manchesterjacke zu und zog die Hosen hoch. Dann ging er zurück zu seiner Tasse und fragte, ob es noch ein bißchen Kaffee gäbe.

Die Mutter stürzte an den Herd.

Sie setzten sich wieder an den Tisch, aber es war schwierig, ein Gespräch zustandezubringen. Der Leuchtturmwärter aß seinen Kuchen, und die Familie betrachtete ihn mit einer gewissen Scheu. Ich habe hier drinnen ein bißchen gemalt, bemerkte die Mutter schüchtern.

Das sehe ich, sagte der Leuchtturmwärter. Schärenlandschaft. Hübsch als Abwechslung. Und gut gezeichnet. Und was werden wir auf der anderen Wandhälfte malen?

Ich dachte an eine Karte, sagte die Mutter. Eine Karte von der Insel und die Felsinseln mit allen Untiefen und vielleicht der Meerestiefe. Mein Mann kann Meerestiefen so gut messen.

Der Leuchtturmwärter nickte anerkennend. Der Vater freute sich, bekam aber noch immer keinen Ton heraus.

Die blanken Augen der Kleinen My fuhren von einem zum anderen. Sie amüsierte sich königlich und sah aus, als würde sie jeden Augenblick etwas Unpassendes sagen. Aber sie sagte es nicht. Zwei Kerzen waren heruntergebrannt, Wachs tropfte auf den Kuchen. Nun war es dunkel geworden, und der Sturm wanderte über die Insel. Doch im Turm herrschte ein Friede, wie sie es selten auf ihren Festen erlebt hatten.

Mumintroll durchfuhr der Gedanke an die Morra, aber es war kein Muß mehr. Sie würden sich ein bißchen später wiedersehen, das gehörte einfach dazu. Aber es war nicht notwendig. Irgendwie wußte er, daß die Morra keine Angst mehr vor einer Enttäuschung hatte.

Endlich sprach der Vater.

Hör mal, sagte er, ich habe draußen auf deiner Landzunge eine Kiste mit Whisky. Meinst du, der Wind flaut allmählich ab?

Ja, sagte der Leuchtturmwärter. Wenn sich der Südwest einstürmt, kann es wochenlang dauern. Die Kiste liegt gut dort, wo sie liegt.

Ich wollte mir ein bißchen später das Wetter anschauen, sagte der Vater und stopfte sich die Pfeife. Meinst du, das Boot liegt gut?

Aber ja, es ist ja Neumond, und es steigt kaum noch, meinte der Leuchtturmwärter.

Die dritte Kerze brannte herunter, und nun leuchtete nur der Widerschein des Herdfeuers auf dem Fußboden.

Ich habe die Bettücher gewaschen, sagte die Mutter. Sie waren aber ziemlich sauber. Das Bett steht auf dem alten Platz.

Danke, danke, sagte der Wärter und stand auf. Aber ich glaube, heute nacht schlafe ich oben in der Kuppel.

Sie wünschten einander Gute Nacht.

Wollen wir zur Landzunge hinunter? fragte der Vater.

Als Vater und Mumintroll hinaus auf den Leuchtturmberg kamen, war im Südosten eine schmale Mondsichel erschienen. Ein neuer Mondumlauf hatte begonnen, ein neuer Mondschein in einem dunkleren Herbstmonat.

Sie gingen durch die Heide. Hör mal, Vater, sagte Mumintroll. Ich habe ein paar Sachen am Sandstrand zu erledigen. Ich muß einen von meinen Bekannten treffen.

Ach so, sagte der Vater. Dann sehen wir uns morgen. Hej.

Hej, hej, sagte Mumintroll.

Der Vater ging weiter über die Insel. Er dachte nicht besonders viel an die Whiskykiste und eine Landzunge hier oder da, das war nicht so wichtig, wenn man viele davon hatte.

Er erreichte die Brandung und blieb am Ufer stehen. Hier wanderte sein Meer vorbei, Welle für Welle, schäumend und übermütig, ruhig und gewaltig.

Als er sich umdrehte, um seine Insel zu betrachten, sah er über das Meer einen weißen Lichtstrahl fallen. Er tastete sich über den leeren Horizont und kam in langen regelmäßigen Wellen zurück.

Das Leuchtfeuer brannte.